[美国]埃里克·劳赫威 著 陶郁 黄观宇 译

大萧条与罗斯福新政

牛津通识读本·

The Great Depression and the New Deal

A Very Short Introduction

译林出版社

图书在版编目（CIP）数据

大萧条与罗斯福新政 /（美）埃里克·劳赫威（Eric Rauchway）著；陶郁，黄观宇译．
—南京：译林出版社，2018.3（2025.5 重印）
（牛津通识读本）
书名原文：The Great Depression and the New Deal: A Very Short Introduction
ISBN 978-7-5447-7217-4

Ⅰ.①大… Ⅱ.①埃… ②陶… ③黄… Ⅲ.①经济史－研究－美国－1929—1933 ②罗斯福“新政”（1933—1936） Ⅳ.①F171.295.1 ②K712.52

中国版本图书馆 CIP 数据核字（2017）第 313925 号

著作权合同登记号 图字：10-2020-573 号

大萧条与罗斯福新政 ［美国］埃里克·劳赫威 / 著 陶郁 黄观宇 / 译

责任编辑 何本国 陈 锐
装帧设计 景秋萍
校　　对 芮 利
责任印制 董 虎

原文出版 Oxford University Press, 2008
出版发行 译林出版社
地　　址 南京市湖南路 1 号 A 楼
邮　　箱 yilin@yilin.com
网　　址 www.yilin.com
市场热线 025-86633278
排　　版 南京展望文化发展有限公司
印　　刷 江苏凤凰通达印刷有限公司
开　　本 890 毫米 ×1260 毫米 1/32
印　　张 9.875
插　　页 4
版　　次 2018 年 3 月第 1 版
印　　次 2025 年 5 月第 7 次印刷
书　　号 ISBN 978-7-5447-7217-4
定　　价 39.00 元

序 言

时殷弘

美国加州大学戴维斯分校历史学教授埃里克·劳赫威所著《大萧条与罗斯福新政》是一部简洁扼要、饶有洞察和甚为可读的杰作，首先是在这些可赞的秉性意义上的杰作。现在，因其优秀素质和高尚品味而在国内享有盛名的译林出版社出版该书中译本，确实是丰富中国读者的现代美国史和现代世界史认知的可赞之举。

本书作者劳赫威教授成就颇丰，另有《诸国中的蒙福者：世界如何造就了美国》《刺杀麦金利：西奥多·罗斯福的美国是如何形成的》等著作。在本书内，他呈现了美国现代史上一大创举——罗斯福新政——的主要成功及失败之处，力图解释为何新政的某些计划会成功而另一些却未能如此。在书末，他甚至还描述了第二次世界大战结束前后，罗斯福政府如何试图将新政的一些根本取向和相关战略推向全球舞台。

在译林出版社编辑盛情邀我撰写的这篇序内，我不想评论主要作为国内政策和政策实施体系的罗斯福新政本身，也不想较详细地评论劳赫威教授的相关论说，因为这些毕竟多少超出我作为国际关系史、国际政治和战略研究学者的主要专业能力。在此，我只想集中谈论富兰克林·罗斯福总统——我心目中与亚伯拉罕·林肯总统类似的一大英雄——作为伟大的政治领导和国务家的一大根本才能，即长于信赖、鼓舞和引导本国人民。近二十年前，一位美国历史学家多里斯·吉恩斯·戈德温曾恰当地指出："对他的领导力来说，没有任何因素比他对……美国人民的信赖更重要。"不仅如此，他的与民众频繁沟通、由此鼓励和引导民众的杰出才能到头来导致了一项非常紧要的政治和战略资源，那据戈德温所言就是"没有任何别的总统那么彻底地占据了美国人民的想象力……罗斯福引人注目地能将他的内在力量传输给他人，使得……男男女女'开始感觉到它，参与它，为它欣喜——并且以他们自己的信心十倍地报答它'"。用罗斯福总统自己的更简洁的话说，"如果你正确地对待人民，他们就会正确地对待你……十有八九会如此"。

正确地对待人民包括教育和引导人民。这是个复杂的问题，然而在历史上有个很好的榜样——富兰克林·罗斯福，当然还有他前面的林肯。什么样的榜样？首先是一定要听公众舆论，一定要尊重公众舆论，即使有时政治领导知道某种公众舆论不对，但还须至少暂时地跟着做。为什么？为人民劳作和奋斗与教育和引导人民本质上并行不悖，而教育和引导就须有正确的教育和引导方式。如果老是拒绝人民间或的不合理情绪和要求，就解决不了问题。需要先让人民信任政治领导，政治领导才可以由此获得最重要的政治"资本"，或曰公众信任，从而可以在一些关键的问题上、在人民不正确的时候，有这"资本"去引导和教育人民，使他们支持正确的国务方针。国家政治领导是国家利益的受托者和首要负责者，而不是“大众激情”的单纯呼应者；而且，政治伦理从根本上说是从政治后果（就民族国家共同体的总体利益而言的政治后果）估量出发，不等同于普通的情感。政治领导对人民的正确呼应和引导既取决于政治才能，也取决于战略意识和负责精神。

罗斯福总统最重要的历史性成就不是新政，而是引导美国人民最终加入世界反法西斯战争。他1937年10月5日在芝加哥发表著名的“检疫隔离”演说，由此开始了对美国人民在这方面的教育过程。尽管此项初次尝试因为遭到孤立主义势力非常广泛和激烈的指责而全无效果，也尽管他多半由于顾虑这严重的国内制约而对德奥合并和苏台德危机采取了软弱不堪的姑息立场，但他仍然像他私下说的那样，希望终究能使美国人民认识到只顾独善其身的孤立主义只会加剧战争危险。《慕尼黑协定》往后，可以看到罗斯福义无反顾地步步在政治乃至军事上支持与法西斯对抗的国家，同时越来越成功地推动和引导美国舆论朝他希望的方向转变。就这后一方面而言，他的成就在西方民主制国家历史上无疑出类拔萃甚至首屈一指，如前所述表现了大政治家的一种根本才能。罗斯福的最大历史功绩，就在于说服了具有根深蒂固的孤立主义传统和自我安全感的美利坚民族，使之转变为纳粹德国和军国主义日本的一大克星，甚或最大克星。这项伟大成就依凭的——再说一遍——信赖、鼓舞和引导本国人民的政治秉性和才能，我们可以在译林出版社提供的《大萧条与罗斯福新政》中译本内领略再三，得益匪浅。

目 录

致　谢

我谨对本书引用的所有作者表示感谢。此外，我还要感谢以下诸位与我就本书进行讨论，并对本书提出意见：艾伦·布林克利、格雷格·克拉克、安德鲁·科恩、梅格·雅各布斯、阿里·凯尔曼、戴维·肯尼迪、彼得·林德尔特、艾伦·奥姆斯特德、凯西·奥姆斯特德、斯蒂夫·谢夫林、艾伦·M.泰勒、路易斯·沃伦、2007年春季学期在加州大学戴维斯分校选修历史学174B课程的本科生们，以及牛津大学出版社富有责任心的评审专家和工作人员。 i

引 言

1932年，美国经济正处于近代以来的历史最低点，一支由无业退伍老兵组成的大军在首都华盛顿扎寨示威。当时，美国失业率高达约25%。实际上，当时全世界似乎都已陷入了停滞不前的困境。面对上述危机，富兰克林·D.罗斯福接受提名，成为民主党总统候选人，誓言自己将“为美国人民推行新政”[1]。仅在罗斯福为接受提名而发表的演说中，新政所包含的要素便涉及增加公共工程数量、维系农产品价格、开拓新型抵押贷款市场、缩短每日和每周的工作时长、监管有价证券、恢复国际贸易、在农村地区植树造林以及撤销禁酒令等多个方面。1933年，罗斯福上任后与国会携手合作，不仅推动上述各个领域的法案悉数通过，还制定了许多其他政策措施。到1930年代末，新政已经拓展至诸多领域，其中包括针对养老、失业和伤残人口的社会保险，流域管理，对工会化进程的支持和存款保险；同时，新政还建立起了强大的联邦储备系统，并实现了一系列政策创新。

新政包含一系列时有矛盾的要素，这使今天的学者们在试

图对其进行概括时仍面临着重重挑战。历史学家们通常认同以赛亚·伯林的观点。他于1955年指出，新政堪称一件权衡兼顾
1 的杰作，它能够“使个人自由……与最低限度但又必不可少的组织权威和谐共存”[2]。然而，正如戴维·M.肯尼迪所言，只有当新政在“历史之舟的艉灯映照之下”[3]时，才能呈现出上述轮廓。假如我们在1932年聆听罗斯福许下承诺、在1933年注视国会在他就任总统百日之内推动改革大步向前、在1935年目睹白宫回应来自最高法院和政治反对派的挑战、在1936年听闻罗斯福以为企业利益“做主”的姿态发起竞选活动，那就不难体会到：许多东西在事发当时往往不甚明了，要待十年之后回顾往昔时才会变得显而易见。事实上，的确鲜有证据表明新政措施所最终造就的微妙平衡源于罗斯福或其他任何人的刻意创造；相反，新政之所以能够兼顾各方要求，恰恰在于它的演化总伴随着总统与国会对司法系统、选民及大萧条中不断变化着的世界所做出的持续回应。

在这本对于大萧条和罗斯福新政极其简短的介绍中，我将向读者们提供一些基本观点，以便大家能够初步了解那场深重的危机以及美国为应对危机而采取的立法措施——其中许多法令至今仍影响深远。导致世界在1929年陷入大萧条的原因，恰与那些敏锐的观察家们在此前所作的预言一致。当权者明显错误的判断与行动，导致此后旨在恢复损失的措施几乎完全失败；若非如此，数百万人所经历的漫长痛苦就不会那么强烈。罗斯福和民主党控制的国会在新政时期纠正了上述错误，取得了具有历史意义的显著成功。当然，他们自己也犯下了一些错误，而我在本书中也不会对此轻描淡写。尽管新政存在一些问题，绝

大多数美国选民在1936年的总统大选中依然要求他们的领袖继续推进政策试验，不愿再回到那条在他们看来已经声名狼藉的老路上去。这种注重实效的试验精神，不仅在美国国内，而且在全世界范围内，成为整整一代人对新美国模式的信仰基础。

如果你怀疑关于新政的故事远非如此简单，如果你坚持认为我在上文中所做出的这些简单表述尚需更多限定条件与具体细节来加以完善，那么请允许我坦承：在这本简短的小书之外，我非常关心新政年代所具有的复杂性，也十分尊重旨在阐 2
明新政复杂性的学术贡献。如果你希望从本书列出的一些基本原则出发、更为全面地了解这段时期，卷尾附有推荐的延伸阅读书目[①]。但是，本书正文将围绕上述几个基本观点展开讨论，因为这些观点往往是了解大萧条与罗斯福新政的敲门砖。

大萧条肇始于1920年代末期。发生于1929年的大股灾（Great Crash），虽然未必是这场灾难的确切起点，却为我们大略标示出了大萧条的起始时间。当时，世界被各国内部和国家之间的特种债务结为一体，大萧条则让一切雪上加霜。本书的第一章将大致勾勒出当时世界的轮廓，描绘美国在其中所处的独特地位；同时，这一章还将解释大萧条发生时的世界为何与第一次世界大战之前大不相同，并将强调大萧条前夕国际经济体系的脆弱性。正如敏锐的观察家们和批评者们在当时便已指出的那样：一个由债务联结起来的世界体系，看起来脆弱得不堪一击。

第二章将讨论不同机构在危机发生后所做出的反应。首先，我们将关注联邦储备系统，它相当于美国的中央银行。随

---

① 见英文部分的“Further Reading”。

后，我们会把目光投向赫伯特·胡佛总统以及国会中的共和党多数派。与民主党人的指责相反，共和党面对危机并非一无所为。然而，胡佛自身所秉持的原则确实妨碍了他采取足够的措施来应对危机；因此，在他的领导之下，危机恶化到了令人吃惊的地步。

第三章表明，大萧条之所以被视为一场重大事件，主要在于它的影响范围异常广泛。它不仅使美国经济中的各个产业部门都蒙受打击，也使世界经济备受折磨。也许最为重要的是，这场灾难促使美国中产阶级纳税人和选民认为自己是不幸的大多数，而不是幸运的少数。

与其他所有涉及新政的讨论一样，我们在讨论新政时，也需要借助一些筛选标准来确定哪些事物属于新政、哪些则不应被列入新政的范畴。在本书中，这样的标准有两个。首先，我们采用历史阶段来界定新政。一些作者时常使用“新政”这个术语
3 泛指现代民主党的政策议程，或是罗斯福以后历届美国政府出于各种理由而对行政权力进行的扩张（这种说法常被冠以“新政秩序”的概念）；但是，在本书中，我本人将集中讨论发生在1930年代的事情，因为罗斯福和他的同时代人都相信新政在此之后便已画上句号。在此基础上，我只会简要讨论新政在第二次世界大战期间所继续发挥的作用。[4]本书用以界定新政范畴的第二个标准，是政策所发挥的功能。我在书中将新政划分为三个部分：第一，那些看起来有助于逆转大萧条的政策；第二，那些无助于大萧条的政策；第三，那些虽未直接应对当前灾难，但有助于防止或降低未来发生类似问题可能性的政策。

在罗斯福的核心理念“贫者无自由”之外，很难再找到一

条贯穿各项新政措施的清晰线索。[5]这些新政措施体现了多种管理经济的政治模式，它们不止源于一本著作或者一次演讲，也不仅出于一个人的想法。有时候，那些最终被证明是重要且成功的法案，不仅与罗斯福本人关系不大，甚至还曾遭到他的反对。新政在总统、国会和最高法院之间的斗争博弈中不断演化。为了造就一个更加强大的国家，选举结果一次又一次地推动这种博弈持续发展，深刻影响着总统、国会和最高法院的决策。

第四章名为“复胀和复苏”，其中的讨论既涵盖了新政在稳定和强化美国银行、货币和信贷系统等方面所发挥的作用，也阐述了新政如何在保持美国传统与制度原封不动的同时，及时救济了在大萧条中蒙受苦难的数百万民众。如果当初落实得力，仅凭这些措施或许就能终结大萧条，但新政推动者们的雄心却不止于此。

第五章名为“管理工农业”，解释了新政曾试图重新恢复第一次世界大战期间国家管理经济的模式，以此作为应对1930年代和平时期危机的手段。这些措施在当时便引发了争议；而如今回顾检讨，它们看起来也确实很不明智。然而，这些措施深深根植于美国政治之中，它们的失败促使新政发展转变成平衡兼顾的政策机制。 4

第六章名为“制衡性力量”，考察了新政主导者们如何尝试重新划分他们对美国经济的影响力。他们没有采用税收政策或福利支付等行政手段直接对财富进行再分配；相反，他们通过立法来鼓励利益集团和个体行动者在雇主之外采取独立行动。

到1936年，使用制衡性力量已经成为新政的一个显著标志。制衡性力量不像直接采取国家行动那样高效；然而，就像伯林所说的，通过运用制衡性力量的策略，罗斯福得以“在建立社会正义新规则的同时……免于使他的国家被政治教条束缚住手脚——无论这些教条表现为社会主义、国家资本主义，还是那种被法西斯政权标榜为‘新秩序’的新型社会组织形态”[6]。通过这种方式，新政在确保市场本质不变的情况下，赋予了社会中弱势群体为自己争取更好待遇的能力。

本书的最后一章表明：罗斯福深得美国选民认可，在1936年大选中以压倒性优势获胜。同时，这一章也解释了为何即便如此，新政还是在此后几年内慢慢停顿下来。最高法院在其中发挥了一定作用，但富兰克林·罗斯福不切实际的雄心也须为此负责。此外，新政的最初试验结果也改变了某些政策推动者自身的态度。最后，欧洲迫在眉睫的战争以及美国对战争的反应，都让人们忽视了新政时期的财政警觉和试验关怀。

新政并未终结大萧条。正如一位经历过1930年代的美国人曾告诉斯特兹·特克尔的，“为第二次世界大战制造长枪大炮的工业需求终结了大萧条”[7]。直到1943年，美国的失业率才回落到了1929年的水平。[8]然而，就算我们可以因此指责新政没有完成它的使命，却不能说新政毫无作用。在整个1930年代，除1937至1938年间出现衰退以外，美国的经济情况持续好转：在1933至1937年期间，年均增长率为八个百分点；1938至1941年期间年均增长率为十个百分点。与此同时，失业率实现了稳步
5 下降。[9]上述令人瞩目的复兴成就提醒我们，要从胡佛年代恢复过来，美国有多远的路要走。同时，它们也有助于解释为何新政在政治上如此成功。

新政旨在变革美国与全球的政治经济，但随着战争的发生和发展，其运势却变得模糊不清。1938年英美之间的贸易协定曾试图寻找一种国际方式来重振世界经济，但新政自始至终都在使用一套纯粹美国式的解决方案去应对一个具有全球意义的重要问题。罗斯福在生命中最后几年里所协助确立的战后秩序，在很大程度上要归功于新政中讲究实效的政策试验及弱化各州权力的政策措施。因为，在新政的经验教训得以充分显现之前，战争便已经爆发，观察家们很难厘清这两件大事。1940年代黑白分明的道德判断，遮蔽了发生在1930年代的那些艰难抉择、局部胜利和政治博弈。

在结语部分，我将讨论新政通过布雷顿森林体系对战后世界造成的影响。布雷顿森林体系由一系列旨在确保经济稳定的国际协定构成，一直延续到1970年代。直至那时，美国才开始在本土和海外弃守新政立场。此后几十年中，政治家们引领美国向1929年以前的信条回归，反复宣称政府不是当代经济问题的解药，政府本身就是问题所在。即便如此，新政对于共担经济安全责任的基本承诺，以及新政对于银行家、经纪人和企业高管是否完全可信的顾虑，都不曾彻底消失。

通览本书，读者们将会发现：以上对于新政的解读，不仅源于那些基于事后研究、相对较易获得的学术成果，也来自新政时代观察家们富有洞见的判断。美国人有幸领略了富兰克林·罗斯福在和平年代与战争环境中驾驭总统职责的独特能力，他们 6
当中也涌现出了整整一代杰出的社会科学研究者和其他政治分析家。这些研究者和分析家的观察与思考，及其追随者所展开的后续研究，都为本书奠定了基础。我们将遵循那个时代最敏锐观察家的建议，开篇首先描述1914至1918年间在第一次世界大战中踯躅不前的世界。

注释①

1 《罗斯福州长在接受总统提名大会上的演讲记录》，载1932年1月3日《纽约时报》，第8版。

2 以赛亚·伯林，《富兰克林·德拉诺·罗斯福总统》，载《人类的研究：伯林选集》，亨利·哈迪、罗格·郝舍尔编（伦敦：查托与温达思出版社），1997年版，第636—637页。

3 戴维·M.肯尼迪，《免于恐惧的自由：大萧条和战争中的美国人民，1929—1945》（纽约：牛津大学出版社，1999年版），第365页。

4 史蒂夫·弗莱泽、加里·格尔斯托主编，《新政秩序的兴起与衰落：1930—1980》（普林斯顿：普林斯顿大学出版社，1989年版）。关于罗斯福新政对于美国行政分支后续发展的影响，参见西奥多·洛威，《自由主义的终结：美利坚合众国的第二共和》（纽约：W.W.诺顿出版社，1979年版）。

5 转引自戴维·M.肯尼迪，《免于恐惧的自由：大萧条和战争中的美国人民，1929—1945》，第280页。参见以赛亚·伯林，《富兰克林·德拉诺·罗斯福总统》。

6 以赛亚·伯林，《富兰克林·德拉诺·罗斯福总统》，第629—630页。

7 斯特兹·特克尔，《艰难时代：美国经济大萧条口述史》（纽约：新出版社，2000年版），第57页。

8 苏珊·B.卡特尔等主编，《美国历史统计大全：从最初到现今（千禧年版）》（纽约：剑桥大学出版社，2006年版），Ba475系列。失业人口占所有平民劳动力的百分比，1929年为2.9%，1942年为3.1%，而1943年为1.8%。

9 克里斯蒂娜·D.罗默，《什么终结了大萧条？》，载《经济史期刊》，第
7 52卷第4期（1992年出版），第757页。

① 依惯例，注释中的文献出处多保留原文。鉴于本书附有英文原文，为便于读者更直观地获取信息，此处将文献译出。

第一章

负债的世界

无论对于大萧条的各种解释演变得如何多样，它们都存有一个共识，即1920年代晚期饱受经济危机煎熬的世界，已经和人们此前所经历的那个世界大不相同。彼时，世界已被整合为一个相互勾连的经济体，而第一次世界大战更导致了一些根本性的剧变。战争使人员、物品与货币在全球范围内的流动变得困难，也改变了这些要素的流动方向。这场将美国置于新世界体系中心的战争，反过来也改变了美国，使新大陆上这个曾经超然化外的民族，一跃成为全球关注的中心。这些变化及其潜在的灾难性后果，并非直至事后才变得清晰——有些观察家在当时便预见了它们的发展。

1919年，经济学家约翰·梅纳德·凯恩斯基于《凡尔赛和约》展望未来，预言了工业世界的前景："欧洲各国的生活条件持续恶化，一些民众终将陷入真正意义上的饥荒（俄国已经达到这一临界点，奥地利差不多也达到了）。饥寒交迫的人们会竭尽全力以确保满足自身生存的根本性需求，而他们的行动不仅

可能摧毁残存的制度组织，甚至可能湮灭文明本身。”[1]凯恩斯写
8 道，“和平的经济后果”将引发萧条和绝望，并导致文明世界解
体。尽管凯恩斯或许是不无偏颇地把即将发生的灾难部分归结于《凡尔赛和约》的条款，他也批判了和约的遗漏之处。[2]会聚于凡尔赛的各国领导人原本有机会恢复和重建1870至1914年间的全球体系（凯恩斯将该体系称为“经济桃花源”），但他们错过了良机，创造出了一个完全不同于桃花源的世界。[3]

1914年以前，人员、物品和资本的跨国流动相对而言很少受到限制。在此情况下，这些要素最有可能流向那些能够带来最高利润回报的地区，而这种跨国流动在很大程度上也使完成了工业化的欧洲地区得以享受贸易顺差。

从19世纪中期到第一次世界大战，约有5 500万人离开欧洲，前往位于新大陆的各个国家寻找希望。这其中的大多数移民，是想在全球市场上寻求更高劳动力回报的产业工人。他们离去之后，欧洲的劳动力供给出现了下降，留下来的工人得以获取更高的薪水。对于土地充裕的新大陆国家来说，欧洲移民的到来则推动了边疆地区的发展。不过，当时的移民活动并非完全畅通无阻。若将19世纪的国际市场形容为真正意义上的全球市场，那无疑是夸大其词。毕竟，新大陆国家在为诸如劳动力这样的生产要素打造跨境市场时，往往对某些地区青睐有加。澳大利亚各州显然自1850年代起就开始限制来自中国的移民，而到20世纪早期，美国、加拿大和澳大利亚等国都已对来自中国和日本的移民设定了很高的门槛。1917年，美国不仅划定了移民“禁区”以阻止来自几乎所有其他亚洲国家的移民，还通过推行文化水平测验来减少进入美国的移民数量。然而，上述这些限

制措施却让数百万来自其他地区的移民——特别是那些来自南欧和东欧的移民——得以在新大陆谋得更好的职位。 9

同一时期，大英帝国基本支持物品的跨国自由流动。包括原材料和制成品在内的各种物资，几乎无须缴税便可在新旧大陆之间自由交易，这使各国得以生产最适合其生产的物品。像对待移民一样，各国在这一时期偶尔也会制造贸易壁垒（拉美各国的关税水平尤其较高），但与1920年代相比，此时的国际贸易显然更为自由，而英国更是推动降低关税的领头雁。[4]

观察家们指出，对这一时期的发展中国家而言，与英国进行贸易尤其有利。英国银行为道路、运河及铁路的建设者提供资金，使这些国家的开发活动得以向内陆和草原深处延伸。开垦耕地的活动提高了新大陆土地的产量，而通过将农产品卖回英国，新大陆国家又得以偿还其债务。由此，至少就欧洲而言，与物品和人员流动相结合的资本流动形成了一个良性循环。一位英国经济学家在1909年写道："通过对其他国家投资，我们首先给借款国提供了信贷，以便它们能够购买发展所必需的物资；由此，这些国家得以大幅提升产量，从而能够为我们的资本支付利息和利润，并显著增加购买英国商品的数量。"[5]

凯恩斯高度评价这个已经消失了的体系，因为它使欧洲在历史上首次得以缓解因人口增长超过粮食供给增长而带来的巨大压力。凯恩斯解释道："随着欧洲人口不断增长，一方面会有更多移民前往新兴国家去耕种那里的土地，另一方面在欧洲将有更多工人为生产工业品和投资品而做好准备，他们的产品将供养生活在新家园中的移民，也将建造出铁路和轮船，把远方的 10
食物和原料运抵欧洲。"[6]战争迫使这个体系停止运转。人员和货物不再能自由流动。这两大要素此前是生产的力量，现在却导向毁灭。资本不再被提供给新大陆的边疆地区，却被投入了西线的战事。更糟糕的是，当战争结束、和平再度降临，业已崩溃的世界秩序却未能得到重建。凯恩斯抱怨道："《凡尔赛和约》中并未包含任何关于欧洲经济复兴的条款……也未作任何努力去调整新旧大陆的经济体系。"[7]

回顾1930年代，英国历史学家H.E.卡尔写道："1918年，人们几乎一致认为美国应当肩负起领导世界的使命……该国却拒绝担此重任。"[8]尤其值得一提的是，美国不仅拒绝带领世界重建一个传统的开放经济体系，还采取了与此完全背道而驰的行动。

美国在第一次世界大战以前就曾经试图限制移民；到1920年代，该政策的执行力度和有效性得到显著提升。1921年和1924年，国会通过法律，对移民数量设定了限额。新大陆的其他国家也以各自的方式限制移民人数。有些国家和美国一样，将政治激进分子以及罪犯、穷人和残疾人阻拦在国门之外。巴西人试图把移民驱赶到农场里面，而不想让他们进入城市。加拿大1919年的移民法案认为"风俗习惯、生活方式怪异的移民不适合在该国生活"[9]，允许官员阻止他们入境。正如凯恩斯在1919年所预见的，上述限制加大了欧洲人在海外寻得机会的难度。

限制性法律也减缓了货物流动的速度。美国在1921年和1922年两次提高了关税，其他国家也开始竞相效仿。忧心忡忡的外交官们召集了一系列旨在呼吁各国消除贸易壁垒的会议。
11 1927年召开的国际联盟世界经济会议堪称这一系列外交努力的高潮。该会议强烈反对关税，最后却无疾而终。在整个19世纪，美国人素有征收高关税的传统。然而，正如《纽约时报》在

1926年所指出的，自19世纪以来情况已经大不相同："不必是政治经济学家，每个人都能看出1914年来的一系列事件已经使我们在世界贸易中的地位发生了根本性的改变。那些在1914年前或许还算情有可原的财政政策，此后已经无可救药地被扭曲了。除非愿意接受外国债务人能够向我们提供的那些东西，我们规模庞大并且还在持续增长的海外投资就不可能获得长期回报。"[10]

第一次世界大战让美国几乎在一夜之间从世界上最大的债务国变成了世界上最大的债权国。纽约也取代伦敦成为了世界信贷体系中的核心贷款方。上述转变，不只意味着地位和名次的易手。战后债务不同于战前借款。19世纪，新大陆的借款者使用英国贷款修筑铁路和牧场，打造了自身偿还贷款的能力；而参加第一次世界大战的国家，则用美国的战时贷款购买枪支和炮弹，削弱了自身偿还贷款的能力。在战争中受创的国家筹借了更多的贷款去偿还债务；有时候是从美国借款去清偿其他参战国，后者再转而向美国还债。

1920年代的这个新型全球体系，在开放性和灵活性方面逊于此前的体系，它依赖美国通过持续提供贷款来平衡其他许多国家的赤字和负债，从而确保因第一次世界大战而陷入贫困的世界继续运转。美国的贷款在一定时期内确实起到了这种作用，但该国却在1928年完全终止了贷款，导致德国、波兰、巴西、阿根廷、澳大利亚和加拿大等国陷入衰退。[11]然而，举步维艰的世界未能引起美国人的关注，他们当时正目不转睛地紧盯着自己国内经济过热的情况。

自1921年从战后经济衰退中复苏之后，美国经济就以稳健

的年增长率不断发展。美国工人以更高的效率生产了更多的东西，他们的收入也相应获得了提升——虽然生产率提升所带来
12 的利润增幅要比工资的增幅更显著。[12]许多美国人的乐观主义情绪也随之高涨起来：他们认为自己已经进入了一个崭新的繁荣时代，现在有更多美国人能够享受得起更奢侈的商品，并且至少在物质上能够过上比以往任何时候都更好的生活。他们的信心坚定不移，乐意接受当时新近出现的信贷产品，借此购买他们兜里的现金支付不起的商品。1920年代末，美国人享受着用债务精心布置起来的生活。

第一次世界大战前，美国家庭的户均债务增加量非常有限，如果将房屋按揭排除在外，每年增幅仅有四美元。到1920年代，这个数字增长了两倍以上，达到每年约十四美元。[13]美国人用借来的钱购买那些他们当时正在加速生产的东西：昂贵的、耐用的、奢侈的商品。这些商品让他们的生活更加丰富多彩，也催生了他们对生活更高的期望。1920年代出现了定期播放的广播节目，收音机和留声机也走进了美国家庭。此外，美国人还开始购买包括冰箱在内的家用电器。而最引人注目的是，他们购买了汽车。[14]

汽车的生产、采购和金融支持不仅塑造了人们对1920年代美国经济繁荣时期的印象，还塑造了繁荣本身。这一时期，美国的汽车产量在十年内翻了一番有余。到1929年，美国共生产了440万辆汽车，而汽车行业也成为全美产值最高的工业部门。到1920年代结束时，大约有44.7万美国人在汽车行业工作，使汽车行业成为全美就业规模第二大的产业，仅逊于钢铁行业。美国人生产的汽车越多，他们对玻璃、橡胶、钢铁和石油的需求就越

旺盛。汽车销售带动了道路、郊区住宅和购物中心的发展，也催生了其他公路周边的景点。[15]

美国交通部门的记录显示：1920年，平均每三个美国家庭才拥有一辆汽车；而当1920年代结束时，全美几乎每家每户都拥有一辆汽车。1929年，全美约有1.23亿人口，汽车数量却高达 13
2 300万辆：假如每辆汽车里都舒舒服服地坐上六个人，那么全部美国人都能同时上路！[16]

这些变化之所以能够发生，要归功于亨利·福特的汽车公司在技术和商业上所做出的一些创新。到第一次世界大战时，福特公司已经确定将T型车作为面向消费者的通用型号，并且开发出了用于大规模生产的流水装配作业线。此外，福特公司还开始大肆宣传自己向员工支付高额工资，借此增强员工对该企业的忠诚度，也使员工有能力购买本企业的标志性产品。而福特T型车的价格也在那些年间不断下降，从1909年时的每辆950美元降至1926年的每辆290美元。[17]

假如1920年代美国的整个汽车产业——甚至全美工业——都和福特公司一样，我们应该会看到以下这番景象：工资上涨、价格下降，标准型号商品的大规模生产则将曾经的奢侈品变为随处可见的商品。然而，并非所有厂商都和福特公司一样。在1920年代，尽管福特公司的T型车标价不断下降，但与其他产品的价格相比，美国主要耐用品的相对价格却较战前有了普遍提升。美国人大量购买这些商品，并非因为它们便宜，而是不在乎标价到底有多高。[18]

福特公司廉价的标准化T型车使更多背景各异的人们得以拥有汽车。然而，等到某个阶段，每个买得起汽车的人都将拥有一辆汽车，谁还会继续购买汽车呢？通用汽车公司决定设法让那些已经拥有汽车的人们继续掏钱购买不同的汽车：该企业每年更新汽车型号、按照计划淘汰过时的款式，并拓展了通用汽车承兑公司的信贷业务，怂恿人们通过定期购置新车的方式挥霍财富。[19]

1920年代，分期付款通常代价不菲，采用这种方式购买新车所支付的年利率约为30%。[20]包括亨利·福特在内的卫道士
14 们常为美国民众不断增长的“必需品”清单而焦躁不安，消费者们却往往会将《广告与销售》杂志于1926年宣称的信条奉为圭臬：“每一位生来自由的美国公民都有权决定什么是他的必需品。”[21]在整个1920年代，被美国人列入“必需品”清单的东西越来越多。

然而，信贷服务不可能无限期地推迟为商品付款的时间。分期付款提供者寄出账单的时间像钟表那样准确，美国民众却未必总能如期足额地获得预期收入：周期性失业总是一触即发，却几乎不存在针对失业的社会保险。因此，在买家愿意背上一笔长期债务以前，不得不进行相当谨慎的思考；而任何有可能让消费者无法看清经济前景的因素，都可能导致他们踯躅一阵，观望有什么可能会影响他们收入的事态。在经济危机中，即便消费者只是暂时停止购买，都可能使整个国家的流水生产减缓甚至停歇。

当美国民众对广告商的花言巧语趋之若鹜时，他们的好运气也基本到头了。从1928年开始，向美国借款的国家尝到了美国信贷枯竭的滋味；不久之后，在美国国内，受信贷驱动的消费也开始放缓，让人见识了其后果。此时，美国的债务国和美国民

众都将目光投向了信贷的源头华尔街，一方面认为华尔街是问题的根源，另一方面也期待华尔街能够提供可行的解决方案。

如果我们将1920年代的世界经济视为一组同心圆，那么最外一环便是远离工业中心的那些人，工业中心的繁荣或者萧条对这些人影响甚微。在这一环里面，是那些与美国存在债务关系的工业国家。更里面的一环，则是美国民众——这一环又可以被分解为许多更细的圆环：首先，那些在温饱线上挣扎的民众；往里一点，是那些境况稍好的民众，或许能够以背负债务的方式来购买日常所需的物资；更内侧的细环则是那些拥有股票的民众，他们只是少数，占总人口的比例大概还不到10%。[22]同心圆的最里面，则是那些准贵族——这些大款们决定着其他人获得信贷的难易程度，他们也因股票市场的形势而日益坐立不安。 15

那个年代，最有门路和最勤勉的公仆们都在华尔街，或者华尔街周边的下曼哈顿地区工作。1920年代，这批人中包括曾任最高法院大法官并将在未来重任此职的查尔斯·埃文斯·休斯、曾任战争部长并将在未来重任此职的亨利·史汀生、未来的纽约州州长赫伯特·莱曼，以及未来将以总统身份经常对华尔街一切主张提出反对的富兰克林·罗斯福。[23]他们掌控着美国企业的并购、招股和所有其他重要事务。

与他们在华尔街上那些声名不佳的邻居一道，这些人还操作了许多其他交易。例如，一群拥有充裕资本的投机者可以专门为操纵某支股票的价格而建立一个资金池。这些投机者在彼此之间频繁地相互买卖一支股票，从而向那些紧盯股价的局外人传递出他们想要传递的信息。股票报价机上的数据忠实地反映着交易的实际情况，但交易数据显现出的模式却往往让好奇的局外人渴望获取内幕消息。对于一些沉迷的投资者来说，那些由投机者们通过相互交易营造出的涨势和跌幅，似乎暗示着这个世界上某个地方有某个人知晓企业股价即将上涨的内幕消息。于是，针对被操纵股票的投资蜂拥而至，推高价格。等股票价格似乎已经不可能继续上涨时，资金池的始作俑者们就会将自己手中持有的股票卖出套现，使股票价格跌回最初的水平。这种操纵股价牟利的行为屡屡发生，非但不违法，甚至都算不上秘密：《华尔街日报》报道建仓行为，发布关于庄家的信息，还定期贩卖所谓的分析师意见，谈论的是哪些股票最能吸引不明就里的狂热股民（按照一位分析师的说法，这类文章“只要能凭题目让人感觉充满激情、启示与力量”就行）。[24]

美国人有时会把上述行为与正常的股票购买行为区分开来，将前者称为“投机”，而将后者称为“投资”。投资者基于相
16 关企业的长期表现是否稳健来决定购买哪些股票，并依据自己对企业在未来数月甚至数年内能否高效运营的判断来选择有价证券。投机者则根据对其他人当天在股市上会采取哪些行动的直觉来买卖股票。由于投机收益往往会使投资所得相形见绌，股市上涌现出了越来越多的投机者，而越来越多的观察家们则变得忧心忡忡。

到了1928年，在华尔街工作的人都知道——甚至连《华尔街日报》也承认——他们正身处“一个佣金高于利润的市场中”[25]。即便如此，越来越多的美国人仍然想要置身于这个明显受到操纵的游戏之中。人们疯狂地扑向那些资金集中的地方，希望能撒钱铺路，让自己跻身圈内。只要能和业界巨擘切磋练

手，甚至连亏损都能让他们欣喜若狂。

美联储注意到了交易所里不断增长的成交量，也注意到以借贷方式进入交易所买卖股票的行为不断增加，因而决定提升贷款的成本。1928年6月，《联邦储备公报》指出：“交易所里的成交量已经攀升到了前所未有的高度，而证券价格仍在持续上涨”，与此同时，“经纪人贷款额度也达到了创纪录的水平……并且依然在持续攀升”。于是，美联储开始“从货币市场里撤出资金”[26]。

然而，投机行为在新的一年到来时依然旺盛。1929年初，就在赫伯特·胡佛宣誓就任总统之前，美联储公开警告，说它不希望银行利用其信贷去“维护投机性的证券贷款”。[27]此后美国国内的投机规模仍然居高不下，但美国向海外的投资额度却开始缩水：1925至1928年间，美国平均每年向海外投资8亿美元，1928年上升至12.5亿美元，而在1929年却下降至6.28亿美元，到了1929至1932年间，平均每年仅向海外投资约3.6亿美元。[28]美联储收紧货币政策，减缓了美国资本外流的速度。像德国这样此前一直依赖美国贷款的国家，开始感受到了该政策所带来的压力。 17

此后多年，那些透着盲目乐观情绪的宣言，成了每个关于大股灾的故事的主题。这些宣言坚信每个人都该变得富裕，而一切行为都出于好意。它们让当时的人们欣慰不已，事后回顾起来却显得相当鲁莽。直到大萧条到来的几周前，它们还肆意流传。报纸定期寻找职业“鸡汤文”写手提供令人欢欣鼓舞的观点，这些人殷勤地宣称自己对前途充满信心。然而，到1920年代后期，越来越多的银行家和决策者意识到，当时的世界财政体系状况完全不具有可持续性。无论在美国国内，还是在全球范围内，都有太多的人借了太多的钱，投到了非生产性活动中。金融家伯纳德·巴鲁克写道：“采用分期付款计划来购买商品的行为是明智的，这种做法最终可以带来经济的增长和生活的改善；但是，这些计划也可能被滥用——恐怕它们如今已经被滥用了。”[29]

在这种环境下，可靠的投资所剩无几。尽管只有少数美国人真正购买和出售股票，但市场俨然成了一种娱乐活动、一个人们闲聊时的固定话题。对于行家来说，股市成为风靡街头巷尾的话题，这本身就是一个警告，促使他们在一切变得太晚之前将资本抽离出去。金融家约瑟夫·P. 肯尼迪在1929年夏天就把自己所持有的主要股票销售变现，他告诫一位朋友说：“只有傻瓜才会手持股票，等待价格冲顶。”[30]许多人都了解这一点，但他们总觉得会有更无知的傻瓜进入股市。除非能对美国的国民性做出精准判断，否则没人能够估计出整个国家会有多少傻瓜在股市上前赴后继。

通常情况下，那些有办法在夏天离开曼哈顿的人都会视留下的人为傻瓜。有钱人通常会在8月逃离纽约那不可理喻的炎热。但是，在1929年夏天，他们大都选择留守，看是否能在不断上涨的牛市行情中大捞一笔。他们甚至守到了劳动节①，守到了夏季最闷热的几天，直到股市行情在9月3日达到顶峰。此后几
18 天里，行情出现了下跌；此后几周里，下跌的幅度更为明显。[31]人们的热情也随之消退。有关那些操纵资金池的大投机者们已经决定使用阴谋诡计拉低股票价格的小道消息不胫而走。此后

① 美国劳动节为每年9月的第一个星期一，1929年的劳动节为9月2日。——译注

数周内，股价下跌、反弹，而后再次下跌。

10月24日的整个早晨，在纽约街头，人群静悄悄地走向市中心的华尔街。他们在那里默默地聚集站立，注视着纽约证券交易所，仿佛抽象的交易活动突然间昭示出了那些已经显然降临在他们头上的灾难。[32]那一天就是“黑色星期四”。市场此后有所反弹，却又再次暴跌。石油大亨约翰·D.洛克菲勒宣称他正在买入股票，因为“业已发生的股价暴跌并不是由任何商业方面的失败导致的”[33]。然而，无论是他的这个表态，还是其他类似的行动，都不足以维持股价。到11月中旬，超过三分之一的股票市值已经蒸发。[34]

股价下跌仅对少数美国人造成了直接冲击。然而，其他许多密切关注着股市的人，将其视作了反映自己命运的晴雨表。在获知股市暴跌后，他们突然停止了大部分经济活动。正如经济学家约瑟夫·熊彼特事后写到的那样，“人们感到脚下的大地正在崩溃”[35]。面对不可预期的未来，美国人做出了重要的决定，他们不再消费，特别是不再继续购买像汽车这样他们此前已经学会采用分期付款方式购买的耐用消费品。分期付款合同上的每个签名，都代表着消费者对于自己未来支付能力的预测。突然间，美国人不再认为自己能够看得足够长远，做出正确的预测。就在股市崩盘后的几个月内，新车登记购买量已经比9月减少了近四分之一。[36]在1930年，耐用品消费额下降了20%。[37]工厂停产，银行倒闭，失业率比1929年翻了一番有余。

1931年，约翰·梅纳德·凯恩斯访问了美国。在一次演讲中，他把日益严峻的萧条归咎于“惊人的愚蠢”[38]。当时，观察家 19
们基本上都认为：有人犯了大错，考虑到第一次世界大战后世界金融体系的结构，这位罪魁祸首必然居住在美国。无论当时还是后来，赫伯特·胡佛都被看作应对大萧条负责的当然人选。在回忆录里，胡佛用凯恩斯早期的观点为自己辩护，他写道："导致大萧条的首要因素是1914至1918年间的战争。"[39]然而，胡佛注定无法逃脱被谴责的命运。1930年，约瑟夫·肯尼迪就已打电话给胡佛的一位支持者说："记录下一任总统的名字吧……他叫富兰克林·D.罗斯福。"[40]

注释

1 约翰·梅纳德·凯恩斯，《和平的经济后果》（伦敦：1919年版），第213页。

2 关于凯恩斯对战争赔款的批判，见尼尔·弗格森，《战争的悲悯：诠释第一次世界大战》（纽约：基本书局，1999年版），第395—432页。（本书中文版书名为《战争的悲悯》，由中信出版社于2013年翻译引进。——译注）

3 约翰·梅纳德·凯恩斯，《和平的经济后果》，第8页。

4 克里斯托弗·布拉特曼、迈克尔·A.克莱门斯、杰弗里·G.威廉姆森，《关税保护了谁，以及为什么？ 1870—1938年间的世界关税》，"全球化的政治经济学"会议论文（2002年版），第30页。

5 埃里克·劳赫威，《诸国中的蒙福者：世界如何造就了美国》（纽约：希尔与王出版公司，2006年版），第156页。

6 约翰·梅纳德·凯恩斯，《和平的经济后果》，第7页。

7 同上书，第211页。

8 爱德华·霍列特·卡尔，《20年危机：1919—1939》，第2版（伦敦：麦克米伦出版社，1962年版），第234页。（本书中文版书名为《20年危机》，由世界知识出版社于2005年翻译引进。——译注）

9 移民法案，大英帝国法典（乔治五世登基第九至第十年），第25章，第7页，第13条，参见互联网资源：www.canadiana.org/ECO/ItemRecord/9-08048（于2007年2月27日访问）。

10 埃里克·劳赫威，《诸国中的蒙福者：世界如何造就了美国》，第157页。

11 巴里·埃森格林,《重新审视大崩溃的起源及性质》,载《经济史评论》第45卷第2期(1992年出版),第223页。

12 乔治·苏勒,《繁荣年代:从战争到萧条,1917—1929》(纽约:莱因哈特出版社,1947年版),第220页。 20

13 玛莎·L.奥尔尼,《先购买后付款:1920年代的广告、信贷和耐用消费品》(教堂山:北卡罗来纳大学出版社,1991年版),第91页。

14 同上书,第40页。

15 彼得·费伦,《战争、繁荣和萧条:1917—1945年间的美国经济》(牛津:菲利普·艾伦出版社,1987年版),第55—56页。

16 乔治·苏勒,《繁荣年代:从战争到萧条,1917—1929》,第164页。

17 约翰·贝尔·瑞,《美国汽车生产商》(费城:齐尔顿出版公司,1959年版),第107—109页;约翰·贝尔·瑞,《美国汽车产业》(芝加哥:芝加哥大学出版社,1965年版),第61、88页。

18 玛莎·L.奥尔尼,《先购买后付款:1920年代的广告、信贷和耐用消费品》,第182页。

19 罗兰·马钱特,《推销美国梦想:为现代性铺路,1920—1940》(伯克利:加州大学出版社,1985年版),第156页;玛莎·L.奥尔尼,《先购买后付款:1920年代的广告、信贷和耐用消费品》,第127页。

20 玛莎·L.奥尔尼,《先购买后付款:1920年代的广告、信贷和耐用消费品》,第115页。

21 罗兰·马钱特,《推销美国梦想:为现代性铺路,1920—1940》,第160页。

22 彼得·费伦,《大崩溃的起源及性质:1929—1932》(新泽西州阿特兰蒂克海兰茨:人文出版社,1979年版),第34页。

23 约翰·布鲁克斯,《曾经极乐盛境:华尔街的真实悲喜剧,1920—1938》(纽约:威利投资经典,1999年版),第58—59页。(本书中文版书名为《戈尔康达往事:1920—1938年华尔街的真实故事》,由上海财经大学出版社于2008年翻译引进。——译注)

24 《市场评论》,载1928年3月21日《华尔街日报》,第22版。

25 《宽街八卦》,载1928年1月13日《华尔街日报》,第2版。

26 《联邦储备公报》,第14卷第6期(1928年6月出版),第373页。

27 约翰·肯尼斯·加尔布雷思,《大股灾:1929》(波士顿:霍顿·米夫林出版公司,1972年版),第38页。(本书中文版书名为《1929年大崩

盘》，由上海财经大学出版社于2006年翻译引进。——译注）

28 联合国，《两次世界大战之间的国际资本运动》（纽约：阿诺出版社，1979年版），第10页，表1。

29 伯纳德·M.巴鲁克，《巴鲁克自传》，2卷本（纽约：霍尔特出版公司，1957—1960年出版），第2卷，第218页。（本书中文版书名为《在股市大崩溃前抛出的人：巴鲁克自传》，由机械工业出版社于2012年翻译引进。——译注）

30 理查德·J.惠伦，《奠基之父：约瑟夫·P.肯尼迪的故事》（纽约：新美利坚丛书公司，1964年版），第104页。

31 约翰·布鲁克斯，《曾经极乐盛境：华尔街的真实悲喜剧，1920—1938》，第110页。

32 同上书，第117页。

33 《洛克菲勒出手，焦虑情绪缓解》，载1929年10月31日《纽约时报》，第1版。

34 约翰·布鲁克斯，《曾经极乐盛境：华尔街的真实悲喜剧，1920—1938》，第119页。

35 约瑟夫·A.熊彼特，《商业周期：对资本主义进程的理论、历史和统计
21 的分析》（纽约：麦格劳-希尔出版集团，1939年版），第2卷，第911页。

36 克里斯蒂娜·D.罗默，《大股灾与大萧条的开端》，载《经济学季刊》第105卷第3期（1990年出版），第606页。

37 彼得·费伦，《战争、繁荣和萧条：1917—1945年间的美国经济》，第34页。

38 罗伯特·斯基德尔斯基，《约翰·梅纳德·凯恩斯：作为救世主的经济学家，1920—1937》，《约翰·梅纳德·凯恩斯传》，第2卷（伦敦：麦克米伦出版公司，1992年版），第391页。

39 赫伯特·胡佛，《自传》，3卷本（纽约：麦克米伦出版公司，1951年版），第3卷，第2页。

22 40 理查德·J.惠伦，《奠基之父：约瑟夫·P.肯尼迪的故事》，第113页。

第二章

胡佛那几年

1931年春，纽约州的民主党参议员罗伯特·瓦格纳宣称胡佛总统面对危机，“只会恪守陈腐不堪的共和党政策教条：在通常情况下无所作为，直到要求变革的压力不可抗拒时，才最低限度地采取一些行动”[1]。胡佛并非“无所作为”，但的确做得不够。他只是按部就班地遵循那套自己建立的常规政策来进行危机管理。

事实上，当胡佛在1928年竞选总统的时候，美国民众普遍认为他有足够的能力应对危机。某些共和党领导人对此表示怀疑。胡佛担任商务部长时的总统卡尔文·柯立芝就曾抱怨：“这家伙不请自来地给我提了六年建议，这些建议全都不怎么样。”[2]然而，新出现的紧急情况让美国民众记起了胡佛的优点。

1927年初，密西西比河流域雨势剧增。4月中旬，伊利诺伊州开罗附近的河堤坍塌，成千上万英亩的土地被洪水吞噬，此后越来越多的决堤事件接踵而至。面对这种情况，此前一直恪守无为而治信条的柯立芝指定胡佛领导一个应急委员会。胡佛曾

是成功的采矿工程师，在事业有成后选择担任公职、服务大众。在第一次世界大战期间，伍德罗·威尔逊总统指派胡佛为战争
23 筹措粮食和其他救济物资，胡佛通过这项工作赢得了物流天才的美誉。海军部次长富兰克林·罗斯福在1920年曾写道：“此人堪称奇才，希望我们将来能选举他成为美国总统。”[3]胡佛的盛誉部分来自他组织和利用官僚机构的才能，部分来自他组织和利用媒体的才能。他曾说：“世界靠言语生活。”[4]

作为1927年抗洪救灾工作的负责人，胡佛充分发挥了他的这些才能，却也暴露出了局限。他组织和安排人员疏散，挽救了许多生命；他监督建造了用以收容难民的营地；他还支持由联邦政府掌控河道管理事务，以防止灾难在未来重演。然而，当美国南部的白人因为担心劳动力流失而阻止黑人撤离戒备森严的营地时，胡佛却视而不见。他还利用白人的恐惧心理来达到他自己的目的，威胁当地的生意人说，如果他们不肯为重建基金慷慨解囊，“我今晚就会开始向北方遣散您的黑奴”[5]。

像之前身为工程师一样，胡佛能够建立起一套解决问题的机制，但是他却期待其他人来运转这些机制。他为灾后重建贷款筹集了1 300万美元，并确保每个人都知晓此事，却并没有采取措施确保这些钱会被用于灾区——事实上，其中绝大部分款项最终并未流向灾区。此外，尽管他赞成联邦政府投入大量资金用于改善与河道管理有关的工程设施，却反对强化政府在人道主义方面的作用，宣称“国会不向水患灾民提供救济，是一项可取的政策”[6]。

即将成为总统候选人的胡佛，知道自己必须表态会对那些通常会投票给共和党的黑人选民保持忠诚并加以关注；而在这

么做的同时，还不能疏远潜在的白人选民。胡佛让美国黑人领袖们知道，他所赞同的灾后重建计划，会将洪泛区的大农场分割为小块土地提供给黑人农民。然而，他此后却拒绝采取任何实质性行动来支持上述计划或撤离灾区的黑人。[7]这场洪灾使胡佛得以声称自己在重重压力下依然能够从容不迫。对此表示怀疑的人 24
并不多，但有时却说到点子上。来自巴尔的摩市的记者H.L.门肯写道，胡佛的"成就大都看似傲人，却经不起深入推敲"[8]。

胡佛先前的表现其实并没有在1928年大选中发挥多大作用。他之所以胜出，原因并不在于曾经取得过多大成就，而在于对手阿尔·史密斯是个天主教徒。史密斯曾担任过许多职务，其中最引人注目的当属纽约州州长，他也曾在纽约州议会中任职。纽约人知道他是个革新派，曾推动修订纽约州宪法，并着手调查了臭名昭著的三角工厂火灾案。史密斯还曾支持过旨在维护工作场所健康和安全的法案，并反对雇用童工。[9]然而，在总统竞选中，他和胡佛的执政能力都没有受到多大关注。大选沦为了一场关于符号的战争，而武器则是胡佛拿手的东西：言语。[10]虽然胡佛本人刻意与那些最下流的人身攻击保持着距离，他的盟友们却指责史密斯代表着"纽约这座粗鄙、荒唐……充满外国人的城市"，并攻击史密斯为"纸牌、鸡尾酒、贵宾犬、离婚、小说、令人窒息的房间、舞会、进化论、克拉伦斯·达罗、暴饮暴食、裸体艺术、有奖决斗、戏子、灰狗赛跑和现代主义"大开方便之门。

1928年大选在事后看来异常重要，它决定由谁来领导美国应对一场严峻的危机；然而，这场选举在当时却充斥着上文提到的那些没有实质内容的文化冲突。这场大选有两个深远影响：首先，它在大萧条前夕将美国政府交由共和党人掌控；同时，它让胡佛来负责联邦政府应对经济灾难的行动，而此人笃信靠言语就能解决问题，即便身处危机的漩涡之中也反对采取公共救济行动。

1929年10月25日，就在黑色星期四后的第二天，胡佛告诉记者们：“这个国家的基本业务，即商品的生产和流通，都处于
25 稳健而繁荣的状态。”[11]按照《华尔街日报》的说法，胡佛透露出的信号与主流银行家与实业家的态度“和谐一致”，他们都认为“股市崩溃……仅仅是市场运行中的技术问题，而不是根本缺陷”[12]。数周后，胡佛重申了他对美国经济制度的信心，声称“任何对美国未来经济或商业基本实力缺乏信心的表现都是愚蠢的。我们既能辛勤地工作，又能发挥聪明才智以团结合作，为未来提供充分保障”[13]。

胡佛笃信“发挥聪明才智以团结合作”的理念。他把自己视为美国企业的啦啦队长，而不是美国经济的裁判员、教练员或者运动员。他呼吁人们团结合作，并且期待上述愿望能够变成现实。他邀请美国工业界的重要人物们会聚一堂，请他们集思广益，制订出防止股市崩盘演变成大萧条的计划。他呼吁不要降薪，雇主们同意合作。[14]他甚至进一步要求州政府和地方政府的领导人加快并增大对道路和其他公共工程投资的速度和力度，相信各级政府的财政中蕴藏着“足以支持快速扩张性政策行动的丰裕储备”[15]。

联邦政府官员除了偶尔需要说上几句鼓励性的言语，并不需要为落实这些策略采取多少实质性的行动。这些策略也不会给美国民众的生活带来任何直接改善。联邦政府不会为任何策略提供经费，而制止灾难全部要靠身处华盛顿特区以外的人们。

没有哪项政策发挥了作用。那些承诺确保工资水平不降低的商人，并没有说明他们是否会削减工作时间或者裁员——他们两方面都做了。早在1930年1月，《商业周刊》就在报道中指出，“一些汽车企业……似乎急不可耐地采取了裁员行动”[16]。数量众多而影响有限的小企业主，不曾收到前往华盛顿特区会商的邀请，也就不觉得有义务恪守不降工资的保证。结果，即便名义工资水平在一些领域维持不变，失业率却出现了上升，而总体工资水平则出现了下降。

地方政府和州政府也无力有效回应胡佛的呼吁。他们确
实投资了一些建设项目，但随着危机持续发展，他们能够使用 26
的资金越来越少。他们的财税收入不断下降，为济贫而支付的账单却不断增多。以上两方面耗尽了地方的财政资源，迫使成百上千的地方政府推迟甚至拒绝偿还债务。[17]这些政府违约行为给胡佛计划中的另一个薄弱环节造成了巨大压力。按照胡佛在1929年11月的说法，他的计划倚重“联邦储备系统的出色工作以及各大银行稳健的基本运营情况”[18]。事实证明这项判断是错误的。

联邦储备系统自1914年开始运转以后，一直发挥着美国中央银行的作用，依据经济生产情况管制信贷资金的供给。经济危机期间，人们期待中央银行能像英国记者沃尔特·白哲特在1873年所写的那样“慷慨地提供贷款”，以防恐慌出现。

然而，联邦储备系统的官员们并没有为本机构如何干预经济危机制定出清晰的规则。其中一些人认为该机构必须迅速行动以避免国民经济陷入灾难，另一些人则认为除非有特别紧急的需要，信贷应被储备起来。美联储内部的天平最终倒向了反

对干预市场的意见，这也反映了经济学界在1920年代对观点的平衡。当时，大多数经济学家认为不应对处在危机中的经济体进行干预，而要让市场淘汰掉那些表现不好的银行和企业。他们认为，在经济繁荣时，有些商人被过分乐观的情绪所感染，做出了拙劣的计算，为那些永远不可能成为现实的需求筹借了过多的贷款、生产了过多的商品、囤积了过多的库存。经济学家们认为，这些拙劣的计算是引发经济危机的罪魁祸首，而市场萧条的合理作用，便是修正那些错误的判断。正如那个时代最流行的经济学入门教科书所宣称的，“经济萧条时，生产会维持在较低水平，直到剩余库存被完全消化；而只有在利润得到有效保证
27 的情况下，才能追加新的投资。换句话说，尽管经济萧条看上去令人沮丧和不快，却给企业提供了喘息的机会”[19]。

不仅如此，即便经济学家们普遍同意有必要对经济危机进行干预，美联储的官员们也很难确定危机在什么时候严峻到了必须干预的程度。当时，美国政府没有关于失业率和总产值的定期统计数据，也没有国民收入核算体系。[20]美联储官员们通常依赖似是而非的证据进行决策，或是将决策建立在关于经济状况的猜测之上。

结果，虽然联邦储备系统在股市刚刚崩溃时采取了一些便于银行借贷资金的措施，在接下来的数月里却几乎没有采取行动。在美联储内部，有些成员因该机构几乎毫无作为而烦恼不已。他们注意到，经济萧条似乎已经席卷全球，特别是已经影响到了美国的债务国。1930年春，纽约联邦储备银行行长乔治·L.哈里森造访欧洲，观察到“一些国家……受去年普遍盛行的严格信贷条件影响，缺乏营运资金，从而约束了购买力”[21]。

哈里森确信美联储需要放宽对信贷的限制，但系统内大多数主管并不赞同他的看法。

美联储的谨小慎微，与国会和总统一起，几乎使国际经济陷入停滞。1930年6月17日，《斯姆特-霍利关税法》经胡佛签署生效，提升了美国对进口产品所征收的税率。这一法案于1928年首次提出时，旨在保护那些由于受到外国竞争而长期遭受困难的美国农民。当该法案真正通过时，许多美国农民却与有些报纸编辑、制造业高管和外国政府一样，对此表示了反对；他们 28
担心该法案会将美国市场与世界市场割裂开来，从而造成可怕的后果。汽车行业出口占据美国出口总额的10%，该行业对这一法案尤其担忧。[22]通用汽车公司的一位高管警告说：“一个债权国……要想保持繁荣……就必须想方设法购买来自其他国家的商品。”[23]托马斯·拉蒙特是摩根大通投资银行的合伙人，他宣称自己“几乎屈膝下跪来请求胡佛否决愚蠢的《斯姆特-霍利关税法》”[24]。

对于其他选民而言，提升关税看起来却是个好主意。共和党人喜欢使用关税杠杆来应对经济上的不满。他们曾经使用关税杠杆应对过1921年的战后萧条，当时看来似乎起到了作用。于是，在党内大多数成员的支持下，他们故技重演。在对《斯姆特-霍利关税法》的表决中，超过九成的共和党众议员投了赞成票，超过九成的民主党众议员则投了反对票；78%的共和党参议员投了赞成票，86%的民主党参议员则投了反对票。[25]

随后发生的事情似乎证明了批评意见的正确性。此后几年中，其他国家通过设立自己的关税壁垒作为对美国的报复，世界贸易总量则下降了四分之一。阻止其他国家的物品进入美国市场，导致了那些国家难以偿还它们在第一次世界大战期间对美国欠下的贷款。正如一位作者在《纽约时报》上所解释的，“这世界上没有足够的黄金来支付给美国；因此，偿还美国贷款的方式，要么是从美国获得更多的贷款，要么是向美国出售商品”[26]。在美国于1928年对信贷进行限制以后，借出的贷款便越来越少；再加上美国于1930年又对贸易进行了限制，销往美国的商品数量也越来越少。为保护各自公民的利益，各国偿还给美国的资金也必然不断减少。削减美国的对外贸易，意味着国际借贷资金流被削弱了。

29 到1930年末，借贷困境终于酿成恶果。该年的最后两个月里，由于银行系统出现问题，总额庞大的存款陷入危机，其中不仅包括上一年延期兑付的存款，也包括新近到期需要偿付的资金。[27]然而，恐慌并未就此结束，美国银行系统崩溃的趋势继续恶化。在胡佛的整个总统任期内，超过两成美国银行宣布破产。[28]

与胡佛信心十足的乐观看法相反，美国银行系统存在一些根本性弱点。许多州的法律禁止银行建立分支机构。如果银行能够建立许多相互联系的分支机构，它们就可以在不同地区向不同对象发放贷款，从而免受某一地区经济形势变动的决定性影响，也可以更好地预见经济危机。相对而言，美国那些不设分支机构的单一制银行则更容易陷入困境。在那些允许银行设立分支机构的州里，更强大、更具竞争力的银行可以淘汰或者兼并实力较弱的银行。这些州在面对大萧条时，往往拥有更强健和稳定的金融系统。同样，加拿大的银行系统拥有广泛的分支机构，基本安然无恙地渡过了大萧条。[29]

股市崩溃沉重打击了美国银行业。一些银行为清偿延期支付的存款而贷款；另一些银行持有的海外资产则成了坏账，原因在于美国停止了海外贷款，而债务国因此往往难以继续履行还款业务。然而，最为重要的是，银行之所以受到重创，是因为他们的客户受到了重创，因而再也不能偿还贷款或者为储蓄账户增加新的存款。贷款利息和新增存款是银行收入的主要来源。一旦收入枯竭，银行就无法向自己的债权人支付资金。在这种情况下，越来越多的银行不得不倒闭关门。[30]

在联邦储备系统的大部分成员看来，银行倒闭尽管痛苦，却是现代经济周期的一个自然组成部分。在这种意见主导下，联邦储备系统既没有阻止业已出现的银行倒闭，也没有采取行动避免这种情况继续重演。这种消极行为与当时正统的经济学观点相辅相成。然而，这些流行于1920年代所谓的正统经济学观点，既不为此前的实际证据所支持，又与白哲特在1873年所指出 30
的那种长期存在而久经考验的公众期望背道而驰。由此，银行业所存在的问题不断加重，带来了一波又一波撕心裂肺的巨大灾难，而每轮灾难都将恐惧情绪传播得更广更远。美国人开始失去对所有银行的信任，这种不信任感反过来又使银行更难得到存款资金。

胡佛所面临的情况也基本类似。他坚守了在那个时代中广受尊崇的治理理念，却背离了自己的直觉，也忽视了人们要求政府采取行动缓解危机的传统期待。结果，他也发现，与正常时期相比，身处危机中的自己越来越难取得公众信任。1930年10月初，胡佛强调了造成美国民众所面临困境的心理原因："经济衰退并未直接造成大部分国民收入降低……毫无必要的恐惧和悲观情绪却影响了人们的收入。"当谈到在这种情况下政府是否应该采取行动时，他表态说政府可能会削减资本所得税率，以便投资者可以更多地保有他们从贸易中获取的利润。[31]几周以后，在黑色星期四降临一周年之际，胡佛澄清了关于他可能要求国会召开特别会议以采取行动应对失业问题的传言，宣称“毫无召集特别会议以应对失业问题的必要”，原因在于“志愿组织和社区精神并未从美国民众身上消逝”[32]。胡佛依然坚信话语鼓动的力量：在他看来，美国民众需要相信，只需依靠民间自发的志愿行动就足以应对危机。

几周之后，一个美国精英阶层全部失去了自己的工作，这个阶层就是国会中的共和党人。共和党人在众议院失去了52个议席，这使民主党人取得了对众议院的控制权。[33]同时，共和党还失去了8个参议员席位，这使得两党在参议院中都不再占据明显的多数地位。

1931年2月3日，胡佛重申自己反对在联邦层面采取失业救济行动，解释说只有“当这个国家所有的志愿机构，连同地方和州政府都无法寻得资源来防止民众陷入饥寒交迫的境地时”，他才
31 会支持联邦政府介入。[34]与眼睁睁地看着银行倒闭也不愿动用自身黄金储备的美联储一样，在私人与地方公共机构破产之前，胡佛不会考虑动用联邦政府的资金来缓解失业。他从原则上反对在联邦层面展开失业救济，认为如果联邦政府直接向公民提供援助，美国民众就有“落入社会主义和集体主义圈套”的风险。[35]

胡佛对于依靠企业和地方政府解决问题的信心并不完全是无中生有。确实有些企业在竭尽全力确保雇佣关系的稳定。通用电气公司减少了所生产的灯泡的款式种类，更在1931年承诺向那些已为公司效力两年及以上的员工提供50周有保障的工

作。一些工会与厂商合作建立了失业保险基金。一些企业对员工进行了再培训，以便他们能够更容易地在企业内部实现岗位调动。另一些企业则向失业员工发放贷款。[36]各州政府也采取了力所能及的措施。1931年夏天，纽约州州长富兰克林·D.罗斯福要求位于奥尔巴尼的州议会制订紧急援助计划，获批2 000万美元，为超过30万个家庭提供了救助。其他各州也纷纷效仿，支付了成百上千万美元帮助其民众。[37]

然而，这些努力还不够。当消费者对前途缺乏信心时，他们在购买商品时就会非常谨慎；而如果人们失去了工作，往往就根本无力继续消费了。随着消费者对未来失去信心，那些依靠他们的企业陷入了困境。1931年末美国钢铁公司总裁詹姆斯·法雷尔在一次国会听证会上说道："创立超出购买者需求的业务是非常困难的。"[38]随着企业不断裁员，具备支付能力的消费者越来越少。

胡佛并非完全没有做出联邦政府层面的行动。1931年2月，他签署法令建立了联邦就业稳定委员会，以确定联邦政府对失业所采取的行动需要多长时间和多大规模。[39]然而，实际上他 32
却不怎么情愿支持这项法令。他曾告诉一位盟友，自己更情愿"削减政府支出，以便向全国和世界展示预算上的平衡"；他还反对有关扩大联邦公共工程的其他立法。[40]胡佛还下令更加严格地落实反移民法案，据1931年3月《纽约时报》的报道，白宫宣称"胡佛总统为缓解失业形势……已将近十万名在通常情况下会被接纳进入美国的外国人阻挡在了国门之外"[41]。

1931年6月，胡佛转而决定阻止信贷崩溃形成国际连锁效应，宣布对政府间债务提供为时一年的延缓偿付期。他特别关注德国。该国财政状况不断恶化，给人一种不祥的预感。《时代》杂志宣称，“那里并没有战争的威胁”，但是“整个文明世界如今似乎已处在一个统一的神经系统之中”，伤害一处末梢，便足以影响全身。[42]

延期偿付计划或许延缓了国际金融进一步崩溃，却不能为美国民众提供任何能够即刻见效的援助。失业率进一步恶化。事后估计，1930年美国的失业率约为9%，1931年则攀升至16%，到1932年更高达惊人的23%。大萧条期间，那些敏锐地察觉到危机不断加深并试图对此进行衡量的政府统计人员，提出了在现代经济环境下界定和测算失业率的概念和方法。然而，他们的早期工作所统计出的数据令人沮丧，这与胡佛政府所希望听到和讨论的情况完全相反。胡佛因此勒令劳工统计局局长退休。据《纽约时报》报道，“总统叫嚷道：‘退休吧！请别把这种情况称为失业，词用得不对。’”[43]

33 直到胡佛开始准备竞选连任时，他才在万般无奈之下批准了自己应对大萧条的最后一系列政策。加利福尼亚州的美国银行即将破产的消息令胡佛警醒，他呼吁紧急立法，缓解美国银行业的危机。[44] 1932年1月，胡佛签署法案，设立了复兴金融公司。该机构注册资本为5亿美元，并获准发行不超过15亿美元的票据，向以金融机构为主的客户提供贷款。这样，在美联储不愿采取行动的情况下，复兴金融公司就可以作为救命稻草向金融机构提供资金支持，挽救全国信贷机构。复兴金融公司运作的逻辑在于：如果该机构能够缓解银行所面临的压力，银行最终就可以缓解其借贷人的压力。复兴金融公司成立不到两周，每天发放的贷款就达到了一百笔之多。[45]

胡佛还签署了一项法案，向联邦土地银行系统拨款1.25亿美元。该系统成立于1916年，是一个提供农场抵押贷款的银行网络。这笔新的拨款可以帮助银行应对那些违约的借款人和要求取出存款的储户。以类似方式，胡佛还于1932年夏天签署法令，建立了住宅贷款银行系统，以支持那些向购房业主提供了按揭贷款的银行。他进一步签署法令，放松了对美国联邦储备系统内各银行的限制，在操控利率方面赋予联邦储备委员会更大的自由度。[46]

所有这些措施或许都促进了信贷限制放松，让银行家和实业家重新自由地借出和获得贷款，从而最终可能为美国民众创造大量再就业的机会。然而，这些举措对于银行家之外的广大美国民众却没有多少直接帮助。胡佛的支持者们无意中批评了自己的努力，正确地指出了他们并没有直接为普通民众做什么。财政部长奥格登·米尔斯解释道，胡佛总统的政策“解放了实业界内恢复和重建的力量……因此本国企业就可以借此机会来实
现不能指望政府帮助他们实现的目标”[47]。 34

胡佛始终坚持自己在1927年确立的救济原则，即鼓舞士气、广泛宣传、援助贷款人，却不向美国工人提供直接帮助。他拒绝与公民建立任何直接的联系，辩称自己在任上坚持将总统职责定义为“领导协调商业和文化生活中的各种力量”[48]。这使他自己完全暴露在罗斯福州长的批判之下，后者在1932年4月宣称：“本届政府……已经完全忘记，或者根本就不愿惦记我国经济队伍里的普通战士。这个令人不快的时代呼唤……自下而上而非自上而下的……计划，使那些被遗忘在社会金字塔底部的人们重建信心。”[49]罗斯福的演讲甚至引起了他自己政党内一

些成员的不满，这些人指责他煽动群众反对富人。但是，到1932年夏天，他将成为民主党总统候选人，并在同年11月让胡佛失业，以压倒性优势赢得总统选举。人们希望他能帮助普通美国人走出困境，而胡佛在原则上是不会这么做的。

注释

1 《瓦格纳让民主党扮演改革角色》，载1931年5月15日《纽约时报》，第2版。

2 约翰·M.巴里，《涨潮：1927年密西西比河大洪水及其如何改变了美国》（纽约：西蒙和舒斯特出版社，1997年版），第270页。

3 提摩西·华尔茨、德怀特·M.米勒主编，《赫伯特·胡佛和富兰克林·D.罗斯福：文献史》（康涅狄格州韦斯特波特：青木出版社，1998年版），第6页。

4 约翰·M.巴里，《涨潮：1927年密西西比河大洪水及其如何改变了美国》，第266页。

5 同上书，第368页。

6 同上书，第401页。

7 同上书，第384—393页。

8 H.L.门肯，《论政治：废话的狂欢节》，马尔科姆·慕斯编（巴尔的摩：约翰·霍普金斯大学出版社，1956年版），第148页。

9 罗伯特·A.斯莱顿，《帝国政治家：阿尔·史密斯的崛起与赎罪》（纽约：自由出版社，2001年版），第98页。

35 10 同上书，第314、316页。

11 《胡佛宣称业界形势稳定》，载1929年10月16日《华尔街日报》，第1版。

12 《业界领袖呼唤新技术》，载1929年10月16日《华尔街日报》，第13版。

13 《胡佛关于全国商业援助会议计划的文稿》，载1929年11月16日《纽约时报》，第1版。

14 阿尔伯特·U.罗马什科，《丰富的贫困》（纽约：牛津大学出版社，1965年版），第29页。

15 《胡佛关于全国商业援助会议计划的文稿》，载1929年11月16日《纽约时报》，第1版。

16 阿尔伯特·U.罗马什科，《丰富的贫困》，第59页。

17 莱斯特·V.钱德勒，《美国货币政策：1928—1941》（纽约：哈珀与罗尔出版社，1971年版）。

18 《胡佛关于全国商业援助会议计划的文稿》，载1929年11月16日《纽约时报》，第1版。[依据原文，英文版此处将"system（系统）"一词大写。]

19 莱斯特·V.钱德勒，《美国货币政策：1928—1941》，第119页。

20 同上书，第116页。

21 同上书，第151页。

22 巴里·埃森格林，《〈斯姆特-霍利关税法〉的政治经济学》，美国全国经济研究所工作论文，第2001号（1986年发布），第17页。

23 《吁请削减关税以促进国际关系和谐》，载1930年10月6日《纽约时报》，第2版。

24 戴维·M.肯尼迪，《免于恐惧的自由：萧条和战争中的美国人民，1929—1945》（纽约：牛津大学出版社，1999年版），第50页。

25 道格拉斯·欧文，《从〈斯姆特-霍利关税法〉到互惠贸易协定：1930年美国贸易政策的演变过程》，载克劳迪娅·戈尔金、尤金·N.怀特、迈克尔·D.波尔多主编，《关键时刻：大萧条和20世纪美国经济》（芝加哥：芝加哥大学出版社，1998年版），第334页。

26 埃德温·L.詹姆斯，《我国关税显露出的战争贷款危机》，载1930年6月18日《纽约时报》，第1版。

27 本·S.伯南克，《金融危机之非货币因素如何加剧大萧条之蔓延》，载《美国经济学评论》第73卷第3期（1983年出版），第262页。

28 莱斯特·V.钱德勒，《美国货币政策：1928—1941》，第105页。

29 马克·卡尔森、克里斯·詹姆斯·米特彻奈，《银行分支、银行竞争和金融稳定》，美国全国经济研究所工作论文，第11291号（2005年发布）；理查德·S.格罗斯曼，《未落地的那只鞋：解释大萧条期间的银行业稳定情况》，载《经济史期刊》第54卷第3期（1994年出版）。 36

30 莱斯特·V.钱德勒，《美国货币政策：1928—1941》，第105—106页。

31 《胡佛要求银行家带头应对经济危机》，载1930年3月10日《纽约时报》，第1版。

32 《4.5亿美金助力再就业》，载1930年10月25日《纽约时报》，第4版。

33 见众议院书记处网站，www.house.gov（于2007年2月27日访问）：第71届国会拥有270名共和党参议员，而第72届国会拥有218名共和党参议员。

34 《胡佛总统声明文本》，载1931年2月4日《纽约时报》，第2版。

35 琼·霍夫·威尔逊，《赫伯特·胡佛：被遗忘的改革》（伊利诺伊州珀斯柏科特海斯：韦弗兰出版社），第151页。

36 阿尔伯特·U.罗马什科，《丰富的贫困》，第135—138页。

37 同上书，第169—170页。

38 同上书，第139页。

39 《总统签署〈瓦格纳法〉》，载1931年2月11日《纽约时报》，第2版。

40 琼·霍夫·威尔逊，《赫伯特·胡佛：被遗忘的改革》，第150页。

41 《限制移民令五月内阻止96 885人入境》，载1931年3月27日《纽约时报》，第22版。

42 《无处光荣孤立》，载1931年6月20日《纽约时报》，第11版。

43 《劳工专员斯图尔特辞职》，载1932年7月3日《纽约时报》，第3版。

44 詹姆斯·S.奥尔森，《赫伯特·胡佛与复兴金融公司：1931—1933》（埃姆斯：艾奥瓦州立大学出版社，1977年版），第33—35页。

45 同上书，第42页。

46 阿尔伯特·U.罗马什科，《丰富的贫困》，第190—193页。

47 同上书，第197页。

48 同上书，第200页。

49 詹姆斯·S.奥尔森，《拯救资本主义：复兴金融公司与新政，1933—
37 1940》（普林斯顿：普林斯顿大学出版社，1988年版），第55页。

第三章

萧条的美国

1930年代以前，美国也遭受过数次萧条。但本书所讨论的这次大萧条，不仅涉及范围广、持续时间长，还被新闻报道实时记录下来，在历史上留下的印记尤为深刻。（大萧条发生时，二十来岁的美国人可能还记得，所谓“西部”，曾经只不过是一片未开发的领土。）在这个新近互联互通的国家，遍布于各个城镇的广播报道和新闻影片，让人们看到自己的同胞在大萧条中经受了何等煎熬；随着经济形势持续恶化，大萧条使中产阶级变得越来越贫困，不同阶级的人们也开始相互同情。

大萧条到来时，四十多岁的美国人很可能还记得发生在1890年代中期的上一次大规模经济萧条。那次全球动荡引发了可怕的罢工，失业大军在乡间流浪，徒劳地寻找着那些根本就不存在的工作。在那次萧条期间，大部分选民投票反对自称会为受压迫者说话的民主党人威廉·詹宁斯·布莱恩担任美国总统。那一代美国人也同样记得，1890年代的那次大萧条发生在全球化浪潮之中，而彼时美国工厂里的许多工人还是不折不扣的异族新移民；但是，到了1930年代，情况已经发生了变化。第一次世界大战减缓甚至几乎中断了向美国移民的浪潮，而1920年代的限制性立法更是基本上关闭了进入美国的金色
38 大门。工厂中再也看不到满是新移民工人的景象；同时，一代人以前那种将中产阶级与工人阶级分割开来的社会区隔，此时业已不复存在。

大萧条的严重不幸也模糊了小康与温饱之间的界线。无数人迅速从小康滑向温饱，那些有工作的人也越来越认为自己与失业的人没什么区别。收入等级之间的区隔大大缩小。仅仅在此前不久，美国中产阶级还会条件反射式地认为任何失业者都是懒汉、认为任何宣称政府理应为自己提供援助的人都是激进分子。然而，到了1930年代，他们越来越认为那成百上千万陷入困境的人们和自己类似，后者曾参与建设的这个国家正逐渐走向崩溃。不断缩小的阶级差距能帮我们解释为何许多美国人会衷心喜爱E.Y.哈尔堡的歌曲《兄弟，可否分我一毛硬币？》，这首歌曲在整个大萧条中被反复播放了一遍又一遍。

> 他们曾告诉我，说我正在筑梦，
> 于是我随着大流跟着大伙。
> 只要有地可种，或者有枪可扛，
> 我总在那里随时准备工作……
> 我曾筑起铁路，能让火车飞驰，
> 飞奔起来它能与时间赛跑。
> 我曾筑起铁路，如今业已完工，
> 兄弟，可否分我一毛硬币？

正如哈尔堡自己解释的，“唱歌者说道，我修建过铁路、修建过灯塔，我为你们扛过枪打过仗……我曾为这个国家投过资。可是我的红利都在哪儿呢？”[1]彼时，美国大部分劳动力还未失业，他们本来或许会忽略掉歌词里提出的这个愤懑痛苦的问题，就像他们在美国历史上许多其他时期里所做的。然而，如同《纽约时报》在1933年初所报道的那样，随着形势日趋恶化，美国有 39
产阶级——无论他们的财产多么微不足道——都接受了救济穷人的合理性，“把零钱塞到乞讨者的手中”[2]。这个此前不久才被种族问题和民族问题所轻易割裂的国家，如今似乎变得更加团结了，尽管改进的程度非常有限。

在大股灾之后极短的时间里，经济危机便迅速发展到了骇人听闻的地步。在1932年，美国的失业率飙升至了劳动力人口的四分之一左右，1 150万人无工可做。为理解上述数字，我们可以试想一下，这相当于当时整个纽约州的人口都处于失业状态，而纽约州是当时美国人口最多的一个州；换句话说，从长岛东端到伊利湖畔，从加拿大边境至宾夕法尼亚州，所有人都无业可就。

然而，上述推想并不完全准确。像儿童和全职家庭主妇这样的纽约州居民，一般而言本来就没有正式工作。然而，上文提到的那1 150万失业人口，全部是无处领取薪水的**劳动力**。他们中许多人背后，都有一个需要养活的家庭。因此，1 150万失业人口，意味着近3 000万美国人失去了收入来源。[3]因此，大约占总人口四分之一的美国人发现自己无力购买住房或者食物。[4]

上述数字虽然很有冲击力，却并不足以充分刻画大崩溃的可怕影响。除了失业问题，当时还存在着开工不足的情况：即便是那些足够幸运保住了自己饭碗的美国人，也常会面临工作时间被压缩和工作报酬被削减的问题。雇主们希望尽可能地留住熟练工，所以一般不会裁员，而是呼吁员工与企业共同分担经济危机带来的压力。许多雇员也认为这种做法是公平的。因此，到1932年夏天，超过半数的美国工人无法全职工作，平均工作时
40 间和报酬只相当于全职工作的59%。[5]

美国人一般不大情愿寻求帮助，即便落入被迫求援的境地，他们也往往只向最为亲近的人开口。大萧条期间，他们惯常寻求帮助的途径却一条接一条地被堵死了。正如纽约市一名官员在1932年解释的，“维持家庭生计的主要劳动力失业后，他通常会首先动用存款，直到用光……之后，他会向朋友和亲戚借贷，直至亲友们无力再借钱给他。街角的杂货店和肉铺一开始允

图1　1932年纽约市排队领面包的男人们

许他赊账，房东也会暂缓收租，但最终他们必须采取行动收回欠款，以便支付银行利息和上缴税费。这样，经过一段时间之后，失业者就再也无法通过惯常的渠道获得帮助。于是，许多以往并不穷困的人，最终也不得不申请救济”[6]。

当亲戚与邻居无法再施以援手时，工人们有时还可以求助于由本地人发起和管理的互助救济基金，例如由工会或者公民团体为应对突发事件与支持孤儿和寡妇所设立的专项经费。美 41
国人常在宗教与族群社区内创建这种互助计划。他们出于自尊，不希望自己社区中的伙伴沦落到求助慈善团体的地步，甚至更不体面，去申请政府救济。因此，在波兰裔美国人、德裔美国人、教会组织的堂区和团契以及其他各种各样的社区中，都设有救助机构，以尽力为不幸失业的成员提供帮助，直到他们找到新的工作。一位神父曾宣称：“让我们保有自尊，只要天主教慈善机构能够为教徒提供帮助，就不要把手伸向公共救济经费。”[7]

然而，这些救助网络虽然足以在某个行业偶尔状况不佳时发挥作用，却因为大萧条所带来的巨大需求压力而相继垮塌。越来越多的人怀着羞愧领取公共救济，虽然这对他们来说代价高昂。有时候，出于维护自尊的需要，他们会在本该寻求帮助之后很久才求助，以挽救自己的生命。一位在免费诊所工作的医生事后回忆道：“穷人能够得到一些医疗服务，因为他们能去免费药房取药；富人能享受很好的医疗服务，因为付得起看病的费用。庞大的中产阶级无法获得任何医疗服务，他们的生活状况其实和穷人无异。……但是这种身份的人，很难接受慈善救济。……每天……有轨电车上都有人晕倒。人们会把他送到免费诊所，但不会问他任何问题。……大家都知道是怎么回事。

他是饿晕的。当他清醒过来之后，大家就给他吃点东西。”[8]

历史上，美国城市可以利用自己的资金为辖区内的穷人提供救助，但大萧条发生后不久，就连市政府也无力再向市民提供帮助了。1932年，底特律的一位官员这样说道：

> 许多关键性公共服务被迫削减，已经不足以为维持城
> 市人口的健康和安全提供最基本的保障。……市政府雇
> 员已经两次降薪。……数百名忠诚的工作人员被迫在家
> 42 待岗。在这种情况下，市政府不得不动用为未来准备的福
> 利经费以便向失业者提供最低标准的救济。……一项曾
> 向11 000户家庭提供支持的以工代赈计划在上个月无以为
> 继，因为市政府无法再找到经费来支付给这些失业者，而他
> 们都希望自食其力。明年，由于自身经费枯竭，底特律将无
> 法阻止慢性饥荒的蔓延。[9]

有时候，市政府的经费能够通过非传统渠道送达受助对象：卫生部发现纽约市五分之一的中小学生营养不良，公立学校的教师们尽管面临减薪威胁，仍然自掏腰包设立基金，为学生们提供帮助。[10]不仅公民组织和地方政府不堪重压，许多家庭亦然。一位失业者在接受采访时表示：“如果没有工作，就称不上是男人。”[11]而那些不这么想的人，更容易应对危机所带来的压力。对于这些人来说，工作并不是生活的全部；作为丈夫、父亲、朋友或者某项爱好的发烧友，他们明白哪些东西值得为之努力。然而，这样的人毕竟是少数。如一位社会学家所写的，“普通美国人有种想法，认为只有工作才能过有尊严的生活。……从理论

上说，经济活动应该是实现美好生活的手段，但事实上更引人关注的是手段本身，而不是目的”[12]。

在大部分情况下，男人们把这种责任感深埋在心底。他们知道孩子们在多么密切地关注着自己，知道家人多么期盼自己能够得到一份哪怕是微不足道的工作，知道工作能给家庭带来多少欢乐，或者至少知道工作能消弭多少伤痛。一名曾在大萧条期间度过童年的男子回忆道：

> 像我父亲一样，很多父亲都有离家外出的习惯。他们外出寻找工作，妻子、孩子留在家里，期待丈夫和父亲能够找到些东西。每个周六的晚上对我们都是一场折磨，那时 43
> 候才能知道他是否能带着支票回到家里。……好运偶尔会出现一次，父亲的木匠工作服上还有新鲜的木屑气味，那意味着他工作了一个礼拜回到家里，带回了一个礼拜的工资。……那种情景，是你记忆中美好的部分。事实上，记忆经常是糟糕的。如果你看见父亲回来的时候把工具箱扛在肩上或者提在手里，那就意味着他失业了。[13]

有时候，外出寻找工作的男人再也没有回家。有些人露宿在门廊或者地铁里，有些人在城市和垃圾填埋场的边缘搭起窝棚。窝棚聚集的地方，很快就被美国人冠以“胡佛村”的称号。孩子们长到一定岁数、能够独立时，可能也会离家自谋生路，而不再依赖负担沉重的双亲。流浪汉们往往都是准备为自己讨生计的年轻男子，他们靠着扒棚车流动。铁路纠察员有时候会对这些“人类货物”故意视而不见，有时候却不会。其他旅人有时候会帮助他们，有时候却不会。总的来说，在大股灾之后的几年间，在路上流浪的美国人大约有200万之多。[14]

当雇主需要招工时，他们根据个人偏好甚或偏见来选择把工作给谁。他们越来越普遍地雇用或者留下那些拥有工作经验的白人；由此造成的结果是，老人、儿童、妇女和非裔美国人被迫承受不成比例的高失业率。大股灾发生前，在妇女最初成为劳动大军的重要组成部分时，美国人便很容易倾向于相信：女人工作是为了能挣些微不足道的零花钱——在正常情况下，她们应

图2　俄勒冈州波特兰市附近，维拉米特河岸的"胡佛村"满是私搭乱建的窝棚

当依靠作为一家之主的丈夫，男人会养活妻子和孩子们。在劳动力供给过剩的大萧条年代，有时是出于政策，有时是雇主习惯使然，已婚妇女更难找到工作，却更容易成为裁员的对象。[15]尽管如此，还是有越来越多的妇女寻求工作，她们主要是为了让家庭渡过难关，有时也希望能在大萧条时期依然保持中产阶级的 44
生活方式。[16]与她们的父亲、丈夫、兄弟和儿子相比，妇女所面临的就业市场更为严峻。如果妇女被迫离开家庭，她们在路上遭遇人身威胁的可能性要比男性更大。资料表明，一些无家可归的失业妇女联合起来组成了旨在保护自己的社区，分享贫乏的资源、共用狭窄的房间、轮流使用床铺和服装。一位政治家将美国的劳动妇女形容为“最早遭受风暴袭击的孤儿”[17]。

如果情况如此，那么黑人劳工就是紧随妇女接受大萧条风暴洗礼的一个群体。大萧条来临后，在美国城市中，非裔美国人 45
失业的速度往往比白人同事快得多。造成这种情况的原因之一，在于他们赶上了一个不幸的历史阶段：黑人在相当长的时间内生活在农村，平均而言进入城市的时间较短，成为熟练工人的机会也远比白人更少。然而，技术水平相对偏低只是造成黑人失业率偏高的部分原因。黑人劳工注意到他们往往“最后被雇用、首先被解雇”，雇主甚至刻意让黑人下岗，以便腾出岗位雇用白人。全国城市联盟于1931年发布的一份研究报告指出：“这种做法相当普遍，人们有理由怀疑，那些旨在缓解白人失业问题的措施，未曾考虑过对黑人可能造成的影响。”[18]

由于就业市场上存在上述不平等情况，在大萧条时代仍然保有或基本保有工作的劳动力中，白人和男性所占有的比例比此前的时代更高。大萧条中的劳动群体具有明显的同质性，早先曾困扰美国民众的文化冲突问题则消失了。美国人的关怀重点转向了那些陷入危机的白人男性户主，这些人所面临的困难被他们视为整个国家的问题。[19]

这些全国范围内的危机以前所未有的程度打破了城乡之间的固有界限。自从城市出现之日起，失业问题就像瘟疫一样会周期性爆发。当城市陷入萧条时，美国人便遵循民间传统回到乡间。传统上，农场工作不受那些折磨着城市的问题影响。在大萧条期间，许多美国人也确实前往乡间寻找农活以维持生计。1932年，美国的农业人口升至了两次世界大战之间的最高点。[20]然而，一系列不幸的事件却使美国农村在大萧条期间遭受到了
46 与城市同样沉重的打击。

由于运输风险和普遍存在的物资匮乏抬升了农产品价格，美国的农业收入在第一次世界大战期间达到了顶峰。农产品价格高涨刺激农民开垦更多土地，当时新近面世的拖拉机能让他们快速完成。在第一次世界大战后的经济萧条期间，农产品价格暴跌；到了1920年代，当农产品价格再度回升时，农民需要购买的商品价格却上涨得更高。农业机械化作业的新风尚使人们能够以更低的成本大规模生产农产品。拖拉机甫一面世，就替代了人力和畜力。那些被拖拉机夺去工作的劳动力，离开农村另觅生路。[21]甚至连美国城市当时新近出现的繁荣也对农民造成了打击：随着市民们的生活状况得到改善，他们不再单纯为果腹而饮食，开始注重口味。宽松的腰带曾象征健康与富足，此时身材苗条却成为了风尚，食品生产者的收入也随之降低。不仅如此，和其他美国人一样，农民们也为扩建农场和实现机械化而大量负债，这使他们在危机面前显得脆弱。[22]

大股灾撼动了这个系统，对农民的脆弱保障土崩瓦解。农业收入急剧下降。债权人强迫农民出售财产以偿还拖欠的债务。[23]农民和邻居们常常努力阻止剥夺他们财产的企图，并且这种努力变得越来越频繁。他们会联合起来，在出售抵押品的拍卖会上买下被剥夺的财产，无偿退还给原主。他们也会威胁那些试图强制出售财产的执法人员。

气象灾害与人为灾难结伴而来。从1931年开始，大平原上的降雨越来越少，最终跌破了维持农作物生长的最低水平。不久土地便会干燥开裂、无法再聚集成团块，会被狂风轻而易举地吹走。[24]

南部受到历史因素的持续困扰。早在奴隶制存在的时期，
那里的人们就依靠报酬低廉的农活勉强度日。只有四分之一的 47
美国人口生活在南部，那里却集中了全国四成以上的农业工人，他们的收入全国最低。[25]在许多情况下，他们是将自己的一部分收成上缴给地主的佃农，几乎无法掌控自己的命运。一位妇女回忆道：“1929年，我和丈夫都是佃农。那年本有收成，地主却收走了所有的粮食，我们几乎无以为生。”[26]

农业技术的进步和农村面临的灾难都迫使人们选择离开。像历史上多次出现过的先例那样，他们转向别处寻找更好的机会。大萧条到来之前，许多人向西部的加利福尼亚州移民。当时，那里的就业市场和天气总体情况都要更好。相对幸运的人们是驾车去的：1931年，超过80万辆汽车驶入了被称为“金州”的加利福尼亚。[27]相对不幸的人们则只能依靠火车：在加州拥有绵长运营网线的南太平洋铁路公司计算出，仅在1932年的一个月中，他们就从货车车厢中驱逐了八万名扒车客。[28]许多通过这两种方式进入加州的移民最终都在绵长的谷底扎下根来，居

住在帐篷或者小木棚里，捡拾收割后遗留下的谷物，只能依靠豆类和大米维生。有观察者估计，在这类营地中，超过四分之一的儿童营养不良，其中一些甚至因此死亡。[29]

一无所有的民众被干旱和风暴赶出家园，背负重重苦难却依然意志坚强——这幅画面不久便在全美各地人们的头脑中打下了深刻的烙印。此后多年，在记者的报道和幸存者的故事中，在沃克·埃文斯和多罗西娅·兰格的不朽照片中，在詹姆斯·阿吉和洛雷纳·希科克的文章中，这些在希望田野上的穷途困境，便是大萧条的样子。

然而，我们也需要记住，这些图景并没有反映大萧条的每个
48 方面。如果冷静地看待历史，那些原本生活还算富足的人们所遭受的突然打击，可能要更加沉重。比如，并非所有不幸的移民都来自长期贫困的阶层，甚至并非都属于工人阶级。许多人发现，由于本地经济衰退，自己被剥夺得一无所有。一位成功的拖拉机经销商的儿子后来回忆道："我们曾经居住在一所大宅之中，生活富裕，直到遭遇晴天霹雳——老爸失业了。"[30]

随着全国经济摇摇欲坠、几乎完全崩溃，连那些比较富裕的美国人也开始深入思考贫困问题，而他们此前很少会深入细致地思考穷人的命运。这些比较富裕的美国人自己或许并未失业，而且不合常理的是，由于大萧条期间绝望的卖家大幅下调商品价格，他们反而以更低成本过上更好的生活。但是，在那种情况下，没有人能过得无忧无虑。他们用纸板修补自己的皮鞋，把破碎的床单缝好再用。[31]苏格兰胶带是当时新近出现的一种透明胶带纸，人们大量购买这种胶带来修复已有的东西，而不是购进新品。[32]

危机在此基础上进一步加剧，似有旷日持久且蔓延至全局的趋势。美国民众也越来越觉得，那些不幸的人们无法承担起依靠自己走出困境的责任；除非有上帝的恩典，无论多么节俭与勤奋的国民，某天都有可能遭遇不幸。当自己所在的社区被证明难以抵御灾难时，他们就越来越多地开始倾听那些通过广播传来的全国性言论。

其中一种言论来自查尔斯·库格林神父，他每周的广播节目都传遍整个美国。[33]库格林的广播生涯始于底特律外的一个教区，他在1920年代中期利用电波与本地“三K党”公开抗争。他才华横溢，在广播中对越来越广泛的话题发表看法，这为他赢得了更多听众。人们说，库格林广播的时候，你可以在美国城市 49
中走过许多街区而不会漏听一词一句，因为神父的声音总会从忠实听众的窗户里飘向街道。在大萧条中，当库格林通过全国性的广播网络发表观点时，他越来越多地论及政治话题。[34]

库格林的听众主要是中产阶级，他们希望一切能回到大股灾以前，而他们又没有足够的财富来使自己免受大萧条带来的物质和心理冲击。[35]库格林抨击共产主义，但如同他在一次国会听证会上所表示的，他认为共产主义在世界上最得力的推手是像亨利·福特那样一毛不拔的资本家——这些资本家对工人们有限的、合理的救济要求视而不见，从而可能引发一场足以摧毁一切的革命。[36]到1932年，库格林和他的听众有足够理由认为赫伯特·胡佛与福特一样一毛不拔。在担任总统的最后一个夏天，胡佛表态反对向一群特殊的美国人提供他们新近要求的救济，这个群体就是退伍军人。

1924年，国会投票通过决议，依据服役年限和地点向第一次世界大战的退伍军人提供追加津贴，或称酬恤金。政府向每位退伍军人开具了票据，上面有他们应得的酬恤金数额，可以在1945年或者他们去世的时候领取。随着日子越来越难过，退伍军人迫切希望能够兑现这笔在很久以后才能领取的款项，他们认为政府也许会慈悲为怀，提前发放一些。对于许多退伍军人来说，死后才能收到的酬恤金意义不大，他们希望当时就领取。毕竟，当时国会在总统的催促下刚刚组建了复兴金融公司，该机构最多能够动用20亿美元以挽救银行和铁路。库格林问道："如果政府能向银行家和铁路主支付20亿美元，那它为什么不能把这20亿美元付给退伍军人呢？"[37]

和库格林持有同样想法的退伍军人决定前往首都华盛顿，
50 亲自向政府提出要求。早期的退伍军人游行组织主要来自俄勒冈州的波特兰市，但消息不久就传播开来，吸引了更多老兵以个人或者群体的方式加入。华盛顿的警察着手准备应对两万人的到来，这支队伍被称为"酬恤金大军"。渗透进游行队伍以甄别潜在威胁的特工人员发现："总的来说，其中只有很少的共产党人……对其他人思想的影响有限。退伍军人主要是陷入困境的美国人，他们绝对无意推翻政府。"[38] 6月7日，在十万围观者的欢呼声中，数千名退伍军人列队穿越了华盛顿。[39]

其他一些参与保卫首都的人则对游行者看法不同。时任美国陆军总参谋长的道格拉斯·麦克阿瑟将军开始调集包括坦克在内的军力，以应对那些在城市警察帮助下安营扎寨的示威者。退伍军人的营地与国会山分居阿纳卡斯蒂亚河两侧。有人多次警告他们看起来像颠覆分子，于是这些游行者采取了严谨的自我纠察措施，组织了法庭和其他非正式的团体，将共产主义者驱逐出去。然而，这些措施对改善他们的处境毫无帮助。国会没有投票支持向他们提供救济便进入了休会期，而他们在首都待的时间越长，就越让白宫和军队感到不安。7月底，麦克阿瑟决定动用全副武装的部队解决问题，用他自己的话来说，要“打断酬恤金大军的脊背”。上了刺刀的士兵们开进城市，向游行者和围观者投掷催泪瓦斯，骑兵队冲进人群；乔治·S.巴顿当时是陆军少校，他回忆道：“砖块横飞，马刀在起落间发出令人愉悦的声响，暴徒们四散逃窜。”[40]事后，麦克阿瑟宣称，他从围观者那里听到了自己习惯听到的感激的叫喊声。[41]

赞赏麦克阿瑟做法的人即便真的存在，肯定也为数不多。记录武装部队和非武装退伍军人冲突的影像片段显示：坦克行驶在华盛顿街头，老兵们的营地被焚毁，浓烟飘过了国会大厦的穹顶。麦克阿瑟和胡佛宣称，他们并不相信游行队伍的主力真的是退伍军人。但因不堪贫困而向议员请愿的民众受到士兵驱 51
赶的画面，却引发了观众的同情。一位妇女说道：“我觉得自己就是他们当中的一员。”[42]

在奥尔巴尼，纽约州州长和民主党总统候选人富兰克林·D.罗斯福在《纽约时报》上读到了关于酬恤金游行的报道。他望着报纸，对一位助手表示：在这场灾难之后，再也无须将胡佛视为有竞争力的对手。罗斯福说，若非为游行者感到难过，他或许会对胡佛感到遗憾。实际上，罗斯福本人也不认为政府有能力向退伍军人支付酬恤金，他在成为总统后甚至否决了一项相关法案；但是，他认为退伍军人仍应得到一些富有同情心的关怀。他思考了一阵，点上香烟，平静地说道，那些向政府提出要求却被无礼对待的民众，“为咱们的选战提供了一个主题”[43]。

注释

1 威廉·L.曼彻斯特,《光荣与梦想:1932—1972年美国社会实录》(波士顿:利特尔与布朗出版社,1974年版),第27页。(本书中文版由海南出版社、三环出版社于2004年、中信出版社于2015年先后翻译引进。——译注)斯特兹·特克尔,《艰难时节:美国经济大萧条口述史》(纽约:新出版社,2000年版),第20—21页。

2 《热情奔放的汉堡先生》,载1933年1月8日《纽约时报》,第X2版。

3 莱斯特·V.钱德勒,《美国历史上最严重的萧条:1929—1941》(纽约:哈珀与罗尔出版社,1970年版),第34页。

4 戴维·E.齐维格,《1920—1940年间的美国日常生活:美国民众如何在"咆哮的二十年代"和大萧条中生活》(芝加哥:伊凡·R.迪伊出版公司,2002年版),第208页。

5 莱斯特·V.钱德勒,《美国历史上最严重的萧条:1929—1941》,第35页。

6 同上书,第41页。

7 丽萨贝斯·科恩,《造就新政:1919—1939年间的芝加哥产业工人》(剑桥:剑桥大学出版社,1990年版),第218—221页。

8 斯特兹·特克尔,《艰难时节:美国经济大萧条口述史》,第145页。

9 莱斯特·V.钱德勒,《美国历史上最严重的萧条:1929—1941》,第44页。

10 《本市20.5%的小学生摄入食物不足》,载1932年10月29日《纽约时
52 报》,第17版。

11 米拉·科马罗夫斯基,《失业男子和他的家庭》(纽约:阿诺出版社,1971年版),第133页。

12 同上书,第82页。

13 斯特兹·特克尔,《艰难时节:美国经济大萧条口述史》,第107—108页。

14 詹姆斯·R.麦戈文,《亦是希望时节:大萧条中的美国人民》(康涅狄格州韦斯特波特:普雷格出版公司,2000年版),第10页。

15 克劳迪娅·戴尔·戈尔丁,《理解性别鸿沟:美国妇女的经济史》(纽约:牛津大学出版社,1990年版)。

16 威妮弗蕾德·D.温德希·伯林,《中等收入家庭的经济学:大萧条中的劳动妇女》,载《美国历史杂志》,第65卷第1期(1978年出版),第

70—71页。

17 威廉·H.查夫，《变革的悖论：20世纪中的美国妇女》（纽约：牛津大学出版社，1991年版），第71页。

18 威廉·A.松德斯特伦，《最后被雇用，首先被解雇？大萧条期间的失业率和城市黑人劳工》，载《经济史期刊》，第52卷第2期（1992年出版），第421页。

19 参见加里·格斯尔，《美国大熔炉：20世纪的种族和国家》（普林斯顿：普林斯顿大学出版社，2001年版），第177页。

20 苏珊·B.卡特尔等主编，《美国历史统计大全：从最初到现今（千禧年版）》（纽约：剑桥大学出版社，2006年版），Da2系列。彼得·费伦，《战争、繁荣和萧条：1917—1945年间的美国经济》（牛津：菲利普·艾伦出版社，1987年版），第176页。

21 凯文·斯塔尔，《濒危的梦想：加利福尼亚的大萧条》（纽约：牛津大学出版社，1996年版），第224页。

22 莱斯特·V.钱德勒，《美国历史上最严重的萧条：1929—1941》，第56页。

23 同上书，第63页。

24 唐纳德·沃斯特，《黑色风暴事件：1930年代的美国南部大平原》（纽约：牛津大学出版社，1979年版），第11页。

25 戴维·E.齐维格，《1920—1940年间的美国日常生活：美国民众如何在"咆哮的二十年代"和大萧条中生活》，第211页。布鲁斯·J.舒尔曼，《从棉花带到太阳带：1938—1980年间的联邦政策、经济发展与南方转型》（北卡罗来纳州达勒姆：杜克大学出版社，1994年版），第3页。

26 斯特兹·特克尔，《艰难时节：美国经济大萧条口述史》，第232页。

27 凯文·斯塔尔，《濒危的梦想：加利福尼亚的大萧条》，第23页。

28 同上书，第226页。

29 同上书，第229页。

30 詹姆斯·N.格里高利，《美国的出埃及记：黑色风暴事件中的移民和加州的俄克拉荷马文化》（纽约：牛津大学出版社，1989年版），第16页。 53

31 威廉·L.曼彻斯特，《光荣与梦想：1932—1972年美国社会实录》，第35页。

32 戴维·E.齐维格，《1920—1940年间的美国日常生活：美国民众如何在"咆哮的二十年代"和大萧条中生活》，第227页。

33 艾伦·布林克利,《反抗之声:休伊·朗、库格林神父和大萧条》(纽约:年代出版社,1983年版),第92页。

34 同上书,第94页。

35 同上书,第197—198页。

36 同上书,第102页。

37 保罗·迪克森、托马斯·B.艾伦,《酬恤金进军事件:美国史诗》(纽约:沃克出版公司,2004年版),第51页。

38 同上书,第82页。

39《七千名退伍军人在首都游行,秩序井然却令人生畏》,载1932年6月8日《纽约时报》,第1版。

40 保罗·迪克森、托马斯·B.艾伦,《酬恤金进军事件:美国史诗》,第176页。

41 同上书,第174页。

42 同上书,第193页。

43 雷克斯福德·盖伊·特格韦尔,《智囊团》(纽约:维京出版社,1968年版),第357—359页。

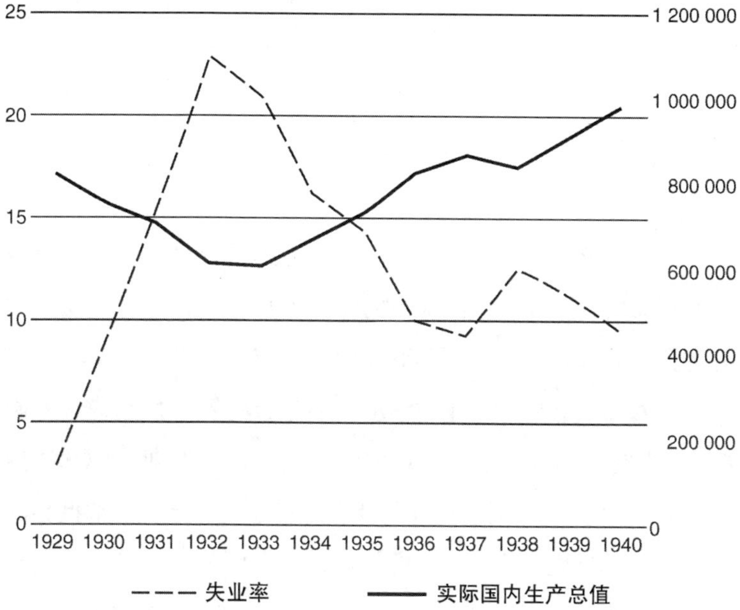

图3 国内生产总值与失业率。失业率表示失业人口在非军事劳动力人口中所占的百分比，刻度位于图左。实际国内生产总值以1996年的百万美元为单位，刻度位于图右

第四章

复胀和复苏

富兰克林·德拉诺·罗斯福于1933年3月4日第一次宣誓成为总统时，美国经济机制中的每个部件显然都已经无法正常运转了。银行、农场、工厂和商业贸易统统都已陷入困境。

罗斯福上台后，立刻开始着手整顿美国的金融业、农业和制造业，但他不那么关心海外经济事务。如同以赛亚·伯林事后所写的，罗斯福那“规模宏大的社会试验建立在无视外部世界的孤立主义基础之上”。罗斯福新政力图采用美国自己的方式来解决当时的危机，并防止未来的灾难。如伯林所言，“从某种程度上说，与外部世界保持尽可能少的联系，正是美国政治传统的一个部分”[1]。

新政在实践中不断发展。罗斯福不问政策出处，只要措施确有成效就保留。事实上，恰是出于这种实用主义的考虑，罗斯福才将自己的行动计划命名为“新政”。在接受民主党总统候选人提名时，罗斯福发现“新政”这个概念颇能得到媒体的赞誉。[2]“新政”宣告罗斯福将提供一个全新的起点，但并不包含任何具体的承诺：这个口号能够发挥作用，便被保留了下来。

新政伊始，罗斯福政府就着手振兴全国的货币和信贷系统， 56
以迅速缓解美国人民当时所遭受的痛苦，而这也成了罗斯福新政中持续时间最长的成功措施。从新政开始实施的1933年，到美国开始进行战时生产动员的1940年，除去1937至1938年间的衰退外，美国经济的年均增长率高达八到十个百分点。同时，美国的失业率也从1932年极不合理的高位大幅回落。如果新政的目标仅仅在于消除大萧条的直接影响，那么随着旨在促进复苏和复胀的政策措施得以持续且高效地贯彻执行，新政确实算得上卓有成效，而这种成功在很大程度上得益于选民对罗斯福的支持。

新政始于拯救银行业。就任总统仅两天后，罗斯福就宣布全国所有银行必须停止黄金交易。实际上，这意味着命令银行歇业。罗斯福要求国会支持他的动议。国会同意了，于1933年3月9日通过了《紧急银行法》。该法案确认了罗斯福的行动，委任了一名有权在必要情况下重组银行的接管人。不仅如此，该法案还授权复兴金融公司购买银行股票，并在货币发行方面赋予了联邦储备系统更广泛的权力。这两项举措的目的，都在于能更为便利地动用资金。[3]三天后，罗斯福通过广播向全国人民进行了系列“炉边谈话”中的第一场，解释了银行如何运行、自己采取了哪些行动，告诉民众“我希望你们能从我对政府举措的简要叙述中了解到，新政的实施过程毫不复杂，也不极端”[4]。第二天，3月13日，银行纷纷开张。最终，《紧急银行法》允许美国约一半银行无条件重新开张、四分之一银行在限制取款的前提下重新开张，对五分之一的银行进行重组，并要求其余大约1 000家银行关门。[5]

图4　1937年富兰克林·D. 罗斯福坐在麦克风前进行一次“炉边谈话”

罗斯福先命令银行歇业整顿、再立法推进改革的做法，开启了新政期间反复出现的一种立法模式。总统会迅速采取行动，哪怕这些做法时有违宪之嫌。就整顿金融而言，罗斯福宣称他
57 勒令银行歇业的依据在于第一次世界大战期间通过的《对敌贸易法》；然而，该法赋予总统的是战时权力，在其他情况下是否适用并不透明。[6]新政期间，国会会快速通过法案以配合罗斯福的行动，并且时常会在法案中加入一些超出罗斯福最初设想的措施——在整顿金融业的行动中，国会不仅修订了《对敌贸易法》，使之同样适用于和平时期的紧急状况，还借鉴先前的政府行动以及立法者们在胡佛执政期间深思熟虑过的一些措施，

增立了与银行业相关的法案。之后，总统会把贵族口音和平实语言的魅力结合起来，向美国民众阐释法案措施。在整顿金融业的行动中，罗斯福只是简单告诉大家，“我国的银行业很是糟糕”。他不仅表现得平易近人，还会像老师一样对当前形势和他的政策做出深入浅出的解释，不遗余力地向人们阐明拯救银行业这一紧急事件中的技术细节以及他本人的应对。不管罗斯福的举措如何仓促，他的目标从根本上来讲是保守的。正如他的 58
顾问雷蒙德·莫利后来所写的，通过勒令银行停业整顿，“资本主义在八天内得到了拯救”[7]。至少，资本主义部分地得到了拯救。这样的成就让美国民众看到了逐步改善境况、渡过危机的可能性，为政府赢得了一定的公信力，或许也为美国经济体系的进一步持续改革赢得了回旋余地。

三个月后，1933年《银行法》开启了改革的序幕，这部法案的出台与罗斯福几乎毫无关系。该法案增强了联邦储备委员会管制银行业的权力，将受理公众存款人业务的商业银行与在华尔街进行投资的投资银行分开，并设立了一个与罗斯福最初判断相悖的临时性机构：联邦存款保险公司。该公司使联邦政府得以为普通美国民众的存款进行担保。罗斯福总统担心政府某天可能不得不支付巨款来为倒闭的银行买单，但还是接受了这个计划。事实证明这一决定是明智的：有了联邦存款保险公司，银行的倒闭规模降低了整整一个数量级。[8]1935年，国会给联邦存款保险公司颁发了永久的许可证。

银行业改革体现出的保守倾向以及捍卫资本主义制度的决心，贯穿了此后阶段更为宏大的新政历程。自始至终，富兰克林·罗斯福一直强调他在经济上循规蹈矩。在广播讲话中，他解释说，美国联邦储备委员会现在能够发行更多货币，这些货币的背后会有充足的准备金。“这些货币不是空头钞票。”罗斯福宣称。然而，尽管向选民甚至自己保证将在面对货币问题时稳健行事，他的实际作为却与这种保证背道而驰。

从1890年代开始，民主党首次不再坚持倾向于限制政府规模的传统立场。在威廉·詹宁斯·布莱恩的带领下，民主党开始站在普通百姓的立场上，反对大型制造企业。自那时起，民主
59 党人还对不受联邦竞选财务法律约束的“软性捐款”情有独钟。布莱恩站在农民和工人的立场上反对金本位制——坚持金本位正在导致农产品价格不断下跌。布莱恩认为，国家应该铸造银币来替代金币，以通货膨胀——更准确地说是通货复胀——缓解价格下行的压力。40年过去了，情况看起来和当初差不多。罗斯福不仅依赖来自农民的选票，还像布莱恩以及许多（甚至是大多数）美国人一样眷念这个国家早已消失的家庭农场。他希望救济那些失去家庭农场的美国人，就像布莱恩曾提出的：在流通中投放更多的货币，提高农产品的价格，延长农场主们偿还债务的期限。罗斯福在1933年1月说道：“如果不能遏制商品价格的下滑趋势，我们可能会被迫面对通货膨胀。这可能需要使用银作为本币，也可能需要降低美元与黄金的兑换比率。我尚未决定如何以最好、最安全的方式完成这次通货膨胀。”[9]

当时，美元和世界上其他的主要货币一样，是和黄金挂钩的。为了实现通货膨胀，罗斯福将不得不削弱美元与黄金的联系。在金本位制下，各国理论上都同意根据自己的黄金储备来确定允许流通的货币量，从而使它们所发行的货币能自由兑换黄金。如果一个国家的黄金储备下降——也许因其债权人要求

还款——该国就不得不动用自己的中央银行来减少本国经济中的货币供应量，以免货币贬值。早在1929年，随着美国海外借贷的减少以及保护性关税的增加，一些拉丁美洲国家和欧洲国家便难以满足按黄金供应比例保持本国货币数量的要求。1931年，奥地利的一家主要银行——联合信贷银行宣告破产，在全球范围内引发了兑现黄金的风潮，波及世界金融之都伦敦。到了当年9月，英国不得不放弃金本位制。对于那些曾认为大英帝国坚不可摧、金本位是帝国定海神针的银行家、政客以及其他人来说，这个抛弃金本位制的举动看起来实在可怕。 60

面对这场危机，美国联邦储备系统通过加息来缓解黄金外流的压力。对投资者而言，更高的利率意味着两点：第一，他们可以在美国得到更高的回报，所以可以把钱留在美国；第二，美联储意在通过抬高贷款成本来减少货币流通量，从而维护美元与黄金的自由兑换。[10]这一策略虽然令金本位制的支持者们感到满意，却在许多美国人迫切需要廉价货币的时候，让货币变得更加昂贵。本来，如果钱能来得更容易，就会催生更多借贷、更多投资和更多就业机会。但是，美联储的银行家们却选择了金本位制来缓解国内困境。胡佛与法国总理皮埃尔·赖伐尔联合声明表示支持金本位制，美国央行官员也与他们的法国同行立场相同，后者“认为确保货币能与黄金自由兑换，并非抱守日趋过时的陈规旧俗，而是为维护金融市场纪律所必须采取的措施。我们认为，金本位制是合同安全和商贸道德的唯一有效保障”。[11]

1933年《紧急银行法》只是暂时切断了美元与黄金的紧密联系。但是，到了4月，罗斯福就颁布行政令，禁止美国人持有大量黄金，并要求他们把手头的黄金交到联邦储备银行以换取其他货币。几周后，总统解释了采取这项措施的原因。据《纽约时报》报道：“他预见到……会出现一种情况，即国会中的激进分子……可能……通过某项革命性法案”——或许是铸造银币。为防止这类激进的举措，罗斯福承认“某种类型的通货膨胀可能是有益的”，并认为由他自己而非国会来引发通货膨胀可能更好。[12]随着美元与黄金暂时脱钩，一项全新的政策似乎清晰地浮出了水面。根据针对5月12日《农业调整法》的《托马斯修正
61 案》，国会同意授权总统设定黄金与美元的固定兑换比例。

美元兑换黄金的价格，从之前的20.67美元每盎司上升到30美元每盎司。夏末，罗斯福就开始通过复兴金融公司以稳步走高的价格购入黄金。在一次“炉边谈话”中，他声明：“我之所以要这么做，是为了确立并维持对局面的持续掌控。这是一项政策，不是权宜之计！……这样我们才能采取进一步的措施，实现货币的可控性。”[13]1934年1月，国会通过了《黄金储备法》，通过这项法案，罗斯福将黄金的价格固定在35美元每盎司，并取得了全国货币性黄金的所有权。[14]

当时社会上普遍认为，银行和券商引发经济崩溃的原因，在于赋予了罗斯福和他所委任的官员在操纵货币和银行业方面过大的自由裁量权；如果这种自由裁量权被滥用，可能会破坏金融业和美国经济。新政时期的各届国会对此采取了行动。除《紧急银行法》和《托马斯修正案》外，国会还于1934年通过了《证券交易法》，据此设立的证券交易委员会被赋予了广泛的权力，通过防止交易员滥用内幕消息来监管华尔街。[15] 1935年《银行法》规定美国联邦储备系统由总统提名委员会，而非由该系统内

部的银行家们掌控。[16]罗斯福审慎用权、悉心用人，设法避免了部分来自商界的潜在责难。他通过任命老牌交易员约瑟夫·肯尼迪为证券交易委员会的首任主席，使紧张的银行家们放下了悬着的心。此后几年内，在所有新政监管机构中，只有证券交易委员会在企业家中获得了高于50%的支持率。[17]

罗斯福之所以能够行使广泛的新权力，除了受益于他的政治判断，也得益于幸运之神的垂青。在美元贬值的同时，农产品——尤其是棉花和谷物——价格上涨，减轻了农民还贷的困难。[18]也许更为重要的是，海外投资者开始抛售黄金以换取美元，从而使黄金开始流入美国。美国在诸国中一直享有与众不 62
同的地位：它既通过经济和文化纽带与欧洲牢靠地联系在一起，又在地理上和政治上与欧洲截然不同。随着欧洲政局动荡、战争的凶兆逐渐变成现实，美国开始从这种独特的地位中受益：在整个1930年代，流入美国的黄金越来越多。这些黄金为美国的银行创造出了更加稳定的业务环境，也增加了美国经济的货币供给。银行开始调低贷款利率，使商人们得以考虑通过借贷为企业那些能够创造就业的项目注入资金。这可以解释为什么美国的失业率在罗斯福执政期间出现了下降。[19]

罗斯福政府在重振美国银行业方面所做的，要比前任政府更多，他们的努力也取得了显著的成功。但是，无论罗斯福通过广播把新政在金融方面的政策解释得多么简单明了，这些政策所处理的问题，还是远远超出了普通美国人的经验范畴。新政后期的一些立法，在推动联邦政府支持公民投资方面发挥了更大作用——这些立法使联邦政府得以为抵押贷款提供保险，并能够通过与专门的农业机构合作来确保农民的信贷安全。但是，在1933年，罗斯福麾下的政策制定者们发现：他们必须找到比挽救银行和稳定信贷更直接、更迅速的方式，来接触普通美国民众。在罗斯福执政期间，美国联邦政府首次开始对全国失业人员提供大量的直接救济。这些救助措施并非按照某张蓝图制定出来，而是一次次政治妥协零碎造就出的，并且随着时间发展而产生了显著的变化。胡佛执政的最后一年启动了一项联邦救助计划，但步伐既小又慢：1932年《紧急救济与工程建设法》允许复兴金融公司贷款不超过三亿美元供各州政府展开救济。但该计划提供的是贷款而非拨款，并且需要通过既有的州级官僚机构发放，所以成效有限，在提升胡佛公共形象方面显然为时
63 过晚。[20]

新政早期，国会议员们没费什么周折，就将年轻失业男性确定为了特别关注对象。和那些处于职业巅峰期的员工相比，年轻员工在技术和经验方面都处于劣势，因而更容易失业。然而，他们的青春也意味着巨大的潜力。按照那个时代的标准，年轻男性注定要在未来成为一家之主和经济支柱。如果没有人尽快向他们施以援手，这些失业的年轻男性很可能会离开自己生活的社区，成为流浪汉或者无业游民，对社会秩序构成威胁。

因此，1933年3月31日，在罗斯福政府执政的第一个月内，国会就创建了平民保育团，初衷是为18至35周岁（包括35周岁）的男子提供工作。如果一位年轻男性未婚、健康、失业、具有美国国籍，并且来自接受救济的家庭，他就可以加入平民保育团，前往由美国陆军部组织运作的某处乡村营地，并将大部分工钱寄给家人。美国农业部和内政部列出了保育全国农作物和森林的工作清单，包括防治水患和森林火灾、根除虫害、修筑公路、

架设桥梁、建造围栏和开辟防火带等。全美几十万青年男性就这样从失业人口名单中被剔除出去了。他们在士兵们的监督下，在约2 500个营地中工作。那些问题似乎由此得到了解决。[21]

美国人也许曾对平民保育团的半军事性质有所顾虑，也曾担心政府开办的营地可能会给这个国家的年轻人洗脑。但是，男孩们在平民保育团中所从事的一般都是短期工作——工作期限最初只有六个月，后经立法限定为两年。这项救济计划虽然规模较小，但特别有针对性。人们普遍认为值得动用政府资源来帮助青年男性，所以相比其他新政救济计划，平民保育团受到的批判并不多。[22] 64

5月，国会通过《联邦紧急救济法》，创立了联邦紧急救援署，从复兴金融公司的资金里再划出五亿美元，以拨款而非贷款的形式向各州提供援助。其中一半款项根据各州自身的开销发放，另一半则由联邦紧急救援署的管理者酌情处理。罗斯福任命哈里·霍普金斯来领导联邦紧急救援署。霍普金斯是个骨瘦如柴、烟不离手的社会工作者。早在罗斯福担任纽约州州长的时候，他就曾负责纽约州的救援工作。接受任命后，霍普金斯在联邦紧急救援署的办公室走廊里架起桌子，开始向各州拨款。[23]

6月，国会拨款33亿美元作为公共工程管理局的启动资金。由于1933年美国的国内生产总值只有564亿美元，这笔拨款一下占到了当年美国经济总量的5.9%，非同寻常。[24]罗斯福任命内政部长哈罗德·伊克斯为公共工程管理局的负责人。伊克斯是一名来自芝加哥的共和党人。他在使用手中丰富的资源时非常谨慎，时常将公共工程管理局仅视作为地方政府服务的金融机构。如果希望获得伊克斯的慷慨批款，地方政府就必须对申报的重大项目进行设计和审批，并将其中大部分拨款用于重大项目。

由于伊克斯谨小慎微，霍普金斯可以支配的预算又相对较少，早期的救济工作虽然登上了报刊头条，对解决失业问题却几乎毫无成效。看着国家在大萧条中走向另一个冬季，霍普金斯敦促罗斯福成立一个新机构，一个能让他绕过州政府官员直接雇用劳动力的机构。罗斯福满足了他的请求，成立了土木工程署，命令霍普金斯在1934年1月前雇用400万美国人。霍普金斯做到了。霍普金斯明白美国人对公共救济的态度，他通过土木工程署向受助者提供工作而非直接施舍，保护了受助者的尊严。不久，这些工人们开始为修缮市政厅、码头和公路而忙碌起来，
65 所有人的工资都由联邦政府支付。

除公共工程管理局、联邦紧急救援署、平民保育团、土木工程署、复兴金融公司外，新政还催生出了其他许多关联机构。如果说对于大萧条之后的几代美国人而言，上述官僚机构的名称不过是一堆难分彼此、令人费解的字母缩写，1930年代的美国人却有理由分清这些机构。他们知道，复兴金融公司是胡佛的银行储蓄机构（新政时期建立的许多机构都会从它的锅里分一杯羹），平民保育团招收他们的儿子和兄弟去保护美国的土地，公共工程管理局将在不久之后修建起学校、医院、桥梁、港口、长堤或机场（尽管这些项目在当时尚未开工），土木工程署则帮助他们挨过了1933和1934年之交那个有史以来最冷的严冬。[25]

同样，事后看来，国会为各种各样新政计划所拨出的款项，在财政赤字的汪洋大海中，都像是或大或小的一滴水珠。1932年，联邦政府的支出大概只有州政府和地方政府的一半。但是，

到第二次世界大战前夕，新政就使得联邦政府开支增加了一倍有余。在此过程中，所有政客——特别是总统——也为自己数以十亿计地增加联邦预算而忧心忡忡。[26]

上述原因在一定程度上导致了土木工程署的夭折。不仅是土木工程署的巨大开销，甚至美国民众对该机构的感激之情都让罗斯福神经紧张。他既不想让政府入不敷出，也不希望让美国民众直接依赖联邦政府获得救济项目。罗斯福态度暧昧，他一方面承认有必要建立一个覆盖全国的救济项目，但又不希望该项目“成为我们国家的惯习”。入春前，他就已下令霍普金斯解雇土木工程署所雇用的400万工人，一厢情愿地希望这项短命的计划已经给民生注入了足够的推力。[27]为防止过多人口一下子拥入劳动力市场，土木工程署将雇员分阶段错峰遣散。尽管如此，还是有不少人写信哀求霍普金斯，祈求他“以某种方式提供一份工作，无论地点和工种”。管理人员也抱怨，认为公共工程半途而废还不如不要发起。[28] 66

罗斯福虽然担心，但与直接发钱相比，他还是更倾向于以工代赈。因此，当大萧条在1934年底尚未出现好转的迹象时，罗斯福政府便开始着手设计新的以工代赈方案。生活在1930年代的美国人都知道，以工代赈的成本要高于直接救济。毕竟，只是把钱交给穷人，要比设立一个官僚机构去规划项目再雇用穷人更便宜。但是，自尊心和道德感驱使美国人宁愿选择成本更高的路；这样，即便他们身处绝境，也能从有意义的工作中获得尊严。

1935年春，新的联邦《紧急救济拨款法》出台，该法案给予总统近50亿美元用于开展各项救济计划，包括修建高速公路、养护环境、兴修水利设施、推进电气化、建设住房、维护公共卫生、再造森林、防控洪灾等，涵盖了几乎所有能够想到的对公众有益的项目。[29]罗斯福利用该法案设立了公共事业振兴署，该机构脱胎自联邦紧急救援署，成为霍普金斯新的工作重点。新政政府通过公共事业振兴署直接而全面地投入到雇用美国人以工代赈的计划中，以期结束大萧条。公共工程管理局和联邦紧急救援署主要按已有的美国联邦结构行事，将国库的款项层层划拨给州政府和地方政府；与此不同，公共事业振兴署像短命的土木工程署那样直接赈济民众，并将这种经验发扬光大——这成了新政政府一个持续而重要的特征。

通过公共事业振兴署，霍普金斯又一次雇用了数百万人，并安排他们建设医院、学校、操场和机场。该署也雇用艺术家、作家和演员从事他们的本职工作。在公共事业振兴署的推动下，一些道路和公共住房得以建成。但批评也接踵而至，说该署花费公款雇用了一批游手好闲之徒去从事一些没用的工作，还做得很糟糕。受制于公共事业振兴署的目的和结构，这些抱怨不仅难以避免，往往还有一定道理。罗斯福为了尽可能地降低失业率，有意让公共事业振兴署在尽可能短的时间内雇用尽可能
67 多的人。为了真正降低失业率，公共事业振兴署不能开展那些私人企业或地方政府已在实施的项目；否则，联邦政府通过公共事业振兴署所提供的工作岗位，就只能挤占社会上已有的工作岗位，却无法降低失业率。如此一来，公共事业振兴署所能提供的活计，在通常情况下往往不会被视为正经工作，这些岗位要么是因人设事，要么旨在建造华而不实的样子工程——换个不那么刻薄的说法，无非是文明社会提供的安慰。

更重要的是，至少在某种程度上，公共事业振兴署提供了滋

生政治腐败的土壤。霍普金斯有权向地方官员拨款。过去，这些市长们为了获得经费上的支持，常常不得不去乞求那些对他们漠不关心甚至充满敌意的州议员。现在，一位身处首都华盛顿而又手握重金的大员，却希望和他们建立起友好关系。那些管理着庞大投票人口的大城市市长，尤其容易吸引公共事业振兴署的关注。

人们担心公共事业振兴署可能被政治家们操纵。就此，国会为该署划定的活动范围越来越窄。国会划定的这些界限本身，就显示出该署究竟哪里让人感到担心或受到冒犯。从1936年起，非法移民不能再从事公共事业振兴署所提供的工作。从1937年起，公共事业振兴署的雇员必须接受私人部门提供的就业机会，否则就会被开除。从1938年起，公共事业振兴署的雇员在本职工作之外如有其他收入，必须提供那些收入的季度报告；在招聘时，公共事业振兴署必须优先考虑退伍老兵，其次是美国公民，然后是那些有意成为美国公民的移民，其他移民则不得提出申请。从1939年起，公共事业振兴署的工作期限被确定为仅18个月，期满后除非经重新审核确有必要才会续用；此外，该署仅能招募美国公民工作。[30]

在国会试图阻止公共事业振兴署成为政治工具的同时，针对该署项目的批评也被证明站不住脚。一些公共工程乍看起来可能华而不实，最终却能派上用场。比如，田纳西州的孟菲斯市花费2.5万美元修建了流浪狗收留所，大大减少了城市中狗咬人的事件，降低了狂犬病患者的数量。[31]公共事业振兴署的每个项目，在当地社区都很受欢迎，而这样的项目有许许多多。 68

总的来说，公共事业振兴署体现了收入所承载的一些新的社会意义。它界定了“安全工资”的概念。这种工资往往只能在最低限度上满足人的需要，但还是要高于私人雇主愿意支付的额度；而对于那些习惯了季节性或周期性失业的人们来说，有规律地获得收入，更是一种前所未有的体验。此后，享有一定程度的职业保障和最低标准的生活，成为美国人尊严的重要组成部分，“安全工资”则为这一曾经不被视为正统的理念增加了合法性。公共事业振兴署的“安全工资”暗示，美国人所挣的工资理应高于基本的生存需要，应当足以让他们感到骄傲并免于依附雇主。[32]

1939年，美国公共舆论研究所开展的一项民意调查发现，当被问及“罗斯福政府做过的最糟糕的事情是什么”时，有23%的美国人选择了“救济计划和公共事业振兴署”，使之成为最不受欢迎的新政措施。考虑到美国人对在联邦层面开展救济以及对该计划存在被政治滥用的可能性抱有偏见，上述结果并不令人吃惊。同一份民调还发现，当被问及“罗斯福政府最大的成就是什么”时，有28%的美国人选择了“救济计划和公共事业振兴署”，使其成为最受欢迎的新政措施。考虑到救济项目的多种多样以及在各地广受欢迎的程度，这也毫不奇怪。在新政的这个核心问题上，民主党人享有5%的净支持率，这足以让他们在政治上占得先机。[33]

罗斯福政府的救济措施见效甚快，它不仅让美国人有钱可花，还让他们重新认为自己是体面的、富有生产力的公民。而通货复胀的影响则更为长远，私营经济悄然开始重建。通过这两项政策，罗斯福政府或许具备了足够的战略能力来对抗大萧条；但是，要想真正把国家拉出经济的泥沼，还需要更有力地贯彻执行上述政策。然而，对于新政的决策者而言，他们的雄心不止

于终结危机，还希望确保大萧条不会卷土重来。为了实现这个目 69
标，他们期望永久变革美国的政治经济。

注释

1 以赛亚·伯林，《富兰克林·德拉诺·罗斯福总统》，载《人类的研究：伯林选集》，亨利·哈迪、罗格·郝舍尔编（伦敦：查托与温达思出版社，1997年版），第629页。

2 威廉·E.洛克滕伯格，《1932—1940年间的富兰克林·D.罗斯福与新政》（纽约：哈珀火炬丛书，1963年版），第8页。

3 詹姆斯·斯图尔特·奥尔森，《拯救资本主义：复兴金融公司与新政，1933—1940》（普林斯顿：普林斯顿大学出版社，1988年版），第30页。

4 1933年5月12日，《第一次"炉边谈话"（银行业）》，参见互联网资源：www.presidency.ucsb.edu/ws/index.php?pid=14540（于2007年2月27日访问）。

5 彼得·费伦，《战争、繁荣和萧条：1917—1945年间的美国经济》（劳伦斯：堪萨斯大学出版社，1987年版），第219页。

6 塞缪尔·阿纳托尔·劳瑞，《对敌贸易法》，载《密歇根法律评论》，第42卷第2期（1943年出版）。

7 雷蒙德·莫利，《七年之后》（纽约：哈珀兄弟出版社，1939年版），第155页。

8 米尔顿·弗里德曼与安娜·雅各布森·施瓦茨，《1867—1900年间的美国货币史》（普林斯顿：普林斯顿大学出版社，1963年版），第437页。

9 巴里·A.卫格摩尔，《1933年银行歇业整顿是由美元上涨造成的吗？》，载《经济史期刊》，第47卷第3期（1987年出版），第743页。

10 莱斯特·V.钱德勒，《美国货币政策：1928—1941》（纽约：哈珀与罗尔出版社，1971年版），第177页。

11 同上书，第168页。

12 《迫于形势的总统行动》，载1933年4月20日《纽约时报》，第1版。

13 莱斯特·V.钱德勒，《美国货币政策：1928—1941》，第276页。

14 《新法下的总统行动声明》，载1934年2月1日《纽约时报》，第12版；《黄金储备法》，美国《法律总汇》第48卷，第337页；米尔顿·弗里德曼与安娜·雅各布森·施瓦茨，《1867—1900年间的美国货币史》，第

465页。

15 美国《法律总汇》第48卷，第881页。

16 理查德·H.廷伯莱克，《美国的货币政策：知识与货币史》（芝加哥：芝
70 加哥大学出版社，1993年版），第283页。

17 拉尔夫·F.德·贝茨，《证券交易委员会首任主席的使命：成功的华尔街新政大使》，载《美国经济社会学期刊》，第23卷第2期（1964年出版），第176页。

18 克里斯蒂娜·D.罗默，《是什么导致了1930年代的物价上涨？》，载《经济史期刊》，第59卷第1期（1999年出版），第174页。

19 克里斯蒂娜·D.罗默，《什么终结了大萧条？》，载《经济史期刊》，第52卷第4期（1992年出版），第757页。

20 刘易斯·梅里亚姆，《救济与社会保障》（华盛顿特区：布鲁金斯学会，1946年版），第346页。

21 同上书，第434—442页。参见尼尔·M.马厄，《自然的新政：平民保育团与美国环境运动之源》（纽约：牛津大学出版社），2007年版。

22 刘易斯·梅里亚姆，《救济与社会保障》，第441—442页。

23 威廉·E.洛克滕伯格，《1932—1940年间的富兰克林·D.罗斯福与新政》，第120—121页。

24 《美国历史统计大全（网络千禧年版）》，Ca74系列。

25 威廉·E.洛克滕伯格，《1932—1940年间的富兰克林·D.罗斯福与新政》，第122页。

26 《美国历史统计大全（网络千禧年版）》，Ea18系列。

27 威廉·E.洛克滕伯格，《1932—1940年间的富兰克林·D.罗斯福与新政》，第122页。

28 邦尼·福克斯·施瓦茨，《1933—1934年的土木工程署：新政紧急就业措施》（普林斯顿：普林斯顿大学出版社，1984年版），第234页。

29 刘易斯·梅里亚姆，《救济与社会保障》，第354—356页。

30 同上书，第380—382页。

31 杰森·斯科特·史密斯，《打造新政的自由主义：公共工程的政治经济，1933—1956》（剑桥：剑桥大学出版社，2006年版），第149页。

32 刘易斯·梅里亚姆，《救济与社会保障》，第358页。

71 33 《调查揭示救济的头号问题》，载1939年6月4日《纽约时报》，第27版。

第五章

管理工农业

新政试图改写美国政治经济规则、旨在集中规划美国生产活动的初步尝试，包括两大主要议程。这两项议程与其说是为了应对当时出现的危机，不如说是为了完成第一次世界大战期间未竟的雄心壮志。两项议程的主要组成部分，都在政治上失败了；但是，它们的失败却给美国如何维护其资本主义制度指出了一条新路。

如果说罗斯福政府在当政的头一年就通过调整货币和银行政策把美国推上了复苏的道路，该政策对稳定世界经济却几乎毫无帮助。事实上，随着美国的货币政策吸引黄金流入该国，其他国家因为货币供应量萎缩而颇感压力。上任第一年，罗斯福就十分清楚地表明：只要美国的局势仍被阴云笼罩，他便无暇顾及世界上其他国家。1933年夏，罗斯福向伦敦国际经济会议传话，称“稳健的内部经济体制对一国福祉的重要程度”要远高于在国际会议上所能达成的任何协定，从而使此次会议无果而终。[1]于是，世界上其他国家的人民，都需要自食其力、自行寻找摆脱危机的道路。

一些国家脱离了金本位制，开始用自己的方式摸索复兴之
72 路，例如在昔日的殖民帝国体系内部建立起排他性的贸易关系。无论在什么地方，商品价格的下跌都无情地打击着农民，而许多殖民地国家除农业外又几乎没有其他支柱行业。于是，像从前一样，殖民地发现自己受到帝国主子的摆布。拉美国家通过寻求双边贸易协议来确保本国能够采购商品，巴西向德国售卖咖啡以购买德国的机械，阿根廷则向英国出售牛肉。

随着经济危机持续发展，一些政党通过发起建立新的社会组织体系来获取支持。法西斯主义和共产主义运动承诺用多种形式的国家社会主义来控制国民经济并恢复稳定，以此强化自身力量。反帝国主义运动应运而生，承诺带领殖民地世界身陷困境的农民夺回独立。[2]世界各地遭受大萧条影响的人民，都在寻求某种能让他们免遭眼前这场灾难吞噬的全新社会形式。但美国是个例外：当同样的压力向美国袭来、当受苦受难的美国人民有时看到自己和别国同侪处于相似的境遇时，他们却以看似因循守旧而平淡无奇的方式来推进根本性变革。例如，一位主张大力发展美国农业的人宣称："美国农业一直屈从于美国工业，就像一又四分之一个世纪以前英属殖民地屈从于英国一样。"[3]但是，与在经济上处于屈从地位的殖民地不同，美国农民在立法机构中有自己的代表——事实上，这些代表的数量，要比按实际农业人口数量所应分配到的名额更多。因此，虽然新政包含一些经济规划方面的试验性举措，但是这些策略之所以被采纳，并非真正为了应对什么急迫的危机，而更多的是为了回应人们对美国农业地位感到不满而产生的积怨。

到美国陷入大萧条时，人们已连续70年不断地敦促联邦政府采取行动支持农民。美国内战时期的立法——主要是《宅地法》、《太平洋铁路法》和《莫里尔土地拨赠法》——鼓励美 73
国人向西部挺进，以期人们可以在那里找到土地安顿下来开辟家庭农场。内战结束后重建南方时，政府也曾短暂地鼓励人们到那里去建立更多由单个家庭经营的农场。然而，美国的小农场主们很快就陷入了悲痛之中：干旱、债务和害虫侵袭以不同的组合形式轮流上演，而农田也日益集中到了少数大农场主手里。

按照某部美国经济史著作的说法，“农民总是怏怏不乐”[4]。“总是”这个词也许有点儿夸张，但即便如此，在各种不利因素的叠加作用下，美国农民在整个20世纪早期几乎都处于边缘地位。昂贵的创新科技让农业更像工业生产而不是家庭营生。信誉和效率取代勤勉和吃苦耐劳，成为农业生产中的主要美德。全球交通运输网络的扩张，更以显而易见的方式将农民推向国际市场与同行竞争。美国农民在面临越来越多海外竞争的同时，也看到了本国关税政策是如何保护那些面临类似压力的制造业同胞的。当时，在许多情况下，国会都赞成利用进口税阻止外国工厂在美国市场上销售产品。农民们看到，在关税的保护下，美国制造业没有了被国际竞争者削弱的后顾之忧，可以降低产量并提高价格。与此同时，美国人民成群结队地拥向城市，城市生活及其相关的问题成为全国讨论的焦点，农业则被边缘化了。

尽管农业在美国经济上和文化上的重要性逐渐降低，但农民对美国政治的影响力仍然超乎寻常。美国参议院按州分配议席，并不考虑各州人口的多寡；这样一来，那些以农业生产为主、

人口较少的州，就获得了超出其人口比例的代表权。因此，在人数减少后，农民仍保持了对国家政治的强大影响力，即便这一影
74 响力有所衰退。此外，虽然1920年人口普查数据首次显示更多美国人生活在城市而非农村，但国会并未按人口比例的变化重新分配众议院的议席，这导致美国农村人口在众议院所占的席位要多于他们实际应得的份额。[5]

进入1920年代，第一次世界大战的影响加剧了美国农民长期以来的苦闷。战争期间，美国用船向其盟友输送了肉类和谷物，而自己国家的人民则缺肉少粮。美国人因此脱离了传统的饮食习惯，学会在饮食中加入更多容易消化的蔬菜和水果，发现反而比以前更健康了。此外，随着禁止生产和销售酒精饮品的法律被陆续批准生效，谷物消耗量也相应减少。对美国农场主要产品的需求由此骤减。[6]

与此同时，农民却增加了他们的产量。当欧洲大国发动战争时，美国农民忙着翻地耕耘给他们提供粮食。如果没有这一需求，这些土地可能会闲置下来或用作牧场。战争结束，这种特殊的需求随之停止，但美国农民总体上还是保持了较大的产能，希望借此重拾往日的辉煌。[7]由于需求下降、供应增加，农产品价格出现了下滑。如果有足够多的人能转行放弃农业并把土地移为他用，农产品价格还有可能得以回升。但是，许多美国农民并不想转行，只求能做收入更高的农民。他们聚集起来进行游说，希望政府通过立法，让他们能与那些在城市生活的同胞们享有同等待遇。他们想继续从事农业，但也希望过上和职员或工人一样舒适的日子。越来越多的农民把第一次世界大战之前的时段视为黄金时代，那时农产品能卖到公平的

价格。

为了回到那个工农业之间相对平等的时代，农民们认为他们必须像制造业者那样安排自己的经济活动。这意味着通过抑制生产来控制价格。如后来将在富兰克林·罗斯福手下任农业 75
部部长的亨利·A.华莱士在1922年所说的，“当产品价格低于生产成本时，美国钢铁公司可以减少产量，那么农民们应该也可以这样做”[8]。在华莱士及其盟友看来，美国钢铁公司象征着所有工业企业，它们享受到的便利是农民们所没有的：制造业者在关税的保护下免于与外国同行竞争，而他们的业务规模和范围之大，足以让一间中央办公室里做出的决定左右整个国内市场。就像一位支持者所说的，为农业提供类似的便利，首先需要“用关税保护农民”[9]。但是，简单地用关税阻碍进口并不能让情况好转，因为美国的农产品产量已经远远超出了国内市场的消化能力。因此，为获得工业部门所享有的便利，农民需要使用更多手段。此外，由于农业生产者太多也太分散，无法就集体行动达成一致，像大企业决策者那样通过集中行动来提高效率，对农民而言可望而不可即。

1920年代初，农场拥护者们草拟了一个绕过这些障碍的方案。伊利诺伊州莫林耕犁公司主席乔治·皮克及其贸易伙伴休·约翰逊认识到“向破产的农民出售耕犁是行不通的”。他们提出了一个构想，并获得了国会中农场集团的支持。皮克和约翰逊此前都与战时工业委员会合作过，他们认为：在第一次世界大战期间，战时工业委员会调控着美国的生产，对于如何管理一个几乎完全与世界市场隔绝的经济体有着丰富的经验，这样的经验适用于现在的国家。在皮克和约翰逊的构想中，关税应该阻止农产品进口；政府企业应该买下所有剩余的农作物并设法将它们销往国外；而农民营销协会则可以联合起来协调国内生产。皮克的这一计划为《麦克纳利–豪根法》奠定了基础，该法案于1920年代末在国会获得通过，但被卡尔文·柯立芝总统否决了，否决的原因是这样做会过度干扰自由市场并抬高城
76 市消费者的消费价格。赫伯特·胡佛在任职期间采用了一个折中的办法。他早在大股灾发生前的1929年就曾支持国会建立了联邦农业委员会，该委员会有权向农民发放贷款并购入多余的农作物；同时，他也鼓励美国农业的从业者们采取联合行动。和胡佛的其他政策一样，这项政策并不足以解决大萧条带来的问题。[10]

另一些农场拥趸则进一步发展了《麦克纳利–豪根法》中提出的构想，认为类似关税的保护措施可能起不到足够效果，农民也必须降低他们的产量。在农业部工作的经济学家W.J.斯皮尔曼制订了“国内分配”计划：通过检查某种农作物（例如小麦）的国内消费情况，政府可以确定这种商品的国内市场规模，并依此向各州和农场分配适当的市场份额。按所得配额从事生产的农民出售农作物时，除了市价还会得到一份奖金；如果他们的产量超出配额，超出部分只能拿到市价。[11]蒙大拿州立大学的农业经济学教授米尔本·L.威尔逊大力推广国内分配计划，他拓展了原有的构想，并敦促农场协会和更大范围内的商业利益相关者加入进来。在成熟阶段，该计划包括自筹资金，以及向商品的加工商（例如，将谷物碾磨成粉的磨坊主）征税以为配额付费。威尔逊在1932年向罗斯福的新政运动提出了这个计划，罗斯福赞成干预性的农业政策，只是（用他的顾问雷蒙德·莫利的话来

说）“表述笼统，过于含糊，无法细究”[12]。

上述围绕美国农业问题的长期思考与各种方案，都反映在了新政期间第一部主要的农业法规，即1933年《农业调整法》当中。该法案开宗明义地宣称它旨在应对“当前的紧急情况”，但实际针对的却是农民长期以来的不满。它意在让政府消除“农产品和其他商品之间巨大且不断加剧的价格不平等，这种不平等导致农民购买力严重受损”。该法案还特别指出，在第一次世界大战搅乱时局之前那些年，市场曾处于理想的平等状态，美国应该重回那种状态。这部法案体现了新政含糊笼统的倾向，它 77
将制定规划的具体机制交由总统决定，又赋予总统削减低产田面积、奖励丰收和向加工商征税的权力——这些都是国内分配计划的诉求。[13]此外，这部法律给予了农场协会免受反垄断检控的特权（这使农民集中决策成为可能），并允许农民自行决定是否参与农场协会的各项计划。

罗斯福在农业方面的人事任命，与他的农业政策一脉相承：他任命华莱士为农业部长，又让皮克领导新设的农业调整管理局——该局负责制定生产管理政策。威尔逊则成为农业调整管理局小麦处的负责人。[14]意见分歧使这三位联邦农业政策领域的老说客分道扬镳：皮克倾向于通过市场组织削减产量；威尔逊希望以国内分配计划为跳板永久性减少生产面积；华莱士则告诉威尔逊，该计划只有在“我们真正走上国家社会主义的道路”后才有可能奏效，“而我个人很倾向于认为美国确实正在走向这条路”[15]。在法律规定和总统意志都模糊不清的情况下，上述分歧进一步加深了解决问题的难度。

1933年春，当农业调整管理局成立并着手工作时，棉农们已经种上了新棉。考虑到棉花存量已经相当可观，农业调整管理局要求棉农犁除地里的新棉以换取补贴，以此制止已经处于低位的棉价进一步下滑。农业调整管理局派人分头前往数百个县，试图说服农民挖出不久前才种下的作物。他们遇到了任何一种官僚体制都存在的典型问题——需要的时候，空白合同表格永远都不够用。农民们对产量估算的公平性则满腹牢骚，怀疑估算员会偏袒他们的朋友："估算员给我们的价码肯定不公平……他有自己青睐的对象。"[16]不仅如此，补贴犁除作物的支
78 票还常常迟到。

除了这些行政管理上的寻常挑战，农业调整管理局在完成具体的农业任务方面也遇到了麻烦。由于骡子长期以来接受的都是避免把棉作物犁起来的训练，现在让它们完成犁除棉作物的任务十分困难。一些地区由于天气恶劣影响了开犁；而另一些地区天气良好，农民们又舍不得把长势不错的作物犁掉。有时，县治安官不得不派拖拉机强制执行犁除合同并向违约的农民收取费用。[17]等补贴犁除作物的支票终于到达，地主有时还会扣押款项不发给佃户。

如果说美国政府罔顾数百万国民衣物短缺而摧毁棉花的行径令人愤怒，那么在饥荒期间销毁食物的做法就堪称直接动手伤害民众了。为使养猪业的收入提升到所谓的合理水平，农业调整管理局决定必须屠宰数百万头猪仔，以免猪肉在几年后供大于求。一位密苏里州的农业领袖事后评论道："一方面，上百万人正经历着失业、饥饿和疾病的折磨；另一方面，粮食、羊毛和棉花却统统过剩，多到让人不知所措。这种愚蠢至极的情况，真是对我们民族天资禀赋的莫大嘲讽。"[18]

图5 平民保育团成员在弗吉尼亚州琼斯维尔养禽场工作 79

农业政策的设计师们既无意解决美国农村贫困这个亘古难题，也无意解决大萧条所带来的新问题。《农业调整法》的着眼点在于消除农村居民与城市居民在购买力方面的不平等，以回到某个臆想的黄金时代，而非大步迈入一个美丽的新世界。对农产品实施累退税制，意味着无法通过补贴大多数消费者来刺激经济复苏。在这套税制下，农产品加工税实际上是由消费者来承担的，城市买家受损而农村卖家受益。

大部分农民支持这样的政策。例如，棉农们一旦发现那些未参与国内分配计划的农民在不必牺牲部分作物的情况下也能从价格上涨中受益，就进行游说，要求通过立法强制减少棉花的种植面积。作为回应，国会通过了1934年《班克黑德棉花控制法》，向所有配额之外的送轧棉花征税。该法律要求在试行一年后举行全民公投以决定其去留，而全美近90%的棉农都投票保留。[19]

支持国内分配计划的经济学家约翰·D.布莱克于1936年指出：农业调整管理局的目标本来就是增加农民的相对收入，而不在于使国民经济从大萧条中迅速复苏。就实现经济迅速复苏而言，较之于提高农民收入，提高企业利润无疑是更优选择，因为更高的企业利润往往能带来更多投资，也能通过提高工资造就出更多的消费者。至于为农业调整管理局辩护的最佳理由，布莱克写道，即"该机构带给我们的复苏要比通过提升商业利润所实现的复苏**更优质**，因为……它所带来的这种复苏在分布上**更均衡**"——也就是说，这种经济复苏的程度在农村地区和城市地区之间相对一致，而不是各个阶层都能从经济复苏中均衡收益。其实，就算是上述辩护也并不完全站得住脚，布莱克指出：农产品价格虽然上涨了，但其中三分之二的涨幅大概是干旱和美元贬值的结果，而与农业调整管理局采取的行动无关。[20]况且，尽管农民对农产品价格的上涨满怀欣喜，但他们也因自己所
80 需物品价格出现了同步上涨而唉声叹气。他们把物价上涨归罪于那些在农业法案颁布仅一个月后就被审议通过的、旨在规制经济的其他重要新政法案。

和农业政策一样，工业政策也建立在依靠集中权威控制价格的既有套路之上，希望回归所谓的"黄金时代"。这个所谓的"黄金时代"，是指第一次世界大战期间——那时，政府和商界领袖们通过战时工业委员会共同倡导在生产领域协同指挥、通力合作。当战时工业委员会的老将乔治·皮克转任农业调整管理局局长时，他的老战友休·约翰逊则一手创建并亲自领导了工业界的"调整管理局"——全国复兴总署。

至迟从19世纪末的大兼并运动时开始，美国商界的主要

人物们对于不受约束的自由竞争原则就抱有怀疑态度，这种原则导致了商品价格走低、损害了他们本可从商品和服务中获取的利润，有时甚至还让他们亏本。越来越多的商人宣称他们相信“若能通过联邦层面的规制措施‘全面推广’一种合理的经济定价”，就能“完全并且永久地消除不公平降价”[21]。因此，虽然美国商人因自身行业特点而享有一定优势，但仍面临着和美国农民类似的问题。制造业要比农业更便于集中控制。科技进步和工艺创新使企业主得以通过引入机械设备和提升管理效率等方式来增强生产效率，从而降低了对熟练技工的依赖，将工厂车间更加牢固地控制在他们自己手中。事实上，在那个时代，无论联邦反垄断法实际上所能起到的作用多么微不足道，该法规大概是阻碍美国制造业走向高度集中的唯一屏障。

战时工业委员会让实业家们明白：如果能避免与政府对立，与政府携手合作，他们就可以通过控制生产来调控价格、防止罢工，同时赚取可观的利润——这一切看起来还充满了爱国主义精神。大萧条又让企业家们有机可乘，他们四处游说、争取让政府采取应急措施，以便名正言顺地抬高商品价格。 81

大萧条时期的第一次官商勾结，始于胡佛时代的“现在就买”运动。记者、政客及其他推动者呼吁那些曾带动1920年代繁荣的消费者们通过加大购买力度帮助美国经济重归繁荣。然而，这次宣传鼓动并未奏效。1931年，《商业周刊》报道称：“‘现在就买’的热潮似乎已经消退……消费者们越来越不确定应该如何使用手中的金钱。”[22]到了罗斯福执政时期，情况已经很明确：单靠耍嘴皮子不可能提升购买力。罗斯福询问劳工部部长弗朗西斯·珀金斯：能否拿出一个方案，令工会也能参与到旨在削减竞争的工业政策当中去？珀金斯是美国第一位女性内阁成员，罗斯福担任纽约州长时，她就在罗斯福麾下效力，在纽约州倡导通过立法确定最低工资和最长工时。面对罗斯福的询问，珀金斯提议设立工业委员会，以便劳资双方和政府的代表可以坐到一起。还要拥有组织权，工会才能参与工业政策的制定和运行；然而，尽管1914年《克莱顿法》规定工会不受反托拉斯法限制，但最高法院在此后的判例中仍对工会组织权持有异议。对此，美国劳工联合会辩称，组织权能够提升“购买力”[23]。

一位效力于新成立的农业调整管理局的经济学家认为，工业法案应该与农业法案一样，追求更均衡而非更迅速的复苏：“我认为，法案应该在提高工资、改善工作条件、保护集体谈判等方面有所作为，以便更好地平衡劳资关系，从而刺激消费者的兴趣和购买欲。”[24]

与《农业调整法》相似，工业法案也反映出该领域的立法进程受到多种力量推动。1933年《国家工业复兴法》推出了包括提供公共工程在内的多种措施，为罗斯福创建那些推行以工代
82 赈计划的若干机构铺平了道路。但是，该法案的主要条款，却在于通过珀金斯所构想的那类工业委员会让劳资双方、让政府和消费者的代表商讨管制规程，强化对工业政策的管控。国会搁置了反托拉斯法，允许企业在两年内实施价格垄断，并授权总统直接或委托其他机构制定产业运营方面的行业守则，以确定公平竞争的基础。在1933年《国家工业复兴法》第一章第七节第一款中，法律要求上述行业守则保证：

> 雇员有权通过自己选出的代表组织集体活动、进行集体谈判，并且在指定代表、自行组织和开展其他以集体谈判或互助互卫为目的的行动时，免受雇主或其代理人的干涉、限制与胁迫。[25]

那么，总统将如何行使他手中的新权力呢？工会、商业团体和消费者权益组织都拭目以待。

罗斯福以战时动员的方式推出了全国复兴总署，他援引“1917年和1918年间的那场伟大合作”作为先例，并任命退役将领休·约翰逊为该机构负责人，以满足那些热切希望从战时工业委员会获得灵感的实业界人士。约翰逊为全国复兴总署设计了一个军事标志：一只蓝色的鹰一爪紧握齿轮，另一爪则紧握一束闪电。他试图沿用战时的比喻来动员消费者：“这一次，在家劳作的主妇而非身穿制服的士兵将拯救我们的国家……家庭主妇们发起冲锋的时刻已经来临。”[26]

大公司管理者对企业的控制力更强、对自身业务的规模和范围更加熟悉，同时也是休·约翰逊青睐的对象，所以这些要求对工业产品提价的人在《国家工业复兴法》颁布后的博弈中占了上风。至1933年夏末，美国的大多数主要产业都制定了行业守则；然而，只有在不到一成的产业中，由全国复兴总署牵头组织的行业守则制定机构吸收了至少一名劳工代表参与，而吸收消费者代表参与制定行业守则的产业数量还要更少。这样一 83
来，许多行业守则其实是实业家与政府官员协商确定的，而许多官员在此之前不久才弃商从政。就像一位观察家谴责的，这是一场“商业领袖和伪装成政府官员的商人之间的交易”[27]。劳工领袖们发现，管理层可以通过创立受资方控制的工会绕过第一章第七节第一款的有关规定。劳动者们开始抱怨物价上涨而工资却并未增加。全国复兴总署变得越来越像批评者口中的“旧政”衙门，重复着胡佛时代“现在就买”的口号；而民众的反应一如既往——“我们拿什么来买呢？”一位农民追问道。[28]

全国复兴总署也让一些小企业主深感恼怒。许多小企业的设备无法满足行业守则中那些充斥着官僚主义的要求。与大企业相比，小企业的意见也不太可能被行业守则制定机构所采纳。行业守则中维持固定价格的主要措施，都是为大企业量身定制的，以防止行业内的小众竞争对手打价格战。而在大萧条时期，为弱者发声是一种难以抗拒的政治机会。正如弗朗西斯·珀金斯所评论的，“一用‘小’字，你就总能博得同情……人们对待小企业的感情，就像对待一只可爱的小狗一样”[29]。为了回应小企业主的抱怨，全国复兴总署成立了一个专门委员会以调查相关投诉。调查由知名律师克拉伦斯·达罗牵头，结果发现在接受调查的八个由全国复兴总署参与管制的行业中，有七个存在“垄断行为”；调查还发现小企业受到了“残酷的压迫”[30]。

这样的情况持续到1934年，全国复兴总署在批评中停滞不前。约翰逊引咎辞职，他的岗位由一个委员会取而代之。1935年初，一项对全国复兴总署的审查发现，该署只有两例按行业守则对企业进行处理的情况。随着反托拉斯法的两年搁置期临近结束，参议院不再对罗斯福言听计从，只表决同意让全国复兴总署继续存在有限的一段时间。[31]在众议院表决前，最高法院就判
84 决全国复兴总署违宪——其实，在罗斯福随后发表的私人言论

里，我们可以很清楚地发现他也认为全国复兴总署令他“十分头疼”，而总署的一些政策“非常错误”[32]。

不久之后，最高法院也裁决农业调整管理局因违宪而必须撤销。对于最高法院来说，这两个机构以同样的方式违反了宪法：它们在美国国内行使了前所未有的、未经授权的强制性行政权力。正如亨利·华莱士所言，这些机构具有“国家社会主义”的倾向。不难想象，即使身处令人绝望的危机中，大多数美国人仍对这种倾向抱有疑虑。

最终，祛除了那些更具国家中心主义和管制色彩的成分后，农业调整管理局和全国复兴总署中的关键部门，都被国会以立法的形式保留了下来。由于上述两项计划都不以迅速复苏为目标，而旨在从城市向农村、从管理层向劳动者和消费者重新分配财富和权力，它们在罗斯福的重要选区中颇受欢迎。新政在处理政治经济问题方面的此类政策，在大萧条结束很长时间之后仍继续发挥着作用。

注释

1 莱斯特·V.钱德勒，《美国货币政策：1928—1941》（纽约：哈珀与罗尔出版社，1971年版），第281页。

2 迪特马尔·罗瑟蒙德，《大萧条的全球影响》（伦敦：罗德里奇出版社，1996年版），第29、107页。

3 朱迪思·戈尔茨坦，《理念对贸易政策的影响：美国农业与制造业政策的起源》，载《国际组织》第43卷第1期（1989年出版），第35页。

4 苏珊·普雷维安特·李、彼得·帕赛尔，《新美国经济史》（纽约：W.W.诺顿出版社，1979年版），第301页。（在此书基础上，杰里米·阿塔克和彼得·帕塞尔于1994年出版了一个同名的增订本，该增订本的中文版由中国社会科学出版社于2000年出版。——译注）

5 小泽卡赖亚·查菲，《国会席位再分配》，载《哈佛法律评论》第42卷第8期（1929年出版）；奥威尔·J.斯威汀，《约翰·Q.蒂尔逊与1929年国会席位再分配法》，载《西部政治季刊》，第9卷第2期（1956年
85 出版）。

6 西奥多·萨罗托斯，《美国农民与罗斯福新政》（埃姆斯：艾奥瓦州立大学出版社，1982年版），第9页。

7 同上书，第5页。

8 同上书，第32页。

9 朱迪思·戈尔茨坦，《理念对贸易政策的影响》，第43页。

10 基斯·J.沃兰托，《得克萨斯、棉花和新政》（大学城：得州农工大学出版社，2005年版），第15页至末页。

11 同上书，第20页。

12 威廉·D.罗利，《M.D.威尔逊和国内分配运动》（林肯：内布拉斯加大学出版社，1970年版），第15页；西奥多·萨罗托斯，《美国农民与罗斯福新政》，第41页；基斯·J.沃兰托，《得克萨斯、棉花和新政》，第22页。

13 美国《法律总汇》第48卷，第31页、第34—35页。

14 威廉·D.罗利，《M.D.威尔逊和国内分配运动》，第195页。

15 同上书，第138页。

16 基斯·J.沃兰托，《得克萨斯、棉花和新政》，第45页。

17 同上书，第49页。

18 安东尼·贝杰，《新政：萧条年岁，1933—1940》（伦敦：麦克米伦出版公司，1989年版），第163页。

19 基斯·J.沃兰托，《得克萨斯、棉花和新政》，第83页。

20 约翰·D.布莱克，《对〈农业调整法〉与国家复兴的讨论》，载《农场经济学期刊》，第18卷第2期（1936年出版），第243页。

21 埃利斯·W.霍利，《新政和垄断问题：一项针对经济矛盾的研究》（普林斯顿：普林斯顿大学出版社，1966年版），第40页。

22 麦格·雅各布斯，《钱包政治：20世纪美国的经济公民权》（普林斯顿：普林斯顿大学出版社，2005年版），第96页。

23 埃利斯·W.霍利，《新政和垄断问题：一项针对经济矛盾的研究》，第28页。

24 麦格·雅各布斯，《钱包政治：20世纪美国的经济公民权》，第208页。

25 美国《法律总汇》第48卷，第195、198页。

26 麦格·雅各布斯，《钱包政治：20世纪美国的经济公民权》，第109页。

27 埃利斯·W.霍利，《新政和垄断问题：一项针对经济矛盾的研究》，第57—62页。

28 同上书，第58、93页。

29 同上书，第82页。

30 同上书，第96页。

31 《参议院表决结果仅允许全国复兴总署续期十个月》，载1935年5月15日《纽约时报》，第1版。

32 弗朗西斯·珀金斯，《我所知道的罗斯福》（纽约：维京出版社，1946年版），第251页。 86

第六章

制衡性力量

甫一开始，新政的推手们就对让政府运用手中权力去推行集中规划或者提供社会福利不甚热衷；相反，他们希望罗斯福政府能够通过行使新近获得的权力，如经济学家约翰·肯尼斯·加尔布雷斯后来总结的，“赋予新的社会团体未曾拥有过的市场力量”。这种呼声在整个1930年代不断增强。1952年，加尔布雷斯在回顾这段历史时写道：“新政最重要的立法”，以及那些“给国家内部最尖锐的争议火上浇油”的立法，正是那些要求联邦政府“支持制衡性力量”的法律。[1]

以培养“制衡性力量”的名义使用公共权力直接支持私人利益的理念，在两个方面受到了新政推行者的青睐。第一，这么做能使他们在提升美国公有制水平、加强政府对商业监管的同时，依然与美国的资本主义制度站在同一个阵营中。第二，就他们对历史的了解而言，作为立法者，他们利用联邦政府维护私人利益的行为，在美国也并非首开先河——他们所开创的先例，只不过是利用政府为大型企业所有者以外的群体提供利益。正如华盛顿州的民主党参议员刘易斯·施韦伦巴赫所言，那套美国开疆拓土的历史与政府毫无关系的说辞，不过是神话罢了：“如果有人告诉你，政府在那些年代未给过谁任何恩惠，请不要相信……铁路大亨在每个乡镇都拥有自己的土地……木材商们有大片林地可资运营……保护性关税制度把隐性税收转嫁到了每 87
一个工农业劳动者的口袋里……［政府的］恩惠无处不在，却从来没有降临到劳动人民和消费者的身上。”[2]

如果说19世纪共和党支持大型私营企业的政策成功增强了美国产业经济，即美国东北部的各大银行和制造企业的原动力，那么在这些政策的作用下，美国其他地区则发展得相对较慢。这样看来，新政所得到的有力支持主要来自相对贫困的美国西部和南部也就不足为奇了，因为这两个地区的选民认为共和党的那套政策几乎不能给他们带来任何好处。

这种历史上形成的地区贫富差异反而给罗斯福政府带来了一个好处，那就是使他们的政治诉求与政策目标并行不悖：如果他们想花钱促进国民经济在地区间的均衡发展，并培育出制衡性力量，就应该向美国的南部和西部投资，并且把钱花在美国的产业工人身上；与此相对，如果他们想把经费拨给新政支持者中最忠实、最关键的那部分选民，那么也应该向美国的南部和西部投资，并且把钱花在产业工人身上。在新政培养制衡性力量的过程中，政治因素和经济因素共同发挥了作用。

让富兰克林·罗斯福引以为傲的是，他发明了一种由政府创造制衡性力量的方法，并称相关理念为“确立准绳”。在第一次世界大战中担任助理海军部长期间，罗斯福认为美国政府不应包揽为所拥有的全部船只装甲的工作，而应建造一个小型装甲工厂以了解整个流程的花费。这个工厂应由政府运营，运营成本则可用作衡量私人承包商利润是否合理的标尺。这样，当商人提供生产成本信息时，海军部门能做到有据可依、心中有88 数，在议价时既让承包商有利可图，又能把利润控制在合理的范围之内。罗斯福后来回忆起了这个方法。[3]

就在罗斯福敦促政府介入装甲事务的前后，美国联邦政府也进入了亚拉巴马州马斯尔肖尔斯市的电力市场。流经该区域的田纳西河，其水位在37英里的激流中猛降了134英尺。美国政府在那里建立了威尔逊大坝，为那些生产硝酸盐作为化肥或炸药原料的工厂提供水力发电。[4]在大坝全部完工之前，哈定政府提议把工程转交给私人公司，继任的柯立芝政府也表示支持。当时，内布拉斯加州的激进派共和党参议员乔治·诺里斯担任农业委员会主席——该委员会负责与化肥有关的法案；他不仅阻止了私有制计划，还提议扩大电力生产的公有化程度。

1932年，罗斯福在竞选中介入了这场私有化和公有制之间的争论，他宣称少数由政府运营的发电站“永远是防止”私人垄断者“敲诈勒索的准绳”。就任总统后，罗斯福和诺里斯携手创立了田纳西河流域管理局，接管了位于马斯尔肖尔斯市的威尔逊大坝，并沿河建造了其他水坝，将政府供电的范围扩展到了美国南部的大部分地区。[5]

创立田纳西河流域管理局的那部法律所列出的数个目标中，有一条是促进“该流域内的工农业发展”[6]。在一代人以前，共和党控制下的联邦政府通过私营的州际铁路公司促进了美国西部的发展。现在，民主党控制下的联邦政府则希望通过公有的州际电力公司推动美国南部发展。但“州际”和“公有”并

图6　平民保育团的男青年们在距离亚拉巴马州威尔逊大坝不远的田纳西河流域管理局苗圃除草

不意味着鞭长莫及或者反应迟缓：田纳西河流域管理局将总部设在了田纳西州的诺克斯维尔市，致力于通过各个地方机构来 89 实现局长戴维·利连索尔所宣称的“联邦职能的基层化管理”。利连索尔认为，美国人民如果要在电力领域采取公有制，必然会将这种做法限制在地方层面——他们永远不会支持国家社会主义制度，而且出于维护民主制度的考虑也的确应该永不支持国家社会主义制度。这与一些规划者的雄心大相径庭，也与反对这些规划者的人们所怀有的担心相去甚远。[7]

民主党的政治家们一直以来都希望帮助美国南部摆脱贫困，通过振兴南方、联合西部，对（总体上由共和党人控制的）东北部及中西部的金融业和工业中心形成制衡。但是，民主党人不得不避开美国南部白人对联邦政府所怀有的敌意，这些人对司法部和民权政策可谓深恶痛绝。田纳西河流域管理局的联邦权力基层化运动，让民主党能够借机设计出一套美国南部白人能够接受的联邦发展政策。在美国南部城市所举行的全民公投
90 中，市民们在利连索尔的踊跃支持下，接二连三地投票反对私人垄断、支持公共电力。由联邦与南方公司控股的若干私营电力公司则提供了大量资金，对这些投票进行了强烈抵制。联邦与南方公司的领导人温德尔·威尔基是位民主党人，曾于1932年支持过罗斯福的竞选。田纳西河流域管理局的出现，挫伤了威尔基对政府的感情：他一面亲自与田纳西河流域管理局谈判，一面让联邦与南方公司的子公司拼命扩张。面对这种情况，美国南部各城市和田纳西河流域管理局动员公共工程管理局建造——或者仅仅规划建造——输电线和发电厂，与私营电力公司展开竞争，使后者成为蛇足。在通常情况下，公共工程管理局的建造规划本身就已经具备足够的联邦影响力；于是，私营电力公司最终出售了基础设施，交由地方公共电力公司接管。[8]

在1930年代的大部分时间里，威尔基的公司通过提起诉讼获得法庭禁令，迫使田纳西河流域管理局无法向美国南部各城市提供电力。虽然高等法院的最终判决有利于田纳西河流域管理局，但冗长的司法程序使利连索尔不得不耗费数月前往各地进行游说，申明田纳西河流域管理局致力于落实民主制度、将企业的控制权交给地方，私营企业则在上述两个方面都持反对态度。在这种情况下，利连索尔得以令人信服地坚称，虽然田纳西河流域管理局可能被对手扣上“苏维埃”的帽子，但真正倾向于从外部对田纳西河流域事务进行集中管控的机构并非该局，而

是那些私营电力公司。

新政计划利用联邦影响力来赋予既有社会团体一定权力，这种计划所具有的典型好处和弊端，都在田纳西河流域管理局身上彰显出来。一方面，该局降低了电费——将电力价格降到了私营公司收费的约一半，从而让许多人第一次用上了电。受到该局成功的启发，私营公司也试图通过降低电费扩大市场。田纳西河流域管理局的做法也启发了罗斯福，他开始在全国范围内推广农村电气化，并调用1935年开展救济行动的资金，成立了农村电气化管理局，为创建农村电力合作社提供支持。和田纳西河流域管理局一样，农村电气化管理局不仅将业务推广到 91
了新的区域，也让私营公司看到他们曾经轻视的市场具有多么大的赢利潜力。[9]

从以上这些方面来说，为那些能够发挥制衡性作用的选区提供电力的努力奏效了，一些具有迫切需求的地区从此具备了进一步发展经济的基础。不仅如此，上述努力还赢得了美国南部政客和选民对新政的支持，因而在政治层面也获得了成功。但是，与此同时，由于承诺尊重各种当地制度，田纳西河流域管理局对于地方民主运动的支持极为有限：通过美国南部业已成熟的管理体系开展工作，意味着该局无法破除存在于这一地区的种族等级制度。田纳西河流域管理局的化肥项目不但没有让美国南部传统的黑人农业学院参与其中，而且还随波逐流地遵照所在地区的“吉姆·克劳法”对雇员队伍实行了种族隔离。[10]

同时，新政也致力于发展美国西部。一些质疑罗斯福政府动机的批评人士指出，西部那些在政治倾向上远比东北部或南部各州易变的“摇摆州”，在新政中得到的拨款比例过高。公共工程管理局的官员们对此解释道：密西西比河以东那些开发时间更长、发展情况更好的州，所获得的拨款超过了合理的份额。话虽如此，但如果按照人均指标计算，公共工程管理局对地广人稀的美国西部投资确实更多。同样道理，如果新政真的有利用拨款收买选票的动机，那么在西部各州中，每张选票在总统选举中的权重也确实更大。

事实证明，对罗斯福政府企图在美国西部收买人心的质疑是站不住脚的。西部各州幅员辽阔，需要建设绵延不断的公路：就算联邦政府完全按照需求进行投资，西部地区的人均道路投资额也会更高。此外，西部的许多工程项目——特别是水电项目——早已规划妥当，只等资金到位。西部拥有如此广阔的土地，能够承载更多的人口，给这些位于西部的项目投资，怎么看都是明智的决定。另外，联邦政府在西部各州还拥有不成比例的土地份额——比如，内华达州80%以上的土地归联邦政府所有——这使得在那里建设项目不仅更便宜，也更容易。[11]

投资发展美国南部，意在挖掘出被奴隶制及其遗毒堵塞住的生产潜力，带来经济效益。而投资发展美国西部也有着异曲同工之妙：它意在为该地区奠定基础，以迎接今后更加密集的人口、打造一个更加富裕的地区。就算新政的开发项目对环境造成了破坏，就算美国工业体系的扩张因此轻重失调、不成体系，就算新政没能打破民主道路上的种族障碍（虽然公共事业振兴署在第二次世界大战期间帮助过在西部各州被隔离囚禁的日裔美国人），就算整个计划带有一丝政治阴谋的色彩，新政发展美国南部和西部的计划看起来仍是一笔稳健的投资。发展政策带动了公共工程建设，让这片因历史原因而落后的地区焕然一新，成为一股可以与历史更悠久、经济更富裕、受共和党控制的东北部地区相制衡的力量。在新政的再分配政策中，上述发展政策可谓是走得最远的：罗斯福政府或许通过这些政策对资金和权力在不同地区之间进行了重新分配，却没有直接利用国家机器对资金和权力在不同阶层之间进行再分配。

至迟从亚当·斯密将**量能课税**作为他的头条税收原则开始，那些不像1930年代的美国那样排斥政府采取积极行动的国家，便使用向富人征税所获得的收入为穷人提供帮助，并借由这种方式赋予一些群体他们原本所不具有的市场力量。这种办法直截了当，但新政却并没有加以采用。实际上，罗斯福政府保留了胡佛于1932年设立的税收政策，对酒类及其他被视为奢侈品或不良消费品的商品征收累退式联邦消费税，并将农业调整管理局的加工税纳入其中。这些税种将超越合理份额的负担强加给了那些最没有支付能力的美国人。1935年《税收法》缘于罗斯福希望出台一项“能够促进财富更广泛分配的稳健公共政策”，但这部法案只触及了一小部分人，以至于众议院筹款委员会的一位成员宣称，该法案看起来更像是“来捣乱而非增加财政收入的”[12]。由于民主党人认为经济复兴的前景取决于商人们的投资，他们不愿意向更多美国民众开征个人所得税，而更愿意征收那些不易被人察觉的消费税——民调显示，美国人很少会将这些征缴项目视为税收。

93

不过，罗斯福政府确实为实现财富的再分配付出了努力，虽然不是通过税收政策实现的。他们力求能让市场更加公平地运转，并在政府不进行直接干预的情况下分配给劳动者和消费者更高的工资。为了实现这一目标，新政发展壮大了劳动者组织和消费者组织，使这些组织具有集体谈判的力量，从而能更高效地在市场上争取到更加有利的待遇。该政策背后的理论很简单：如果企业已经能够以前所未有的紧密方式组织起来，从而有效降低其生产成本，那么商品的购买者和劳动力的出售者也应该有权组织起来，学会如何更高效地在市场上行动。全国复兴总署倡导把消费者和劳动者组织起来，就是将该理论落到实处的一个例子。

让工会合法存在看起来并不是过分的要求，企业的管理层却对此展开了顽固的抵制。1934年，因为众多企业拒绝承认工会，美国的工厂中爆发了罢工浪潮。罢工使一座座城市陷入瘫痪。罗斯福成立了全国劳资关系委员会来调解纠纷。调查显示，美国各行业的管理层下定决心要让工会胎死腹中，除渗透、恐吓与勒令工人加速生产外，他们破坏工会最直接的手段，就是用惨淡的就业市场威胁工人："看看窗外吧，"雇主们在许多工作场所变换着方式指出，"看看有多少人在排队等着顶替你。"[13]

全美矿业工人联合会主席约翰·L.刘易斯对工人们有句名言："总统先生希望你加入工会。"[14]刘易斯夸大了事实：罗斯福并不希望与那些能够带领美国经济走向复苏的商业人士产生矛盾，他还以怀疑的眼光看待工会。然而，和其他问题一样，在工会问题上，与罗斯福同属民主党的国会议员们也对总统施加了压力。参议员罗伯特·瓦格纳起草了一份法案，要求设立永久性的全国劳资关系委员会，专门防止企业成立受资方控制的"黄色工会"，并保护正规工会的组织者免受恫吓。该法案不仅要求公司与雇员们所选举出来的工会代表进行谈判，还制定了一项少数服从多数的规则：如果一个商店的大多数员工都投票支持

94

工会，那么工会就有权代表整个商店的全体雇员。

瓦格纳将自己提出的这个法案视为防止国家权力过分扩张的一个手段。“如果我们打算依靠产业部门和劳工群体遵循民主精神来实现自助，而不让国家落入独断专行或极权主义的陷阱，那么全国劳资关系委员会就是解决经济稳定问题的不二法门。”[15]相较于无限扩大联邦权力、增加联邦开支的做法，加强工会组织力量虽然也是一剂苦药，相对而言还是更容易被中产阶级选民接受。1935年7月，在最高法院裁定《国家工业复兴法》违宪后不久，国会通过了《瓦格纳法》，该法案未再试图成立像全国复兴总署那种建立在国家中心主义基础上、具有制定行业守则权力的行政机构，而是引入了力量制衡的理念，认为造成经济危机的原因，在于此前缺乏针对企业管理层的有效制衡：

> 雇员和雇主之间的议价能力是不平等的。雇员没有充分的结社自由……而通过公司或者其他形式的股权协会组织起来的雇主……却常常压低雇员工资、削弱工薪阶层的购买力，使商业萧条反复发生、雪上加霜……本法特此声明，美国政府的政策立场旨在鼓励通过集体谈判的行为和程序，消除上述障碍。[16]

此后，罗斯福总统总算是真心实意地希望美国工人加入工会了——法律要求他必须这么做。尽管劳动力市场不景气（随处可见的失业劳动力阻滞了工会发展的进程），还是有不少美国民众加入了工会：1930年，只有不到10%的制造业工人是工会会员；但到了1940年，这个数字已经超过了1/3；同一时期，在采 95

矿业工人中，工会会员的比例从20%出头增长到了近75%；其他行业部门中也出现了类似的增长。[17]考虑到美国当时的失业率之高，方兴未艾的工会运动之所以能够形成一股制衡企业管理层权力的力量，在很大程度上是因为，到《瓦格纳法》颁布的时候，通过立法保护工会的政策转向最终得到了广泛的认可；人们认为，在不增加国家权力的情况下，工会不失为更公平分配财富的一条途径。

联邦政策鼓励美国人不只是作为生产者，也是作为消费者组织起来。签署《国家工业复兴法》后，罗斯福宣布：在全国复兴总署制定行业守则的进程中，“会成立一个消费者咨询委员会，以代表广大消费者的利益”[18]。消费者咨询委员会的负责人玛丽·哈里曼·拉姆齐表示，她会广泛听取普通美国消费者的意见和建议。[19]投诉信件如潮水般涌来，随信寄来的还有显示牛奶、面包和其他主食价格飞涨的标签和其他证据。

无独有偶，农业调整管理局也邀请消费者与生产者分庭抗礼。1933年夏，都市改革家、曾于1910年代任纽约移民专员的弗雷德里克·豪出任农业调整管理局的消费者顾问。他的工作就是将物价涨幅控制在一定范围之内，防止生产者在弥补农业调整管理局所征收的加工税款之外继续抬高物价。[20]他的办公室着手制作了《消费者指南》，上面列出了美国多个城市的主食价目表，并标示出这些产品售价的涨幅比它们原材料成本的涨幅高了多少。和拉姆齐一样，豪也邀请消费者报告物价上涨的情况，并特别关注商品标价和实际物价之间的差异。[21]

不久，这些政府内部的消费者代言人开始寻求外界帮助。拉姆齐聘请了经济学家和社会活动家开展“消费者运动”项目，致力于在全美各地设立消费者委员会。其实，与消费者运动相比，那些号称罗斯福总统希望美国人民加入工会的宣传手段，在组织劳动力方面所起的作用要更大；但是，新政通过号召美国人民加入消费者协会，还是造就出了一股可以制衡企业管理层决策甚至政府政策的力量。最终，这场由新政发起并与新政政策密切关联的消费者运动，通过游说反过来要求改革一些新政政策。为了回应人们的抱怨，全国复兴总署举办了一场“现场批评日”活动，这项活动揭示出了消费者对该署工作的普遍不满。全国复兴总署内的消费者利益代言人莱昂·亨德森与经济学家加德纳·米恩斯联名上报，指出该署政策使物价居高不下；受此影响，国会对延长全国复兴总署的特许状毫不热心。肉价上涨引发消费者在全国范围内抵制屠夫。消费者们发誓，除非新政从支持生产商和加工商转向支持消费者，他们就永远不会购买肉类制品。效力于农业调整管理局的消费者利益代言人唐纳德·蒙哥马利则展开了反对面包价格上涨的运动。新政促使消费者意识觉醒，造就出了制衡性力量；面对这种情况，新政放弃了维护政商联盟的原始立场，转而扮演起更加公正的角色。[22]

要让这些制衡性力量真正发挥作用，就必须让它们实现独立自主。美国南部和西部地区需要发展，以便积累属于自身的财富和资本，从而能够在东北地区面前表达自身的区域性利益。工人和消费者需要组织起来，他们诉求的正当性也应受到承认；只有这样，他们才能不受企业管理层的制约而独立表达自身利益。为使美国的个体劳动者和个体消费者在更大程度上实现独立自主，罗斯福政府决定为他们提供针对收入损失的保险，无论造成他们收入受损的罪魁祸首是暂时性因素、周期性失业，还是

图7　如本图这样的政府海报旨在推广社会保障项目。其他类似海报承诺为符合条件的工人的遗孀和子女提供支持

残疾或年迈等持久性问题。为此，罗斯福下令成立了经济保障
97 委员会，为社会保险计划起草方案。

经济保障委员会提交给罗斯福的报告呼吁向全体美国老年人提供退休金。这些退休金中的一部分来自受益者所缴纳的费用，另一部分则来自进入美国国库的一般财政收入，而财政收入所贡献的比重将随着时间的推移不断增加。罗斯福否决了这个计划，宣称该计划“不过是给国家救济失业者的陈规旧制起了个

新名字”——他想要的是一个能够自给自足、建立在缴费模式之上的养老金计划。劳动者和雇主需要将一定比例的薪酬支付给养老基金。当劳动者达到退休年龄而离开工作岗位时，就可以领取这笔由他们自己的储蓄所积累起来的退休金。按照罗斯福 98
的要求，该方案才算得上是“一个无须政府插手的、完全建立在缴费基础上的养老保险计划”[23]。

批评家立即指出了这一方案的不足之处。世界上没有任何其他国家采用这种方式来为社会保险提供资金，而且不无道理。按工资的百分比计算缴纳金额的做法，会使低收入人群承担相对更重的税收负担。在罗斯福政府内部，哈里·霍普金斯指出了工资税具有劫贫济富的累退属性，建议另寻良方，向相对富裕的美国人征缴收入所得税。在报纸杂志上，意见领袖们也为罗斯福的方案忧心忡忡，《新共和》杂志上的一篇文章写道：“这部关于退休金的法律，几乎完全是正确立法的反面教材。”[24]

为确保财政稳定，罗斯福政府并没有将所有美国人都纳入社会保障系统。美国较晚才开始提供老年保险，因而具有借鉴他国经验的优势。正如亚伯拉罕·爱泼斯坦——一位推广养老保险的倡导者——1922年所言：“现行的养老保险制度显然只适用于那些拥有固定工作的人。从无固定工作者、农业劳动者、非自我雇佣者、因从事家务劳动而无薪水可领的妇女和小商小贩等群体那里收缴保险金，几乎是不可能的。”[25]因此，罗斯福政府遵循了其他国家的做法，从一开始就将农场雇工和家庭佣工排除在养老金政策之外，国会也对此表示遵从。

但是，美国社会保障制度的这些局限性不会一直持续下去，政府官员也认识到了这一点。私下里，专家们知道，这个建立在缴费基础上的社会保障计划，过不了多久就需要国库进行补助。而在公开场合，专家们则申明：一旦条件允许，他们就会扩大社会保障项目的覆盖范围。经过1939年和1950年的两次修订后，美国的社会保障体系最终实现了这些预期目标。但是，在创立
99 之初，该体系却未能超越罗斯福设下的界限。

虽然说给社会保障设限是出于确保财政稳定的考虑，该决定却给美国的劳动力队伍带来了特殊的进一步影响。将农场雇工和家庭佣工排除在外的政策，极大地影响了美国黑人。国会一下子就将全美半数黑人劳工排除在社会保障体系之外，而其中约60%的人来自美国南部。如果说在制定社会保障政策的过程中，种族歧视还可以被视作为确保财政稳定而造成的无心之失，那么通过法律将这种歧视确立下来，就难以找到逃脱批评的借口了。

新政所建立的社会保障体系中，还包括一个为已经超出工作年限的老人提供直接帮助的计划。这些老人已经无法为自己的养老金缴费，联邦政府为此专门拨出款项，无论他们所在州发放的救济现金有多少，联邦政府都会提供与之匹配的资金。对于盲人和那些需要抚养的儿童（主要是丧偶的单身母亲的子女），社会保障也提供了类似的扶助计划。该计划背后的原则在于：与退休老人一样，盲人和亟须抚养的儿童也属于没有工作但理应受到照顾的那类人。至于他们应该得到多少帮助，尚无答案。[26]

在决定如何向各州分配联邦资金以帮助老年穷人时（该计划与建立在征缴基础上的养老保险分属两个项目），最初的社会保障方案要求各州使用统一标准来界定何为“体面与健康”。

美国南部各州的代表对此提出了异议。他们认为，如果按照美国其他地方所认可的标准来衡量，南部各州的政府要将扶贫救济金上翻三倍才能达到标准；而与那些生活相对富裕的州相比，南部各州的居民平均收入却只有前者的四分之一。正如一位来自美国南部的参议员所承认的，造成这种巨大差异的原因很大程度上在于强加给美国南部“大量有色人种居民”的不同的劳动力市场。上述方案带有南部各州鲜明的种族主义色彩，却得到了罗斯福政府的批准（当时唯一一位黑人国会议员、伊利诺伊州的民主党人亚瑟·米切尔也认为，让一个州将救济金额度上翻三倍是不切实际的）。[27] 100

失业保险计划与其他社会保障计划有着相似的情况。同养老保险一样，失业保险基金中由联邦政府划拨的那部分经费也来自工资税；对于那些没有工作能力但理应受到照顾的人，各州政府有权决定失业救济金的额度。但是，就防止联邦政府集权而言，失业补偿金计划所起到的作用并不仅限于此。一旦各州制订出各自的失业补偿计划，雇主就不用再向联邦政府缴纳他们已经交给州政府的那笔费用了。通过这种方式，法律实质上鼓励由各州政府制订各自的失业保险计划，而不是由联邦政府制订一个全国性的计划。

就算如许多晚近的评论家们所宣称的，新政所建立的社会保障项目构成了美国福利国家的基础，这种结果也并非出自该项目制定者所显露出来的本意。由于罗斯福坚持社会保障资金应当来源于受益人所缴纳的款项而非政府的一般性税收，那些基本的社会保障项目根本称不上是福利，甚至算不上是救济。美国民众并没有从社会保障中受益的天然权利，与私人保险计划一样，他们只能凭自己向社会保障计划缴费的额度而获得相应的收益。出于稳定财政的考虑，罗斯福希望将联邦政府的拨款压至最低限度——于是便有了以国民个人缴费为基础的社会保障计划，有了由各州主导的失业保险计划，有了与各州发放资金相匹配的老年补助计划。“在匹配额度之外，一个子儿都不能再多给了……多一个子儿也没有！一旦没有了匹配额度的约束，联邦政府投入的金额就会在不知不觉间高入云霄，我们就会为整个社会保障计划埋单。”[28]

此外，由于美国立法者选择了与其他国家不同的累退式税收制度，社会保障项目也没能将美国推上其他现代国家所走的道路。假如美国采用累进式的收入税增进国家收益，就能够像其他国家那样为社会支出提供财源；不仅如此，按理说这种做法也符合社会公义，或许还能帮助美国更好地从大萧条中恢复过来。然而，新政背后的政治家们并没有将社会保障项目塑造
101 为对抗大萧条的政策。相反，社会保障为美国民众此后在雇主面前保持独立提供了一道保障，也因此为在美国各地培育制衡性力量的战略打下了根基。不仅如此，社会保障项目还反映出美国在迈向福利国家的道路上步履蹒跚：经济保障委员会的改革家们认为，美国需要建立一套国家健康保险制度以确保雇员能够享有适度的独立性；但反对者们——特别是美国医学协会——甚至坚决抵制对这一话题展开调研，该委员会因而不得不放弃计划。[29]在新政背后的政治家们看来，与其强化国家的权力，不如增强公民个人或者公民团体的权力；他们在自认为合理的政治界限内，也确实是这么做的。

当1936年罗斯福·富兰克林再度参选总统之位时，他可以

声称自己既为复苏也为改革美国经济做出了努力。由于美国的地理特点和历史原因，这两项工作恰巧既促成了市场朝着更加公平的方向发展，也维护了民主党的利益。美国的南部和西部都需要发展经济，而东北部工业区则需要从严重的失业困扰中解脱出来。不过，所有那些罗斯福政府下令建造的大坝、道路和桥梁，以及那些给南部和西部带去现代化希望的基础设施，在新政总开支中所占的比例还不到一半；新政总支出的60%，则首先被用于救济东北部地区那些城市化程度更高的州。[30]

罗斯福在满足以上这些地区各自需求的同时，也是在响应他最需要的那部分选民：无论是东北部各工业州的消费者和劳动者，还是南部、西部各州有投票权的公民，在罗斯福的政策下都壮大了力量、变得更加独立自主。随着力量增大，他们也对总统施加压力、要求总统为他们做更多事情。新政的成功也为它今后的废退埋下了伏笔：不同群体所发出的声音越响亮，我们就越能清楚地察觉到在这喧嚣背后是不同的追求。罗斯福之所以能够把他们聚拢在一起，除了他本人非凡的努力之外，也受益于历史的机遇。 102

注释

1 约翰·肯尼斯·加尔布雷斯，《美国资本主义：抗衡力量的概念》（纽约：交易出版社，2004年版），第137页。（本书中文版由华夏出版社于2008年翻译引进。——译注）

2 杰森·斯科特·史密斯，《打造新政自由主义：公共工程的政治经济学，1933—1956》（剑桥：剑桥大学出版社，2006年版），第120—121页。

3 托马斯·K.麦克劳，《1933—1939年间的田纳西河流域管理局与权力斗争》（费城：J.B.利宾考特出版公司，1971年版），第30页。

4 同上书，第1页。

5 同上书，第33页。

6 美国《法律总汇》第48卷，第58页。

7 戴维·利连索尔，《田纳西河流域管理局：联邦职能"草根化"管理实验》（田纳西州诺克斯维尔，1939年版）。

8 托马斯·K.麦克劳，《1933—1939年间的田纳西河流域管理局与权力斗争》，第138页。

9 西奥多·萨罗托斯，《美国农民与罗斯福新政》（埃姆斯：艾奥瓦州立大学出版社，1982年版），第219页。

10 托马斯·K.麦克劳，《1933—1939年间的田纳西河流域管理局与权力斗争》，第142页。

11 约翰·约瑟夫·沃利斯，《再度重审新政支出的政治经济学：考虑或排除内华达州》，载《经济史探究》，第35卷第2期（1998年出版）。

12 马克·H.勒夫，《象征性改革的局限性：新政与税收，1933—1939》（剑桥：剑桥大学出版社，1984年版），第137、156页。

13 麦格·雅各布斯，《钱包政治：20世纪美国的经济公民权》（普林斯顿：普林斯顿大学出版社，2005年版），第139页。

14 同上书，第137页。

15 同上书，第145页。

16 美国《法律总汇》第49卷，第449页。

17 欧文·L.伯恩斯坦，《湍流年代：美国工人史》（波士顿：霍顿·米夫林出版公司，1971年版），第769—770页。

18 《总统关于救济法案政策的声明》，载1933年6月17日《纽约时报》，第2版。

19 《消费者冠军的发声》，载1933年8月6日《纽约时报》，第SM5版。

20 《消费者局检查价格》，载1933年6月24日《纽约时报》，第22版。

21 麦格·雅各布斯，《钱包政治：20世纪美国的经济公民权》，第119页。

103 22 同上书，第131—132页。

23 马克·H.勒夫，《向"被遗忘的人"征税：社会保障政策与新政》，载《美国历史杂志》，第70卷第2期（1983年出版），第366—368页。

24 同上书，第373页。

25 加雷斯·戴维斯、马莎·德尔斯克，《种族和社会福利政策：1935年〈社会保障法〉》，载《政治科学季刊》，第112卷第2期（1997年出版），第222页。

26 詹姆斯·T.帕特森,《美国的反贫困斗争：1900—1985》（马萨诸塞州剑桥：哈佛大学出版社,1986年版）,第67—75页。

27 加雷斯·戴维斯、马莎·德尔斯克,《种族和社会福利政策：1935年〈社会保障法〉》,第227页。

28 詹姆斯·T.帕特森,《新政和美国：联邦制度的转型》（普林斯顿：普林斯顿大学出版社,1969年版）,第93页。

29 丹尼尔·S.希什菲尔德,《失败的改革：1932—1943年美国义务健康保险运动》（马萨诸塞州剑桥：哈佛大学出版社,1970年版）,第42—70页。

30 约翰·约瑟夫·沃利斯,《从政治经济角度再度重审新政：内华达存在与否的重要性》,第167页。 104

第七章

开始的结束

富兰克林·德拉诺·罗斯福在谈话时带有几分轻松自信，他的口音来自生活在哈得孙河流域和长岛地区那些林荫大道两旁石制院墙之内的上流阶层。这个阶层的成员虽然都是土生土长的美国人，却与绝大部分普通美国民众毫无社会交往。罗斯福的祖先早在17世纪就已抵达新阿姆斯特丹，无论政权如何更迭，他的家族从未远离这一区域。事实上，有些政权更迭正是由罗斯福家族推动的。罗斯福的母亲来自一个商人家庭，娘家姓是德拉诺。罗斯福曾就读于格罗顿中学和哈佛大学，两校学生主要是来自富裕家庭的男性白人新教徒。他迎娶了自己的远房表亲埃莉诺·罗斯福（他的妻子在婚后改名为埃莉诺·罗斯福·罗斯福），而他妻子的舅舅正是西奥多·罗斯福总统。追随着老罗斯福总统的脚步，富兰克林·罗斯福先后出任州议员、海军部助理部长和纽约州州长。罗斯福患有成人脊髓灰质炎，这使得他只有在忍受极大痛苦、付出巨大努力后才能在别人的帮助下站立起来。除去疾病的折磨，罗斯福在走向政坛的过程中可谓一帆风顺；事实上，他有幸享受了一个民主国家所能提供的所有优厚条件。

就其背景而言，罗斯福看起来丝毫不像一位平民领袖。当他在1932年对胡佛的赤字财政提出批判时，根本没有试图将自己塑造成平民领袖；此后，他也没有成为平民总统。当时，增加社会开支的政策在美国乃至所有工业化国家都颇有市场，罗斯福所 105
在的民主党通常也支持福利政策，但作为民主党的领袖，罗斯福却反对这些政策。有时，他的财政保守主义毫无成效：例如，虽然他反对储蓄保险并对《全国劳动关系法》漠不关心，但这些政策依然进入了国会表决程序。但另一些时候，罗斯福的保守倾向却深刻地塑造了美国的社会政策，例如在他决定社会保障制度由个人缴费、遵循联邦制结构的时候。虽然罗斯福愿意探索尝试，但他从未彻底摆脱内心深处的保守主义倾向。考虑到这个因素，1936年罗斯福突然变身为保障劳工权益的卫士和高调倡导制衡资本的哲学家，实在有些吊诡。在接受民主党总统候选人提名的那个夏天，罗斯福向那些“新经济王朝的特权领主们”公开宣战，宣称“这些经济复辟分子指责我们准备推翻美国制度，而他们其实是在抱怨我们将夺取他们的特权；正因为忠于美国制度，我们必须剥夺他们的特权”[1]。罗斯福还进一步表明自己“完全赞同”向特权阶层“勇敢而明确宣战的美国传统”，将那些“为富不仁者”形容为与民族公敌同流合污的“绑匪和强盗”[2]。

罗斯福的反对者有时会指责他背叛了自己的阶级，但正如历史学家理查德·霍夫施塔特于1948年所评论的，“如果我们认为罗斯福所在阶级的职责是掌管权力和制定政策，那么也可以说是这个阶级背叛了罗斯福”[3]。尽管罗斯福对建设新政非常上心，尽管他在制定和推行新政的每一项具体措施时都满怀克制与谨慎、尊重美国的联邦主义传统，尽管无法辩驳的言语和行为证据表明罗斯福政府数次拯救了美国的资本主义而无意颠覆这项制度，罗斯福的行动却常遭掣肘、难以得到真心实意的配合。然而，虽然执政阶级将社会秩序的风吹草动都视为社会失序的征兆，罗斯福却克服了他们的敌意，成功地推行了新政，缓解了
106 经济衰退。

尽管民主党依赖于拥护种族隔离政策的白人的选票，尽管罗斯福政府在制定新政政策时特别强调尊重联邦制度与各州权利以避免扰动美国南方的种族政治，新政对于非裔美国人的帮助还是要比胡佛政府更多，也比民主党此前所做的更多。新政倡导帮助那些“被遗忘的人”，使新政的制定者们背负一种羞愧感

图8　本·沙恩于1938年为农业安全管理局拍摄了这个位于俄亥俄州兰卡斯特“仅对白人开放”的标志，当时全美有许多这样的标牌

和历史感，想起美国黑人要比其他任何阶层都更经常遭到主流社会忽视。埃莉诺·罗斯福作为第一夫人，在新政中具有举足轻重的地位。她年轻时曾在一所为纽约市穷苦移民提供帮助的安置房中工作。她对阶级和种族问题的关心，使民权运动领袖能够在白宫中宣扬自己的观点，其中包括全国有色人种协进会的沃尔 107
特·怀特。她还专门向公共事业振兴署署长霍普金斯施压，要求他确保向黑人和白人同时发放救济。[4]这些努力并不完全成功。例如，平民保育团就明确反对废除种族隔离。但是，新政仍然在降低黑人失业率方面发挥了空前显著的作用，这是此前一切由任何党派在任何层级上制定的既有政策都没有做到的。[5]

上述改变削弱了美国南方白人的特权意识，有些人把这种威胁看得很重，想要加以纠正。1934年初，一位退休的杜邦公司高管向该公司的另一位高管写信抱怨道："今年春天我的工地上有五个黑鬼拒绝劳动……他们说政府能给他们提供轻松的工作。"收到信的那位杜邦高管回应道，也许他们应该建立某种组织，"以教育人们什么是通过劳动致富的美德"[6]。反对新政的美国自由联盟由此建立。罗斯福的一位助手将该组织贬称为"玻璃纸"，原因在于：首先，这个组织和玻璃纸一样，"都是杜邦公司的产品"；其次，该组织出于无党派立场而关心美国宪政的那层包装"一眼就能被看穿"，其最高目标不过是企图在1936年的大选中击败罗斯福。[7]

一年之后，自由联盟在反对新政方面赢得了一个有价值的盟友：美国最高法院。1935年5月27日，首席大法官查尔斯·埃文斯·休斯宣读了"谢克特诉合众国案"的多数意见。谢克特屠宰场的所有者已被联邦法院定罪，罪名是销售"不合格鸡肉"以及违背全国复兴总署对于家庭产业的有关规定。休斯的观点与多部新政法案序言中体现出的精神截然相反，他认为“特殊情况并不能成为创造或者扩张宪法权利的理由”。最高法院认为，设立有权出台行政法规的全国复兴总署，意味着国会违规将立法权委托给了总统及能够制定行业规则的相关行政机构，尤其是，这样
108 做过于宽泛地解释了国会管制州际贸易的宪法权力。[8]

当年5月31日，罗斯福举行了新闻发布会。如同《纽约时报》的一位记者所写的，“总统在没有参考手稿的情况下，就一项在他看来重要性仅次于战争的事项发表非正式讲话，这在白宫历史上并无先例”[9]。在这次新闻发布会上，罗斯福总统朗读了一些恳求他恢复全国复兴总署所颁布的法规的电报，其中一封甚至建议剥夺最高法院对于工业法规的管辖权。然而，罗斯福说：“这些电报都是徒劳的。”他指出最高法院将其裁决建立在对宪法贸易条款的严格解释之上，“可能要比自德雷德·斯科特一案以来的任何裁定都更重要”（该裁定坚持认为联邦政府无权在美国领土上禁止奴隶制，从而引发了南北战争）。在罗斯福看来，尽管在制造业、采矿业、农业和建筑业中，处理原料和生产成品的业务常常跨越各州边界，最高法院的裁定却阻挠了联邦政府对这些行业进行管制。美国是一个依赖州际贸易的国家，而现代交通和通信技术又已将整个国家连接成了一个整体，如此解释法律会使联邦政府软弱无力。罗斯福宣称：“从现在起我们又将变回48个国家……但这不仅异常荒谬，而且毫无可能。”在罗斯福看来，在从前那个州际贸易可以忽略不计、全国人民采用“马拉小车”方式进行迁徙的年代，尚可严格按字面意思解读宪法的贸易条款；但是现在美国人民“已经唇齿相依、不可分割”，

因而需要一个能够管理全国事务的政府。“那么，我们下一步将如何应对呢？”罗斯福卖了个关子，说道：“我猜你们希望知道我将采取什么行动，但我什么都不会告诉你们。”[10]

在接下来一年多的时间里，罗斯福也没有对最高法院和新政公开发表任何实质性的评论。甚至当1936年1月最高法院裁定农业调整管理局违宪，并在此后否决了一系列新政措施后，罗斯福也没有过多发表评论。他的对手们却开始大张旗鼓地发表见解。自由联盟的成员们将大法官吹捧为美国道路的捍卫 109
者。罗斯福的政敌开始宣称，即将到来的总统选举关键就在于最高法院。来自佐治亚州的保守派民主党人尤金·塔尔梅奇问美国选民，他们是否希望“由一帮共产主义者……去任命新人”接替年迈的大法官们。共和党人则说，当罗斯福发表“马拉小车”评论的时候，他已经逾越了美国文明的传统；共和党总统候选人、堪萨斯州州长阿尔夫·兰登则声称，罗斯福已经“垮掉了”[11]。密歇根州的共和党参议员阿瑟·范登堡假惺惺地字斟句酌道：“我不认为总统有任何效仿墨索里尼、希特勒或者斯大林的念头，但我从他嘴里听到的发言却和那些人所说的东西并无二致。”[12]

虽然罗斯福所言甚少，他的行政团队以及他在国会中的同盟却并未停歇。他们通过了《瓦格纳法》，重新确立并且进一步强化了《国家工业复兴法》中所规定的关于劳动者组织工会的权利。鉴于沥青煤炭行业跨州运作的实际情况，国会还通过了《古费煤炭法》，专门为该行业创建了一个微缩版的全国复兴总署。[13]

最高法院则紧追新政制定者的脚步，于1936年5月宣布《古费煤炭法》无效。而在此前后大约一年的时间中，最高法院做出了一系列与新政对立的判决。时任哈佛大学法学教授的费利克斯·法兰克福特愤怒地写道："这些判决书似乎无视所有的历史与先例，毫无理智可言。"[14]并不只有哈佛教授们才对最高法院的判决感到震惊。总统本人就收到了来自选民的大量抱怨，其中一位得克萨斯居民写道："我跟您说，富人们总是跑到最高法院去攻击咱们自己的法律。"[15]

最终，最高法院越过联邦议员给各州设置了一个路障。在"莫尔黑德诉纽约州案"中，最高法院裁定各州不能为女工设定
110 最低工资。罗斯福委婉地评论道："现在看来一切都已明了……
联邦和各州政府无法正常开展工作的'治外之地'又被更加清晰地界定了出来。在这片治外之地上，州政府无法有所作为，而联邦政府也无法有所作为。"[16]一些共和党人意识到，上述裁决之后，他们再也无法通过为最高法院辩护来赢得选票了。来自纽约州的共和党众议员汉密尔顿·菲什说："我告诉我的共和党朋友们，如果你对这个裁决抱有或表现出任何认同情绪……就意味着民主党将额外赢得一百万张选票。"赫伯特·胡佛说："应该采取行动把各州认为自己已经掌握的权力交还给它们。"[17]

然而，共和党人这时已经如此彻底地与最高法院站在一起反对罗斯福，改弦更张并非易事。在共和党全国大会上，胡佛坚称"美国应为拥有宪法和最高法院而感谢全能的上帝"，并因此赢得了长达两分钟的掌声。[18]在《纽约时报》上，阿瑟·克罗克写道："最高法院知道自己将接受审判。"[19]若果真如此，那么最高法院也是自作自受，而共和党人更是主动将自己送上了被告席。相反，罗斯福对司法进程几乎完全保持沉默，与之无甚关

联。从这个意义上说，1936年总统大选不仅是对新政这个具体政策项目成功与否的全民公决，更是对最高法院的全民公决，也是对是否允许政府代表劳工阶级与贫困大众行使权力的全民公决。当罗斯福的对手们站在最高法院的立场上反对新政时，他却以新政作为应对大萧条的手段。1936年10月31日，罗斯福在麦迪逊广场花园说道：“今晚，我在这里点名。这本荣誉册上列出了诸多在1932年大选中支持我们、如今仍然与我们同在的公民们。荣誉册上所记载的姓名，属于成百上千万从未能够被机遇垂青的人们，包括领取微薄薪水的男人、在血汗工厂中谋生的女人，以及在织布机旁劳作的孩子。”罗斯福还指出：

> 在人民面前，和平的宿敌已布好阵仗，其中包括商业与金融垄断者、投机分子、无良银行、阶级对立、本位主义者、
> 战争的暴利。他们早已把美国政府当作纯粹谋取私利的工 111
> 具……他们视我为眼中钉，同仇敌忾，而我无畏无惧。我想说，在我的第一个任期内，那些人对私欲的追逐与对权力的贪婪遇到了旗鼓相当的对手，遭到了强劲的压制。在我的第二个任期内，我将彻底征服这些恶势力。[20]

选民们对此表示赞同。除缅因州和佛蒙特州外，其余各州都投票支持罗斯福。自1820年詹姆斯·门罗在几乎未遭反对的情况下当选总统以来，还没有哪位总统在选举团中获得如此之大的绝对优势。罗斯福还赢得了比其他任何候选人都多的直接选票（得票率高达60%以上），成为自1824年有记录以来最受欢迎的总统竞选人。[21]不仅如此，他还史无前例地获得了大多数

美国黑人和犹太选民的支持。最重要的是，工人阶级深信罗斯福会站在他们这边，响应罗斯福号召前往投票站的工人选民人数，创造了历史纪录。民意调查显示，中产阶级选民比富裕阶级选民更可能投票支持罗斯福，而工人阶级选民又比中产阶级选民更可能投票支持罗斯福。即使在工人阶级内部，这种趋势依然显而易见：相对于劳动技能更高的工人，技能水平更低的工人更有可能支持总统。美国人民对他们总统的立场有着清醒的认识。就像一封给罗斯福的信中所写的，“你是有史以来唯一一位帮助工人阶级的总统”[22]。同时，美国境内那些曾经试图挑战罗斯福、反对他成为中产阶级和工人阶级领袖的声音也沉寂了下来。休伊·朗在一年前被谋杀。查尔斯·库格林神父——那位擅长利用广播的牧师——所领导的第三党以失败告终，不仅因政治观点受到天主教会斥责，而且由于他日益增长的反犹太倾向而失去了听众。甚至连美国共产党都避免批评罗斯福。[23]

罗斯福在全国范围内所赢得的多数优势令人惊叹，这一优
112 势持续了约30年时间；但是，早在罗斯福赢得民心、大获全胜之时，导致其支持者阵营分崩离析的裂痕就已显露出了端倪。罗斯福支持者所组成的这个共同体，其政治纲领的原则是利用联邦政府来帮助工人阶级、少数族裔和美国黑人。这样一个共同体的支持者，几乎全部来自美国的城市。在总统选举中，这样的共同体或许很容易获胜，因为人口稠密的州拥有更多选票，而这些选票又集中在人口稠密的城市选民手中。然而，美国国会的结构，特别是参议院的结构，却会抵制这种依赖特定阶级和城市选民的政治，这在很大程度上也正是18世纪制宪者们的初衷所在。随着总统日益直白地宣称自己是这个国家受压迫者的卫

士，农村地区、由小城镇构成的地区，以及那些在种族主义政治道路上一意孤行的南方白人地区，对罗斯福政府的敌意也与日俱增。罗斯福凭借对新政更加明确的定位成功连任美国总统，但他也暴露出了新政和民主党之间所存在的差别。[24]

在第二个任期的头一年里，罗斯福以一种他本不会选择的方式澄清新政与民主党之间的这种差别，也因此遭遇了他的第一个政治滑铁卢。1936年，尽管罗斯福本人对最高法院的所作所为保持了沉默，司法改革的倡导者们却时常就变换最高法院的人员构成发表看法。他们援引美国内战结束后重建时期的情况作为先例：当时，共和党控制的国会剥夺了最高法院对一些案件的司法管辖权，并调整了大法官的数量。罗斯福总统的一名顾问发现，大法官詹姆斯·麦克雷诺兹在最高法院里是新政的仇敌，而此人于1913年被伍德罗·威尔逊总统任命为司法部长时，曾提议对联邦司法制度进行改革，要求如果在任大法官年满70周岁还不退休，那么联邦政府就有权任命一位新的大法官。如今，最高法院里最反对新政的四位大法官都已年过七旬，而且整个最高法院中也没有一位年龄小于60岁的大法官。罗斯福决定依照麦克雷诺兹之前的提议增加大法官的数量，他的反对者们则公开指责该举措是往最高法院"塞人"，而他的支持者们私下里也这么说。[25]

远在罗斯福总统决定实施"塞人"计划之前，最高法院就已对此做出了明显的反应。1936年12月，在大选结束之后、就职典礼之前，大法官欧文·罗伯茨一改此前对新政的反对态度，不再附和其他四位反对新政的大法官。在一个关于新政政策的案子中，他的倒戈让最高法院中支持新政的一方占了多 113

数。几乎所有的观察家都认为，这意味着最高法院对新政的态度不言而喻地转向了。直到1937年3月，最高法院才宣布了其对“西海岸酒店公司诉帕里什案”的审判意见，但在这份意见中，大法官们的说法却与他们此前在“莫尔黑德诉纽约州案”中的说法相反——这次，最高法院判定各州有权立法对最低工资做出规定。[26]不久，他们裁定《瓦格纳法》和《社会保障法》合宪，而在此之后，他们似乎对新政的各个方面都表现出了更加友善的态度。

然而，罗斯福还是在推进他为最高法院换血的计划。支持者们宣称该计划有着显而易见的好处：毕竟，共和党人在重建时期就曾往最高法院里“填塞”过人；西奥多·罗斯福在就任总统期间和卸任后也有类似的主张；富兰克林·罗斯福入主白宫时，联邦法官中只有不到30%的民主党人，且在第一个总统任期内他甚至没能任命一名最高法院大法官；而“莫尔黑德诉纽约州案”的裁决，更是对时代和传统的倒行逆施，几乎让所有人都惊愕不已。[27]然而，对于罗斯福的反对者而言，“填塞”最高法院的计划为他们抨击罗斯福的独裁野心提供了绝好的机会。在那个某些发达国家确实被独裁者控制的动荡时代，对罗斯福的这种担心特别具有影响力。参议院司法委员会发表报告，否决了总统的计划，认为“放弃宪法原则是不必要的、徒劳的、极端危险的”，而该计划让他们想起了其他国家政治体系此前所遭受的不幸。报告的十位署名者中，有七位是民主党人。正如一位记者所写的，该报告看起来像是民主党保守派的“决裂书”[28]。

随着夏意渐深，最高法院表现得更加愿意和解，罗斯福向最高法院“塞人”的《司法重组议案》看起来越来越没有必要。最终，该议案在死亡的阴影笼罩下走向失败。来自阿肯色州的参议院民主党领袖约瑟夫·T.鲁宾逊在力推议案的过程中身故，总统收到了来自武装反对者的死亡威胁，而国会对联邦政府的 114
支持也逐渐消退。[29]

在围绕最高法院那场旷日持久的斗争和民主党内部的分裂之外，还有一个更大的困难削弱了新政的成效。自罗斯福当选总统以来，国家首次陷入了经济衰退，衰退速度之快让人感到头晕目眩，这危及了新政所宣称的成功。这次衰退不像是商业周期中的普通回潮，因为美国经济显然尚未完全从1929年的崩溃中恢复过来。政府的批评者们把经济衰退归咎于罗斯福。他们说，罗斯福使实业家们因为担心而紧握资本，从而无法进行生产性投资；他们还指责于1937年生效的社会保障税，因为这减少了经济中的资金量。在政府内部，新政的推行者们则指责实业家们刻意拒绝投资——通过启动所谓的"资本罢工"来诋毁新政；新政的推行者们也对罗斯福提出了指责：他们认为罗斯福的财政保守主义做派又死灰复燃——为平衡预算，他下令削减了公共工程支出。[30]随着新政支出的下降，失业率出现了上升。[31]

在一封于1938年2月1日写给总统的私人信函中，约翰·梅纳德·凯恩斯认为，罗斯福应该表现出虚心接受所有批评的样子。凯恩斯说道，削减救济支出"犯了过分乐观的错误"，而恢复公共工程支出将有助于扭转颓势。与此同时，凯恩斯指出，美国需要私营企业来帮助自己解决问题："如果你不把它们（包括那些大型企业）当作豺狼虎豹，而是视为在本质上能够被驯养的动物，你就可以和它们一起做任何你所喜欢的事情，即使它们已经被用糟糕的方式养大，也没有接受过你所希望的训练……被驯养的动物得不到合适的照顾，就可能陷入暴戾、顽固、不安的情绪，如果你使私营企业陷入这种情绪，就无法让市场分担国家所背负的压力。”因此，罗斯福在恢复经济的努力中，需要再
115 次借用实业家们的力量。凯恩斯的建议在这个时候具有额外的分量，因为他在1936年出版了《就业、利息和货币通论》，此书与当时出现的经济衰退一道，使美国经济学家们相信：通过让消费者购买更多东西，政府的财政赤字支出能够使经济从衰退中复苏。[32]

罗斯福的行动似乎表现出他对于凯恩斯的说法信甚于疑。1938年春，罗斯福承认公共工程支出在1937年“开始呈现出过快收紧的趋势”，要求恢复公共工程支出的规模。[33]6月，美国国会施以援手，划拨约30亿美元用于重新启动救济支出，大幅提升了联邦政府在经济中的作用。[34]但此时围绕最高法院的斗争和经济衰退已经削弱了罗斯福的力量。除增加救济支出外，罗斯福还促使国会通过了《公平劳动标准法》，该法案规定禁止童工，并设定了联邦最低工资。[35]但是，罗斯福之所以能让该法案获得通过，在很大程度上受益于全国消费者联盟和一些主要工会所开展的长期动员。[36]在此之后，新政的推行者们再也没能促成任何具有重大意义的新法案。

罗斯福此时则对反对势力的两大来源展开了攻势。一方面，他打击实业组织，并为此部署了临时国民经济委员会以揭露诸多垄断者的不义之举。另一方面，他以个人名义针对保守的南方民主党人发起了政治攻势。两种努力都以失败告终。临时国民经济委员会对各个行业展开了听证，并考虑了各种方案来

终结垄断，或至少想对垄断加以规范。虽然该委员会发现并及时报告了大量美国产业数据，却没有针对控制美国企业的信托机构和控股公司提出明确的行动方案。不过，临时国民经济委员会确实强调政府必须扮演凯恩斯所指定的那种角色，即通过旨在刺激消费者购买行为的公共支出来促进经济繁荣。[37]

罗斯福本人则以更加传统的党争手段处理经济问题，他把美国南部确定为“全国第一大经济问题”，并将此作为民主党的 116
头号政治问题：“我认为南部各州将继续支持民主党。但是，在我看来，要想争取南部各州的支持，不能重走民主党阵营多年以来坚持的老路，而要在这个地区建立起一种设计得更巧妙的民主形式—— 一种自由的民主制度。”[38]整个1938年夏季，罗斯福都在与南部各州的民主党当权派作斗争，却未能得胜。面对攻势，罗斯福的对手们激起了自美国内战以来南方白人心中一直存在的恐惧：他们害怕北方煽动者前来横加干预。在11月的国会选举中，美国选民普遍流露出对总统的幻灭，以致民主党代表团在众议院中丢失了72个席位、在参议院中丢失了7个席位。[39]事实证明，罗斯福的预测并不准确。南部各州不会转而奉行自由，而如果民主党坚持要改变这个地区的种族关系，那么他们甚至会放弃对民主党的支持：不到十年间，罗斯福的继任者哈里·杜鲁门因支持美国黑人争取民权的事业而使民主党在美国南部遭到猛烈抨击，以至于险些输掉大选。

从1936年的高潮到1938年的低谷，罗斯福展示了新政在哪些方面能够影响美国政治，又在哪些方面无法改变美国政治。在覆盖全国人口的总统大选中，罗斯福可以成功地将自己包装为人民的斗士，在富人和旧势力的卫道士面前捍卫新政。他也可以借助阶级政治的话语和阶级不平等的现实来赢得连任。但是，美国的法律和传统都没有为全国性的政治组织提供舞台。面对一个由各地选举产生的众议院，以及一个由各州选举产生的参议院，罗斯福的跨区域政治策略失败了。1938年，总统收到的邮件清楚地表明了美国社会中不同群体之间的分歧。有些来信充满溢美之词，正如一位妇女问道："怎么会有人反对你？！通过公共事业振兴署，您已让这么多父母和孩子避免家破人
117 亡。"其他来信则流露出明显的不满情绪。一位妇女说道："一想到你的执政计划里没有任何新东西，只是一些已经推行了五年的陈规旧制，我就从心里感到恶心。把它们拿给那些愿意接受的人吧。"一个男人则问道："你究竟有没有想过，在你之前这个国家是如何运行的，在你离任后她又将何去何从？"[40]

同样可以公平地说，除医疗保险外，罗斯福还与国会携手，构建了美国社会保障制度的主要组成部分，受惠对象包括老年人、失业者、残疾人和其他无法完全自立的社会成员；美国的社会保障项目与其他工业国家业已存在的类似制度在本质上并无二致。罗斯福和国会提振了银行和货币的活力，并出于他们的信仰拯救了美国的资本主义。他们还启动了开发南部和西部欠发达地区的进程。诚然，一些目标未能实现，例如他们未能把田纳西河流域管理局的运作模式拓展至其他地区。[41]而民主党人也已发现，在争取美国所亟需的黑人公民权利方面只是稍有动作，就要面临政治风险。

1930年代后期，那些带着彻底变革国家运转方式的雄心来到华盛顿的政策制定者们，却发现自己越来越多地被要求找到改进美国既有经济结构运作方式的道路。像全国资源计划委员

会这样的机构不信任结构性的变革，而希望政府采取措施改善现有制度。[42]国会对已实施的方案修修补补，在不得罪最高法院的情况下，重建了农业调整管理局，保留了旨在促进社会平等的政策，并且调整了社会保障制度。新政推行者们对“凯恩斯主义”政策的接受度越来越高——该政策旨在通过增加联邦预算来鼓励美国人消费，从而在不插手市场基本运作和不破坏经济平衡的情况下实现整体经济增长。

不过，尽管新政在立法层面的创新阶段即将结束，那些在立法过程的冲突与妥协中被提炼出的新政理念，却才刚刚开始生根发芽。这个理念非常简单，正如一位接受公共事业振兴署以工代赈救济的人士在1938年所说的： 118

> 我的看法如下：美国是个富裕国家，我认为向那些有需要的人提供食品和衣物，并不会让政府伤筋动骨。这些人里面有半数要么无法得到工作，要么即便得到了机会也无力胜任工作……我们国家是有钱的，有很多钱。因此，只让那些财大气粗的家伙给穷人一点儿可怜的施舍，是毫无道理的。问题的关键不在于这些穷人是否值得帮助……来到这儿领取救济的人很多，在掐断他们的收入之前，为什么不先口头警告、提醒他们在工厂里努力工作呢？但是，你要想做好事，也要付出代价。不管怎么看待这件事情，都应该同时接受社会救济的好处与缺点。[43]

这段话所反映的理念来自新政。这种理念认为，帮助那些可能看起来未必值得救济的穷人，并不会伤害一个富裕的国家。以这个标准来看，上面的话本身也不会对富裕的美国带来伤害，而这个富裕国家更有必要记录并保存这段话，尽管它只是一个普通人的平凡言语。

这段话之所以能够存留至今，是因为公共事业振兴署将它与其他许多美国人的思考一并保留了下来。公共事业振兴署的联邦作家计划与其他数个类似的项目一道，派作家到全国各地去记录美国人的言行——不仅记录人们对新政、对大萧条或对总统的观点，也记录他们的方方面面、点点滴滴，记录他们的生活、希望、抱负以及毫无理由的烦躁。这些工作并不是要为新政或者美国高唱赞歌，而只是要为美国文化和美国人民留存一份记录。作家们竭尽所能地细心工作，严格遵循“记录报告人原话”[44]的指示，记录下美国人是如何说话、歌唱、工作和娱乐的。他们的同事用相机记录下人民和国家的面貌。他们采访了当时的佃农和昔日的奴隶：“被鞭打后，我在床板上躺了两天，养好了身上的伤口，却无法抚平心头的创伤。不，先生，我的心至今还布满伤痕。”[45]他们找到了开拓定居的先驱，也找到了那些对拓荒者的到来还留有印象的印第安人。他们记录下了荒诞不经的传说、关于妖魔鬼怪的故事以及富有民俗风情的歌谣，这些东西属于美国那已成往事的乡村生活，它们在新近发生的、以城市为中心的民族整合过程中烟消云散。这些作品都被结集发表，包
119 括出版于1938年的《纽约犹太移民同乡会》和《美国一号国道：从缅因州到佛罗里达州》、出版于1940年的《弗吉尼亚州黑鬼》和《哈瓦苏派印第安人与霍拉派印第安人》，以及其他数十部对各州、各民族和各种景观风貌进行介绍的书籍。

通过联邦艺术项目和联邦剧场项目，公共事业振兴署也为

美国创造了新的文化。联邦艺术项目制作了具有鲜明视觉风格的壁画和海报，联邦剧场项目则确保美国人不仅能在纽约，也能在全国各大城市观看到各种剧目，包括《麦克白》《浮士德博士》《日本天皇》以及根据辛克莱·刘易斯的小说《不会发生在这里》改编的作品——这部小说对美国可能滑向法西斯主义敲响了警钟。

新政在文化方面的抱负与其在政治方面的诉求一样，因为受到同一批反对者的阻挠而惨遭失败。像得克萨斯州众议员马丁·戴斯这样保守的——特别是来自南方的——民主党人，开始公开表示对新政受共产主义影响的担心。戴斯的非美活动调查委员会在1938年展开了一系列的听证会，广泛调查共产主义对工会和新政的影响，联邦剧场项目也在被调查之列。当年12月，该项目主任哈莉·弗拉纳根接受了非美活动委员会的质询。当她提到克里斯托弗·马洛——《浮士德博士》一剧的作者时，众议员约瑟夫·斯塔恩斯问道："你所援引的这个叫马洛的家伙，他是个共产党员吗？"弗拉纳根答道："请把我要说的记录下来……此人是莎士比亚时期最伟大的剧作家，如果说有谁比莎士比亚还伟大，那就是他。"[46]上述对话反映出新政推行者们所宣扬的文化，与美国某些被要求接受新政的地区所固有的文化之间，存在着多么宽的鸿沟。到1939年，国会中的保守派已在戴斯委员会的帮助下终结了对联邦剧场项目的资助，于是他们把注意力转向了其他新政机构。1939年夏天，他们开始深入调查全国劳资关系委员会；与此同时，保守派民主党人和共和党人在投票时联手，否决了罗斯福提出的资助全国劳资关系委员会的财政方案。[47] 120

图9　联邦剧场项目海报：辛克莱·刘易斯的小说《不会发生在这里》被搬上舞台

受到保守派反对者的阻挠，罗斯福开始考虑对新政作个了结。罗斯福的一名顾问说，总统曾在1940年告诉他："对于美国国内的问题，他可能已经竭尽所能了。"欧洲的战事引起了罗斯福的注意。尽管罗斯福会对新政的其他推行者们说"我们必须开始打赢这场战争"，但他却并没有完全抛弃新政，甚至在美国
121 卷入战争时依然如此。[48]

图10　这幅位于旧金山乔治·华盛顿高中的壁画是公共事业振兴署联邦艺术项目的产物，它描绘了美国革命的一幅场景

注释

1　富兰克林·D.罗斯福，《接受再次被提名为总统候选人的讲话》，1936年6月27日，宾夕法尼亚州费城。参见互联网资源：www.presidency.ucsb.edu/shownomination.php?convid=37（于2007年2月27日访问）。

2　詹姆斯·麦格雷戈·伯恩斯，《罗斯福：狮子与狐狸》（纽约：哈考特-布鲁斯出版公司，1956年版），第272页。（本书中文版由国际文化出版公司于2011年翻译引进。——译注）

3　理查德·霍夫施塔特，《美国政治传统及其缔造者》（纽约：年代出版社，1989年版），第435页。（本书中文版由商务印书馆于2011年翻译引进。——译注）

4　哈福德·西特科夫，《为黑人实行的新政》（纽约：牛津大学出版社，1978年版），第60页。

5　布鲁斯·J.舒尔曼，《从棉花带到太阳带：1938—1980年间的联邦政策、经济发展与南方转型》（北卡罗来纳州达勒姆：杜克大学出版社，1994年版），第34页。

6 弗雷德里克·鲁道夫,《美国自由联盟：1934—1940》,载《美国历史学评论》第56卷第1期(1950年出版),第19页。

7 威廉·E.洛克滕伯格,《罗斯福年代：论罗斯福及其遗产》(纽约：哥伦比亚大学出版社,1995年版),第124页。

122

8 美国最高法院判决,第495号,第528页。

9 查尔斯·W.赫德,《总统宣称终止全国复兴总署意味着对民众进行限制》,载1935年6月1日《纽约时报》,第1版。

10 富兰克林·D.罗斯福,1935年5月31日新闻发布会记录。参见互联网资源：www.presidency.ucsb.edu/ws/print.php?pid=15065(于2007年3月1日访问)。

11 威廉·E.洛克滕伯格,《当人们说话的时候,他们想表达什么？——1936年大选与阿克曼的论断》,载《耶鲁法学杂志》第108卷第8期(1999年出版),第2080、2088页。

12 威廉·E.洛克滕伯格,《富兰克林·D.罗斯福"法院塞人计划"的起源》,载《1966年最高法院评论》(1966年出版),第358页。

13 美国《法律总汇》第49卷第991页;《1935年烟煤保护法》,载《耶鲁法学杂志》第45卷第2期(1935年出版)。

14 威廉·E.洛克滕伯格,《当人们说话的时候,他们想表达什么？——1936年大选与阿克曼的论断》,第2106页;威廉·E.洛克滕伯格,《对劳伦·卡尔曼〈宪法、最高法院与新政〉一文的评论》,载《美国历史学评论》,第110期第4卷(2005年出版)。

15 威廉·E.洛克滕伯格,《富兰克林·D.罗斯福"法院塞人计划"的起源》,第355页。

16 威廉·E.洛克滕伯格,《当人们说话的时候,他们想表达什么？——1936年大选与阿克曼的论断》,第2084页。

17 同上书,第2090页。

18 同上。

19 亚瑟·克罗克,《在华盛顿》,载1936年5月27日《纽约时报》,第22版。

20 富兰克林·D.罗斯福,《在纽约麦迪逊广场花园的讲话》,1936年10月31日,参见互联网资源：www.presidency.ucsb.edu/ws/print.php?pid=15219(于2007年3月7日访问)。

21 威廉·E.洛克滕伯格,《罗斯福年代：论罗斯福及其遗产》,第145—146页。

22 同上书，第153页。

23 艾伦·布林克利，《改革的终结：萧条时期和战争年代的新政自由主义》（纽约：年代出版社，1995年版），第257—262页；威廉·E.洛克滕伯格，《罗斯福年代：论罗斯福及其遗产》，第137页。

24 詹姆斯·T.帕特森，《国会的保守主义与新政：国会中保守联盟的壮大，1933—1939》（康涅狄格州韦斯特波特：青木出版社，1981年版）。

25 威廉·E.洛克滕伯格，《富兰克林·D.罗斯福"法院塞人计划"的起源》，第390—399页。

26 威廉·E.洛克滕伯格，《对劳伦·卡尔曼〈宪法、最高法院与新政〉一文的评论》。

27 威廉·E.洛克滕伯格，《富兰克林·D.罗斯福"法院塞人计划"的起源》，第349页，脚注8。

28 威廉·E.洛克滕伯格，《罗斯福的"法院塞人计划"：重生与复死》，《杜克法律杂志》，第3/4卷，1985年，第675—677页。

29 同上书，第685—687页。 123

30 《总统决定缩减60万公共事业振兴署开支》，载1937年1月26日《纽约时报》，第2版。

31 帕特里克·伦肖，《1933—1945年间美国是否存在凯恩斯经济？》，《当代历史杂志》，第34卷第3期（1999年出版），第343—344页。

32 威廉·J.巴伯，《乱世中的设计：富兰克林·D.罗斯福、经济学家与美国经济政策的塑造，1933—1945》（剑桥：剑桥大学出版社，1996年版），第108—112页；艾伦·布林克利，《改革的终结：萧条时期和战争年代的新政自由主义》，第82—85、94—97页。

33 莱斯特·V.钱德勒，《美国货币政策：1928—1941》（纽约：哈珀与罗尔出版社，1971年版），第325—326页。

34 美国《法律总汇》第52卷，第809页，以及E.加里·布朗，《1930年代的财政政策：一次重新评估》，载《美国经济学评论》第46卷第5期（1956年出版）；莱斯特·V.钱德勒，《美国货币政策》，第254页。

35 美国《法律总汇》第52卷，第1060页。

36 莱顿·R.Y.斯托尔斯，《文明的资本主义：新政时代的全国消费者联盟、妇女运动与劳动标准》（教堂山：北卡罗来纳大学出版社，2000年版），第177—205页。

37 艾伦·布林克利，《改革的终结：萧条时期和战争年代的新政自由主义义》，第122—131页。

38 布鲁斯·J.舒尔曼，《从棉花带到太阳带：1938—1980年间的联邦政策、经济发展与南方转型》，第49—50页。

39 众议院书记处网站，参见互联网资源：http:// clerk.house.gov/art_history/house_history/partyDiv.html，以及众议院史政官网站，www.senate.gov/pagelayout/ history/one_item_and_teasers/partydiv.htm（于2007年3月8日访问）。

40 劳伦斯·W.列文、科妮莉亚·R.列文主编，《人民与总统：美国与富兰克林·德诺拉·罗斯福的对话》（波士顿：灯塔出版社，2002年版），第234—235、241页。

41 威廉·E.洛克滕伯格，《罗斯福、诺里斯与“七个小田纳西河流域流管局”》，《政治学杂志》，第14卷第3期（1952年出版）。

42 帕特里克·D.雷根，《设计一个新美国：新政计划的起源，1890—1943》（阿默斯特：马萨诸塞大学出版社，1999年版）；艾伦·布林克利，《改革的终结：萧条时期和战争年代的新政自由主义》，第245—261页。

43 “联邦作家计划”，《这就是我们的生活》（纽约：W.W.诺顿出版社，1975年版），第366页。

44 民间艺术联合委员会，1939年公共事业振兴署民间歌谣问卷。国会图书馆电子用户名AFCTS wpa001，于2007年3月8日访问。

124 45 杰尔·曼焦内，《梦想与新政：联邦作家计划，1935—1943》（纽约：艾冯出版社，1972年版），第264页。

46 罗伊·罗森茨魏希、芭芭拉·梅洛，《政府与艺术：新政时期的声音》，载《美国历史杂志》，第77卷第2期（1990年出版），第596页。

47 詹姆斯·T.帕特森，《国会的保守主义与新政：国会中保守联盟的壮大，1933—1939》，第321—322页。

48 艾伦·布林克利，《改革的终结：萧条时期和战争年代的新政自由主义》，
125 第144页。

结 语

本土与海外的新美国模式

1938年11月，距离国会通过《公平劳动标准法》不过数月，罗斯福私下里告诉他的财政部长亨利·摩根索，世界滑入战争泥潭这件事情，不仅总体而言可能对美国很有利，更能让民主党在政治上占得先机。罗斯福说："这些海外军火订单将为这个国家带来繁荣，而只有在我们能为美国带来繁荣的情况下，民主党才能赢得选举。"与此同时，罗斯福开始考虑强化美国的军事实力，希望以此威慑希特勒，避免陷入被迫媾和的境地。[1]尽管在1938年的国会选举中失利，民主党仍然控制着美国的政权，罗斯福也于1940年赢得了史无前例的第三个总统任期。几年后，他告诉记者说自己已经"不再喜欢'新政'这个术语"，原因在于"新政"这位医生所擅长的，是诊治美国曾经罹患的一类疾病，但此时美国已陷入新的危机，需要由另一位名叫"得胜"的医生前来接手。[2]

与罗斯福一样，联邦财政预算也在这一时期将工作重点从推行新政转向强调"赢得战争"。国会终止了新政措施，即便民众此时对于政府大量支出公共资金行为的支持程度，远比在全球经济危机期间要高。到1943年末，国会已经裁撤了平民保育团、公共事业振兴署和其他许多旨在推行新政的机构。[3]与此同时，联邦支出占美国国内生产总值的比例，却从1938年的8%上升到了1943年的40%。[4]战争使得联邦政府官员可以直接雇用
126 美国民众，而没有细想这种做法是否和以工代赈一样，在背离“美国道路”。无论就财政支出的规模还是雇用劳动力的数量而言，美国政府为赢得战争所投入的，都要胜过为应对大萧条所投入的。到1943年，美国的失业率（以平民劳动力中未被雇用人口的百分比计算）终于回落至1929年的水平以下。[5]如同经济学家E.加里·布朗于1956年指出的，凯恩斯所提出的政策建议从未在新政期间接受过真正的检验：“财政政策似乎未能在三十年代有效带动经济复苏，但原因并不在于它们无效，而是因为没有试行。”[6]事实上，只有战争才带来了检验的机会，此时已经不再是复苏的实验，而是军事需要所附带的插曲。

不过，战争并未完全抹去新政的理念。当罗斯福思考战后局势时，他又回到了1930年代的价值原则。1944年1月，罗斯福在国情咨文中宣称：“现在我们有责任为争取长久的和平而制订计划和确立战略……我们已逐渐清醒地认识到，没有经济上的安全和独立，就不会有真正的个人自由。”据此，他提出了“第二《权利法案》”，以期“为社会地位、种族和信仰各异的人们构建一个保障安全和繁荣的基础”。这些新的权利包括：

- 在国有工厂、商店、农场或矿山从事有意义的工作并获得酬报的权利；

- 挣取足够收入以维持温饱和享受休闲的权利；
- 所有农场主通过生产和销售产品以保障自己和家人过上体面生活的权利；
- 所有企业主——无论业务规模大小——在自由的环境中从事贸易、不受国内外垄断集团不公平竞争和控制的权利；
- 所有家庭拥有体面住宅的权利； 127
- 获得充分医疗服务的权利以及追求健康生活、享有健康体魄的机会；
- 为免于因衰老、疾病、事故和失业陷入经济恐惧而获得充分保障的权利；
- 接受良好教育的权利。

罗斯福总结道："所有这些权利，都意味着安全保障。打赢这场战争以后，我们必须准备继续前进，通过落实上述权利，为实现人类幸福康乐的新目标而努力奋斗。"[7]

《时代》杂志对此评论道："那位名叫'得胜'的医生似乎已经与另一位名叫'赋权'的医生展开了会诊。"[8]然而，在罗斯福于1944年初所提出的这些"新"权利中，有许多本来就在新政措施的计划之内，包括针对经济困境的社会保障、就业、合理的农产品价格、活跃的商贸交易、最低生活工资和住宅等。此外，包括医疗和教育在内的其他一些权利，也与新政的基本原则一脉相承。它们在罗斯福为美国和平与世界和平所作的计划中得到了更加充分的表达。[9]

当雄心勃勃的新政措施在美国本土趋于沉寂之时，罗斯福政府开始再次将注意力投向海外。与凯恩斯一样，罗斯福的国务卿科德尔·赫尔几十年来始终坚信一个开放的世界经济体系更可能带来和平与繁荣。赫尔说:“不受干扰的贸易与和平息息相关。”[10]为此,他努力促成了一系列贸易协定,其中包括1938年《英美贸易协定》。这份协定让一些人相信,第一次世界大战以前的世界经济体系或许能通过国际合作重新建立起来。

第二次世界大战结束前夕,赫尔所秉持的这类理念取得了丰硕的成果。1944年6月,约翰·梅纳德·凯恩斯代表英
128 国前往美国参加布雷顿森林会议。共有730名来自44个国家的代表参会,目的是商讨并制定战后国际经济规则。从表面上看,凯恩斯不过是这些代表之一,但他实际上却是这场会议的主角。早在美国参战之前的1941年,凯恩斯就曾起草过一份旨在弥补《凡尔赛和约》不足的计划。在这份计划中,凯恩斯呼吁建立一套确保世界金融与商贸活动平稳运行的体系,以“防止信贷规模无限膨胀”。毕竟,战后国际经济的首要规则,就是确保世界经济不会再次陷入战前的窘境。[11]为此,凯恩斯计划建立一个国际清算联盟。该联盟使用名义货币“钣钶”(Bancor)、根据各国在世界贸易中所占的比重向其政府分配信用额度,并允许各成员国政府为确保本国经济稳定而从联盟中支取不超过其信用额度的资金。

凯恩斯在布雷顿森林会议上的对手是美国代表哈里·德克斯特·怀特。怀特在基本道义上与凯恩斯并无二致,但他针对上述问题所提出的解决方案却与凯恩斯略有不同。根据怀特的计划,各国政府仍会借贷,不过是从由各成员国集资建立的共同基金,而不是从“钣钶”池子里。[12]怀特方案与凯恩斯方案之间的差别,和罗斯福新政与欧洲福利国家之间的差别基本类似。

起草于1942年的《贝弗里奇报告》确立了英国处理贫困与残疾问题的基本原则,将从国家获取福利作为公民的一项权利;而在罗斯福的社会保障计划中,养老金并不是一项天然的福利,只有那些曾缴纳相应费用的公民才有权在退休后领取。

美国代表团在布雷顿森林会议上坚持采用怀特方案取代凯恩斯方案的原因,与罗斯福政府坚持将缴费作为享受社会保障计划前提的原因一致:将福利与缴费挂钩的做法,限制了经费申领者的范围,能获得国会批准。于是,布雷顿森林会议决定在怀特方案的基础上建立国际货币基金组织,而美国国会此后又对国际货币基金组织做出了更多限制,以防止该组织成员国从基金中无条件提款。[13]

国际货币基金组织有一个孪生兄弟,即国际复兴开发银行——该组织更广为人知的名称是"世界银行"。国际货币基金组织的使命是帮助成员国应对与自由经济伴生的风险和不确定性,而世界银行的业务则是向战后重建项目提供贷款,并帮助一些长期贫困的国家实现现代化。世界银行与欠发达国家之间的关系,基本类似于公共工程管理局、田纳西河流域管理局和公共事业振兴署等新政机构与美国西部和南部之间的关系。此外,与罗斯福新政期间建立的诸多机构类似,世界银行受制于主流的经济学观念,所掌握的资本也有限:世界银行的首笔贷款提供给了法国,单是这笔贷款就动用了该银行全部金融资源的整整三分之一。[14]

不仅如此,与在美国本土所开展的新政实践类似,国际货币基金组织与世界银行的有限资源为政策试验提供了平台,通过不断总结经验和吸取教训,在罗斯福于1945年4月去世后仍发挥着作用。与早期的新政措施一样，布雷顿森林体系建立之初也颇受掣肘，未能带来世界经济复苏：世界银行无法向重建项目提供足够的资金，而国际货币基金组织也只向解决短期财政失衡的特定项目提供经费，对战后重建本身则毫无贡献。[15]但是，正如他们在新政中所做的那样，富有创新精神的美国决策者为满足需求推出了一个新项目。1947年，美国国务院的一位官员写道："共产主义运动在世界各地威胁着既有的政府体系。疲软的经济与政治形势使这一运动得以蓬勃发展。那些承受共产主义压力的国家亟需大规模经济援助以确保领土完整与政治独立。人们曾寄希望于世界银行来提供这些援助，但该组织显然无法胜任这一使命。……应对该挑战的唯一办法，就是由美国直接发起一个新的大型国际援助项目。"[16]

上述理念构成了欧洲复兴项目的基石。这一项目更为世
130 人所熟知的名称是"马歇尔计划"，取自时任美国国务卿乔治·马歇尔。马歇尔宣称："美国应当尽其所能以协助……世界经济重回正轨，从而创造出自由制度所赖以生存的政治与社会条件。"此后不久，国际货币基金组织放松了贷款政策；而以固定汇率与黄金挂钩的美元（35美元兑1盎司黄金），则为修正后的布雷顿森林体系提供了货币基础，该体系延续了约25年时间。[17]

1947年，在美国加入第一次世界大战整整30年之后，美国政府终于开始接受凯恩斯在《凡尔赛和约》签订后所发表的看法，即美国作为世界上最富裕的国家，有义务使全球经济重新走上良性运行的轨道。然而，与才华横溢的凯恩斯相比，美国领导人更倾向于不那么激进的试验，他们在危机迫在眉睫时才犹豫

着接受了凯恩斯的看法。因此，无论罗斯福新政还是此后的布雷顿森林体系，都没能如凯恩斯所设计的那样一步到位；相关政策措施拖泥带水、零敲碎打，只能缓慢而部分地解决问题，使美国和世界逼近灾难边缘。然而，这些政策措施最终还是取得了成功：布雷顿森林体系在强化经济稳定和促进经济增长方面所发挥的作用，堪称空前绝后。[18]

新政项目具有明显的试验性质，容易出错，且总是需要妥协，这些特征再加上其结局，反映出造就新政的民主制度并非完美无缺。考虑到这个痛苦过程的高昂代价，我们或许会更青睐一气呵成的全面改革方案，而不愿像罗斯福那样谨小慎微。然而，若将罗斯福政府在美国内外东拼西凑的各种草台班子的表现，与那些拥有高度整合的意识形态和理论体系、试图全面彻底改造社会的政策方案（包括那些曾对新政展开攻击的）相比，我们也许就更能理解，罗斯福那个时代的种种局限自有其价值。罗斯福新政中显而易见的瑕疵，不仅引发了批判，也激发后来者查漏补缺，这为美国民主在新政结束后不断进步并在未来不断发展铺平了道路。

注释

1 迈克尔·S.谢里，《美国空中武力的崛起：造就终极战场》（纽黑文：耶鲁大学出版社，1987年版），第81页。

2 富兰克林·D.罗斯福，《在第929次新闻发布会上的讲话》，载《富兰克林·D.罗斯福公开文件与讲话》，塞缪尔·I.卢瑟曼编，1943年版，第571页。

3 艾伦·布林克利，《改革的终结：萧条时期和战争年代的新政自由主义》（纽约：年代出版社，1995年版），第141页。

4 苏珊·B.卡特尔等主编，《美国历史统计大全：从最初到现今（千禧年版）》（纽约：剑桥大学出版社，2006年版），Ea636和Ca10系列。

5 同上书，Ba475系列。美国1929年的失业率为2.89%，1943年则为1.77%。

6 E.加里·布朗，《1930年代的财政政策：一次重新评估》，载《美国经济学评论》第46卷第5期（1956年出版），第863—866页。

7 《罗斯福总统致国会的咨文》，载1944年1月12日《纽约时报》，第12版。

8 转引自卡斯·R.桑斯坦，《第二〈权利法案〉：富兰克林·D.罗斯福未竟的革命与我们比以往更需要这部法案的原因》（纽约：基本书局，2004年版），第15页。（本书中文版名为《罗斯福宪法：第二〈权利法案〉的历史与未来》，由中国政法大学出版社于2016年翻译引进。——译注）

9 关于罗斯福此次讲话诚意的讨论，见詹姆斯·T.克洛彭伯格，《空想家富兰克林·德拉诺·罗斯福》，载《美国史评论》第34卷第4期（2006年出版）。

10 转引自亚瑟·W.施瓦茨，《〈英美贸易协定〉与科德尔·赫尔在1936—1938年间的和平探索》，载《美国历史杂志》第57卷第1期（1970年出版）。

11 转引自伊丽莎白·波格瓦德，《世界的新政：美国的人权观》（剑桥：哈佛大学出版社，2005年版），第108页。

12 同上书，第109页。

13 理查德·N.加德纳，《当代视角下的英镑-美元外交：国际经济秩序的起源与展望》，增订版（纽约：哥伦比亚大学出版社，1980年版），第134—136页。（本书中文版名为《英镑美元外交：当代国际经济秩序的起源与展望》，由江苏人民出版社于2014年翻译引进。——译注）

14 爱德华·S.梅森、罗伯特·E.埃舍尔，《布雷顿森林会议以来的世界银行》（华盛顿：布鲁金斯学会，1973年版），第105页。

15 加德纳，《当代视角下的英镑-美元外交：国际经济秩序的起源与展望》，第297页。

132 16 同上书，第300页。

17 同上书，第302页。

18 巴里·艾肯格林，《尾声：关于布雷顿森林体系的三重视角》，载《回顾布雷顿森林体系：国际货币改革经验》，迈克尔·D.博尔多、巴里·艾
133 肯格林主编（芝加哥：芝加哥大学出版社，1993年版），第626页。

大萧条与罗斯福新政时期的主要联邦法案

措施名称	法典记录	颁布日期	相关说明
《复兴金融公司法》	美国《法律总汇》第47卷第5页	1932年1月23日	批准注资5亿美元创立复兴金融公司，允许该公司发行价值不超过15亿美元的证券，以帮助银行和其他工业企业
《格拉斯-斯蒂格尔法》	美国《法律总汇》第47卷第56页	1932年2月27日	允许美国联邦储备系统发行以政府所持有价证券作为担保的期票
《联邦住房贷款银行法》	美国《法律总汇》第47卷第725页	1932年7月22日	依照美国联邦储备系统的模式，创立了美国住房贷款银行体系，以许可对住房按揭贷款进行再贴现
《紧急银行法》	美国《法律总汇》第48卷第1页	1933年3月9日	第一章确认了美国银行业当时面临的紧急情况，授权总统暂停银行业务、授权财政部长冻结黄金交易。第二章授权通货监理官为银行指定监理员，调阅银行账目、裁定银行能否平稳开展业务。第三章授权复兴金融公司买卖银行股份。第四章允许联邦储备系统在向其成员银行提供垫款方面享有更多自由
《平民保育团造林救济法》	美国《法律总汇》第48卷第22页	1933年3月31日	授权总统建立一支“由失业公民组成的环保大军”，名为平民保育团，其首要任务是保养公共土地
《农业调整法》	美国《法律总汇》第48卷第31页	1933年5月12日	第一章要求出台政策以应对美国农业当时面临的紧急状况，并解决当时城乡之间存在的显著收入差距；指示农业部长成立农业调整管理局，以规制商品生产并负责征收农产品加工税。第二章又称《紧急农

（续表）

措施名称	法典记录	颁布日期	相　关　说　明
			场抵押贷款法》，扩大了联邦政府在为农场按揭贷款提供担保方面的权力。第三章又称《托马斯修正案》，授予总统发行纸币并决定美元与黄金和白银兑换比率的权力
《联邦紧急救济法》	美国《法律总汇》第48卷第55页	1933年5月12日	宣布失业问题业已使美国经济进入紧急状态，并宣告地方救济基金无法解决问题。据此，该法案从复兴金融公司所持经费中划拨出5亿美元，以供联邦紧急救援署向各州提供救济资金
《田纳西河流域管理局法》	美国《法律总汇》第48卷第58页	1933年5月18日	创立了田纳西河流域管理局，以维护并运营威尔逊大坝和马斯尔肖尔斯水电站，改善当地的灌溉和防洪条件。田纳西河流域管理局的职能，还包括传输电力以及生产化肥和炸药
1933年《证券法》	美国《法律总汇》第48卷第74页	1933年5月27日	要求企业向联邦贸易委员会登记有价证券，以防止欺诈行为
《住宅所有者贷款法》	美国《法律总汇》第48卷第128页	1933年6月13日	创立了房主贷款公司，提供财政支持以帮助居民偿还按揭贷款，避免房屋被债权人没收
1933年《银行法》（亦称《格拉斯-斯蒂格尔银行法》）	美国《法律总汇》第48卷第162页	1933年6月16日	增强了美国联邦储备委员会监察联邦储备系统内部交易的权力，创立了临时性的联邦存款保险公司，限制了商业银行交易有价证券的能力

（续表）

措施名称	法典记录	颁布日期	相关说明
《国家工业复兴法》	美国《法律总汇》第48卷第195页	1933年6月16日	第一章确认了美国工业当时面临的紧急情况，暂时中止了反托拉斯法，并且授权总统组建一个制定工业法规的机构，以应对危机。罗斯福据此组建了全国复兴总署。第二章授权总统组建一个管理公共工程的联邦应急机构，以为此目的借出和下拨33亿美元资金。公共工程管理局据此建立
土木工程署项目	美国总统行政命令第6420B号	1933年11月9日	罗斯福创立了土木工程署，依据《国家工业复兴法》注资4亿美元，“旨在迅速增加就业率”
《黄金储备法》	美国《法律总汇》第48卷第337页	1934年1月30日	规定货币性黄金由联邦政府掌控，授权总统确定未来两年美元与黄金的兑换比率，并规定该比率不得高于当时比率的60%；在国库内部建立了平准基金
《证券交易法》	美国《法律总汇》第48卷第881页	1934年6月6日	创立了证券交易委员会并授权该委员会规制股票交易所中的有价证券交易
《全国住房法》	美国《法律总汇》第48卷第1246页	1934年6月27日	创立了联邦住宅管理局，经费来自复兴金融公司，为按揭贷款提供担保
关于落实《国家工业复兴法》的参众两院共同决议	美国《法律总汇》第48卷第1183页	1934年6月19日	授权总统建立一个委员会，以执行《国家工业复兴法》第7a条（集体议价）。罗斯福据此创立了全国劳资关系委员会

（续表）

措施名称	法典记录	颁布日期	相关说明
1935年《紧急救济拨款法》	美国《法律总汇》第49卷第115页	1935年4月8日	拨款49亿美元用于紧急救济
安置管理局项目	美国总统行政命令第7027号	1935年4月30日	罗斯福依据1935年《紧急救济拨款法》创立了安置管理局以帮助来自农村家庭的贫困移民。1937年，安置管理局成为农业部下属的农业安全局
公共事业振兴署项目	美国总统行政命令第7034号	1935年5月6日	罗斯福依据1935年《紧急救济拨款法》创立了包括公共事业振兴署在内的一系列政府机构，“以便让尽可能多的人在尽可能短的时间内……从领取救济转向自力更生”
农村电气化管理局项目	美国总统行政命令第7037号	1935年5月11日	罗斯福利用1935年《紧急救济拨款法》所提供的经费，创立了农村电气化管理局，以支持推广使用电力
《全国劳动关系法》（亦称《瓦格纳法》）	美国《法律总汇》第49卷第449页	1935年7月5日	创立了新的全国劳资关系委员会，以取代1934年通过总统行政命令建立起来的那个委员会。该委员会旨在保障雇员组织起来进行集体谈判的特定权力，防止已经界定的伤害雇员利益的行为
《社会保障法》	美国《法律总汇》第49卷第620页	1935年8月14日	第一章规定向各州提供资金以发放老年人补贴。第二章规定提供联邦老年救济金。第三章规定向各州提供资金以落实失业补偿计划。第四章规定向各州提供资金以帮助受抚养的儿童。第五章规定向各州提供资金以促进母婴福利。第六章规定向各州提供资金以维持公共医疗服务的运转。第七章要求建立一个社会保障委员会，以研究和推

（续表）

措施名称	法典记录	颁布日期	相关说明
			荐“通过社会保险保证经济稳定的最有效方法”。第八章和第九章规定分别向雇员和雇主征税以支持社会保障计划。第十章规定向各州提供资金以帮助盲人
1935年《银行法》	美国《法律总汇》第49卷第684页	1935年8月23日	第一章将联邦存款保险公司确立为常设机构。第二章修订了《联邦储备法》，建立了由总统任命的联邦储备委员会，并赋予该委员会规制货币供给、出台信贷政策并据此监管银行的权力
《公用事业控股公司管理法》	美国《法律总汇》第49卷第803页	1935年8月26日	明确了公用事业涉及公共利益，列举了侵害公共利益的行为，要求政府出台政策消除这些行为并关闭公用事业控股公司
《土壤保护和家庭园地法》	美国《法律总汇》第49卷第1148页	1936年2月20日	旨在通过保育手段平衡农产品价格
1938年《全国住房法》修正案	美国《法律总汇》第52卷第8页	1938年2月3日	修订了《全国住房法》，降低了重新销售抵押贷款债券的难度。复兴金融公司据此创立了华盛顿国民抵押协会，后来被重新命名为联邦国民抵押贷款协会（亦即“房利美”），旨在重新销售抵押贷款债券
1938年《农业调整法》	美国《法律总汇》第52卷第31页	1938年2月16日	确立了小麦产量标准，并向农户提供资金以帮助他们达到这个标准
《公平劳动标准法》	美国《法律总汇》第52卷第1060页	1938年6月25日	确立了全国最低工资和最长工时标准，并且禁止使用童工

索 引

（条目后的数字为原书页码，
见本书边码）

D

E

F

G

H

I

J

K

L

M

N

O

P

R

S

T

U

V

W

Eric Rauchway

THE GREAT DEPRESSION AND THE NEW DEAL

A Very Short Introduction

Contents

Acknowledgments

I owe most to scholars cited in the text and am additionally grateful to Alan Brinkley, Greg Clark, Andrew Cohen, Meg Jacobs, Ari Kelman, David Kennedy, Peter Lindert, Alan Olmstead, Kathy Olmsted, Steve Sheffrin, Alan M. Taylor, Louis Warren, undergraduates enrolled in History 174B at UC Davis in Spring 2007, and the conscientious referees and staff of the press for valuable comments and conversations about the Great Depression and New Deal.

List of Illustrations

Introduction

In 1932 the United States economy stood at its lowest ebb in modern history. An army of out-of-work military veterans camped and marched in Washington, DC. Unemployment stood at around 25 percent. Indeed the entire world seemed to have ground to a halt. Facing this crisis, Franklin D. Roosevelt accepted the Democratic nomination for president, pledging himself to "a new deal for the American people."[1] In that speech alone, elements of the "new deal" included increasing public works, supporting agricultural prices, creating new mortgage markets, shortening the working day and week, regulating securities, restoring international trade, reforesting the countryside, and repealing Prohibition. After taking office in 1933, Roosevelt worked with Congress to get laws passed for all these measures and more: by the end of the decade, the New Deal had grown to include social insurance against old age, unemployment, and disability; watershed management; support for unionization; deposit insurance; and a strengthened Federal Reserve System, among other innovations.

The New Deal included a variety of sometimes contradictory components that scholars still struggle to summarize. Often historians agree with Isaiah Berlin, who said in 1955 that the New Deal was an impressive balancing act, able "to reconcile individual liberty... with the indispensable minimum of organising and authority."[2] But as David M. Kennedy notes, we can see the New Deal thus only when it is "illumined by the stern-lantern of history."[3] Listening to Roosevelt's pledges in 1932, watching Congress pour reforms forth in the first one hundred days of his administration in 1933, seeing the White House reply to challenges from the Supreme Court and political opponents in 1935, hearing Roosevelt campaign as "the master" of corporate interests in 1936, it would have been hard to discern in advance what seemed clear in the wake of the decade's passing. And indeed, there is little proof that Roosevelt or anyone else set out to create the carefully balanced system that the New Deal became: it evolved as the president and Congress responded to the judiciary, the electorate, and the changing world of the Depression.

In this very short introduction to the Great Depression and the New Deal, I offer some basic ideas for a first understanding of this profound crisis and America's still-influential legislative response. The world that broke down in 1929 broke down for reasons that astute observers had predicted in advance. The subsequent and nearly total failure to repair the damage owed to clear errors of judgment and action, and the prolonged misery that millions of people suffered could therefore have been lessened. Roosevelt and the Democratic Congresses of the New Deal era achieved a marked historical success by correcting those errors. They also committed errors of their own, and I do not slight them here. But in the 1936 election, the American voters overwhelmingly asked their leaders to forge forward with their experiments, mistakes aside, rather than return to the old and, to their minds, wholly discredited ways. This spirit of pragmatic experimentation became the basis for a generation's faith in the new American way, not just in the United States but around the world.

Now, if you doubt the story is quite so simple, and if you insist that these simple statements require qualifications and nuance, I shall have to concede the point—beyond the confines of this brief book, I greatly respect the complexity of this era and the scholarship covering it. On the principle that you will go on from here if you wish fully to appreciate the period, the book concludes with recommendations for further reading. But the body of the book sticks to these simpler lines of argument on the grounds that they serve as a useful introduction to the subject.

The Great Depression began in the late 1920s, not necessarily with the Great Crash of 1929 but around that time, and afflicted a world tied together by specific kinds of debts, both within and between countries. Chapter 1 outlines that world and America's peculiar place in it, explaining how it differed from the world before World War I, and emphasizing the vulnerabilities of the system as outlined by contemporary critics: the web of debt binding that world together looked fragile to its keenest observers.

Chapter 2 discusses the reactions to the crisis, first of the Federal Reserve System, which serves the United States as a central bank, and second of President Herbert Hoover and the Republican majority in Congress. Contrary to Democratic accusations, the Republicans did not do nothing—but Hoover's own principles prevented him from doing nearly enough, and the crisis worsened appallingly under his leadership.

Chapter 3 shows that the greatness of the Great Depression owes to its widespread impact. It afflicted all sections of the American economy and much of the world. Perhaps most importantly, it encouraged middle-class American taxpayers and voters to identify themselves with the unfortunate many, rather the fortunate few.

The discussion here of the New Deal, like all such discussions, requires a selective principle to explain what belongs under that rubric and what does not. You will find two in this book. The first is chronological. While writers sometimes use the term "New Deal" to refer to the modern Democratic Party's agenda, or indeed the expansion of the American state under any administration for any purpose after the Roosevelt era (a concept that sometimes goes under the name, "the New Deal order"), I concern myself in this book chiefly with the 1930s—after which Roosevelt and his contemporaries thought the New Deal ended—and look only briefly to its legacy in the war years.[4] The second is functional. I divide the New Deal here into three parts: (1) those measures that appear to have worked to reverse the Depression; (2) those that did not; and (3) those that had little to do with fighting the current disaster but served to prevent or soften future ones.

Beyond Roosevelt's core conviction that "[n]ecessitous men are not free men," little held the New Deal together.[5] New Deal programs embodied no single approach to political management of the economy. They originated in no single book, speech, or person's thoughts. In some instances, Roosevelt himself had little to do with, or even opposed, ultimately important and successful legislation. The New Deal emerged over time from the fights between the president, the Congress, the Supreme Court, all of them influenced by the electoral returns that time after time supported this continuing conflict, in the interests of creating a stronger country.

Chapter 4, "Reflation and Relief," covers the New Deal stabilization and shoring-up of America's banks, currency, and credit, and the simultaneous effort to supply immediate relief to the Depression's suffering millions while still keeping American traditions and institutions intact. These efforts alone, pursued vigorously, might eventually have ended the Depression, but New Dealers had greater ambitions.

Chapter 5, "Managing Farm and Factory," explains New Deal attempts to re-create the managed economy of World War I for the peacetime crisis of the 1930s. These efforts generated controversy at the time and in retrospect appear considerably ill-advised. But they had roots deep in American politics, and their failures helped turn the New Deal into the balanced mechanism it became.

Chapter 6, "Countervailing Power," considers the ways New Dealers tried to redistribute influence in the American economy. They did not use state redistribution of wealth through tax policy and welfare payments; rather, they used law to encourage interest groups and individual actors to act independently of their employers.

By 1936, the use of countervailing power had become a distinctive hallmark of the New Deal. Never so efficient as direct state action, the strategy of countervailing power allowed Roosevelt to, in Berlin's words, "establish new rules of social justice . . . without forcing his country into some doctrinaire strait-jacket, whether of socialism or State capitalism, or the kind of new social organisation which the Fascist regimes flaunted as the New Order."[6] By such methods the New Deal gave weaker groups in society the ability to negotiate better deals in a marketplace it left substantially intact.

The book's final chapter shows that the American electorate ratified Roosevelt in the landslide victory of 1936 and explains why the New Deal nevertheless ground to a halt within a few years after that. The Supreme Court played its part, and so did Franklin Roosevelt's overreaching ambition. But so too did the results of their first experiments change some New Dealers' minds. And finally, the impending war in Europe and America's response to it set aside the New Deal's fiscal caution and experimental care.

The New Deal did not end the Great Depression. As one American who lived through the 1930s told Studs Terkel, "industries needed to make guns for World War II made that happen."[7] Unemployment did not return to its 1929 level until 1943.[8] But while we can therefore say that the New Deal did not finish the job, we cannot say that it was not working. Throughout the 1930s, with the exception of the recession in 1937–38, the economy was improving—growing on average 8 percent a year from 1933–37 and 10 percent a year from 1938–41, while unemployment fell steadily as well.[9] This impressive rate of recovery reminds us how far the United States had to go to recover from the Hoover era. It also helps explain why the New Deal achieved such political success.

As a program to reform the American and global political economy, the New Deal met with more ambiguous fortune because it blurred into the war. The New Deal started and mainly stayed a purely American set of solutions to a problem of global importance, although the Anglo-American trade agreement of 1938 pointed toward an international method of reviving the world economy. And while the postwar order that Roosevelt in his last years helped secure for the world owed much to New Deal methods of pragmatic experimentation and shifting power away from states, because the war began before the lessons of the New Deal had made themselves quite clear, observers could not readily disentangle the two great events. The moral clarity of the 1940s obscured the hard choices, partial successes, and political bargains of the 1930s.

In the conclusion I discuss the New Deal's influence on the postwar world through the Bretton Woods system of international agreements for economic stability, which endured until the 1970s. Not until then did the United States begin to retreat from its New Deal at home and abroad. And even after several subsequent decades during which politicians have led a revival in America's pre-1929 beliefs, claiming repeatedly that government is a problem, not a solution, for modern economies, the New Deal's basic commitment to shared responsibility for economic security and its skepticism toward the complete reliability of bankers, brokers, and corporate executives has not quite died.

Throughout this book, the reader will find these interpretations guided not only by the easier wisdom of scholarly hindsight, but also by the perceptive assessments of contemporary observers. Just as Americans enjoyed the great good fortune of Franklin Roosevelt's unique presidential competence in both peace and war, they had also among them a remarkable generation of social scientists and other political analysts. The book relies on them as much as on those who have followed them and profited from their vision. And on the advice of one of the most acute among them, we begin with a description of the world that came limping to a halt in the Great War of 1914–18.

Notes

1. "Text of Governor Roosevelt's Speech at the Convention Accepting the Nomination," *New York Times*, January 3, 1932, 8.
2. Isaiah Berlin, "President Franklin Delano Roosevelt," in *The Proper Study of Mankind: An Anthology of Essays*, ed. Henry Hardy and Roger Hausheer (London: Chatto and Windus, 1997), 636–37.
3. David M. Kennedy, *Freedom from Fear: The American People in Depression and War, 1929–1945* (New York: Oxford University Press, 1999), 365.
4. Steve Fraser and Gary Gerstle, eds., *The Rise and Fall of the New Deal Order, 1930–1980* (Princeton: Princeton University Press, 1989). On the New Deal's contribution to the later growth of the executive branch, see Theodore Lowi, *The End of Liberalism: The Second Republic of the United States* (New York: W. W. Norton, 1979).
5. Cited in Kennedy, *Freedom from Fear*, 280. See also Berlin, "President Franklin Delano Roosevelt."
6. Berlin, "President Franklin Delano Roosevelt," 629–30.
7. Studs Terkel, *Hard Times: An Oral History of the Great Depression* (New York: The New Press, 2000), 57.
8. Susan B. Carter et al., eds., *Historical Statistics of the United States, Earliest Times to the Present, Millennial Edition* (New York: Cambridge University Press, 2006), series Ba475. Unemployment as a percentage of the civilian labor force was 2.9 percent in 1929; 3.1 percent in 1942 and 1.8 percent in 1943.
9. Christina D. Romer, "What Ended the Great Depression?," *Journal of Economic History* 52, no. 4 (1992): 757.

Chapter 1
The World in Debt

However various the explanations for the Great Depression have grown, they share an understanding that the world wracked by the crisis of the late 1920s differed significantly from the world in which most people had grown up. Inasmuch as the world had a single, integrated economy, it had recently undergone profound changes as a result of World War I. The war made it harder for people, goods, and money to move around the globe, and it shifted the direction in which they flowed, too. Putting the United States at the center of this new system, the war also changed America, rendering the once-peripheral New World nation's peculiarities central to the planet's concerns. Nor do these events and their potential for disaster appear only in retrospective clarity—some observers saw them coming.

Looking forward from the Treaty of Versailles at 1919, the economist John Maynard Keynes forecast what lay in wait for the industrial world: "depression of the standard of life of the European populations to a point which will mean actual starvation for some (a point already reached in Russia and approximately reached in Austria). Men . . . in their distress may overturn the remnants of organisation, and submerge civilisation itself in their attempts to satisfy desperately the overwhelming needs of the individual."[1] Depression, desperation, and the dismantling of civilization would result, Keynes wrote, from "the economic consequences of the peace," and although Keynes, perhaps mistakenly, attributed this impending disaster partly to the treaty's provisions, he also criticized its omissions.[2] World leaders at Versailles might have restored and codified the global system that prevailed from about 1870 to 1914, a system Keynes described as an "economic Utopia." But they missed this chance, producing instead a world quite unlike Utopia.[3]

Before 1914, people, goods, and capital crossed national borders with relative impunity. In consequence, they had the greatest possible scope to seek a place where their work would yield the greatest possible profit. To a considerable extent, this movement across borders meant the export of excess from industrial Europe.

Between the middle of the nineteenth century and World War I, about fifty-five million people left Europe to find their fortune in New World nations. Mostly industrial workers looking for higher wages in a worldwide market for their labor, their departure from Europe decreased the supply of workers there, raising wages for the laborers they left behind. Their arrival in the land-rich nations of the New World helped push development out into the frontiers. This migration did not occur altogether without hindrance. To describe the international markets of the nineteenth century as truly global represents some exaggeration, in large measure because New World nations preferred some parts of the globe over others when forging a cross-border market in, for example, labor. Notably, in the 1850s Australian states began limiting Chinese immigration, and by the early twentieth century the United States, Canada, and Australia all had erected high hurdles to immigration from both China and Japan; the United States in 1917 not only added a "barred zone" that blocked almost all the rest of Asia but also adopted a literacy test to reduce the number of incoming people. Nevertheless, these restrictions let millions of immigrants, particularly from southern and eastern Europe, move to better employment in the New World.

During the same period, the British empire generally backed the free movement of goods across borders. The relatively untaxed passage of things in trade—raw materials and finished products alike—between the Old World and the New allowed each nation to produce mainly what it was best suited to make. Although countries of the era sometimes raised barriers to trade as they did to migration—Latin American countries had especially high tariffs—international trade moved with relative freedom, especially compared to the 1920s, and Britain led in the promotion of lower tariffs.[4]

Observers noted that trade with Britain proved especially useful to many developing countries. British banks backed the builders of roads, canals, and railways as these countries stretched into their hinterlands and prairies. Bringing the fields under tillage made the New World more productive, and selling products back to their lender, Britain, helped developing countries defray their debts. Combined with the movement of goods and people, the movement of capital created a virtuous circle, at least so far as Europe was concerned. As a British economist wrote in 1909, "by the investment of capital in other lands we have, first, provided the borrowing countries with the credit which gave them the power to purchase the goods needed for their development, and secondly, enabled them to increase their own productions so largely that they have been able to pay us the interest and profits upon our capital and also to purchase greatly increased quantities of British goods."[5]

Keynes regarded this vanished system so highly because it had allowed Europe for the first time to relieve the pressure that an increase of population had appeared inexorably to put on the supply of food. Keynes explained: "With the growth of the European population there were more emigrants on the one hand to till the soil of the new countries, and, on the other, more workmen were available in Europe to prepare the industrial products and capital goods which were to maintain the emigrant populations in their new homes, and to build the railways and ships which were to make accessible to Europe food and raw products from distant sources."[6] The war shut down this system. People and goods could no longer move freely, and their formerly productive power went instead toward destruction. Capital funded the war's western front instead of the New World frontier. But worse, once the war ended, the peace did nothing to restore the lost world. "The Treaty includes no provisions for the economic rehabilitation of Europe... or to adjust the systems of the Old World and the New," Keynes complained.[7]

Looking back from the 1930s, the British historian E. H. Carr wrote, "In 1918 world leadership was offered, by almost unanimous consent, to the United States... it was then declined."[8] Most notably, the United States declined to lead the world in reconstructing the old, open economy. Indeed, it moved in the opposite direction.

The United States had tried to limit immigration before the war, but it turned to the task with greater energy and effectiveness in the 1920s. Congress established quota limits on immigration with the laws of 1921 and 1924. Other New World countries blocked immigration in their own ways. Some joined the United States in barring political radicals and classes of the criminal, poor, or disabled. Brazilians tried to steer immigration to farms, rather than cities. Canada's 1919 immigration act allowed officials to bar "immigrants... deemed unsuitable owing to their peculiar customs, habits, [and] modes of life."[9] These restrictions made it harder for Europeans to find opportunities overseas, as Keynes had foreseen in 1919.

The movement in goods slowed owing to restrictive law as well. The United States raised tariffs in 1921 and 1922, and other countries began following suit. Alarmed diplomats convened conferences whose delegates advocated lifting these barriers, culminating with the League of Nations' World Economic Conference in 1927, which declared itself strongly against tariffs, to no effect. The Americans had a history of high tariffs stretching through the nineteenth century, but as the *New York Times* noted in 1926, circumstances had changed since then: "It needs no political economist to see that our situation in the world of trade has been radically altered by the events following 1914. A fiscal policy which might have been defensible before that year has since gone hopelessly awry. Our immense and increasing investments abroad cannot indefinitely be paid for unless we are willing to take what our foreign debtors can offer us."[10]

With the war the United States had switched positions, almost overnight, from the world's great debtor to the world's great creditor. New York replaced London as the central lender in the world's credit network. This move meant more than merely a shift in position and priority. Postwar debts differed from prewar borrowing. New World borrowers spent nineteenth-century British loans on railroads and ranches, building the capacity to repay their lenders. Belligerent borrowers spent wartime American loans on shot and shell, destroying that capacity. Nations wounded in war borrowed more money to repay their debts, sometimes borrowing from America to pay other belligerents who in turn paid America.

This new global system of the 1920s, less open and flexible than its predecessor, relied on continued American lending to fund deficits and debts around the war-impoverished world. And for a time, American lending served this purpose. Then, in 1928, it all but stopped, sending Germany, Poland, Brazil, Argentina, Australia, and Canada into recession.[11] But Americans were not looking at the limping world. They had their eyes on the racing economy at home.

After the United States recovered from a postwar recession in 1921, its economy grew at a healthy annual rate. American workers produced more goods more efficiently, and their incomes increased, if not quite so quickly as the profits born from their greater productivity.[12] Many Americans' optimism grew, too: they thought they had entered a new era of prosperity, when more Americans could afford more luxury goods and live, at least materially, better lives than ever before. So securely did they hold this belief that they accepted newly available offers of credit in order to buy what they could not afford from their own pockets. By the end of the decade Americans were living lives well-furnished with debt.

Before World War I, the average American household went a little more into debt each year—maybe a $4 increase over the year before, excluding mortgages. In the 1920s, the average increase more than tripled to about $14 a year.[13] With that borrowed money Americans bought the same goods they were increasingly making: expensive, durable, luxury items that gave them more varied amusements and higher expectations from life. The 1920s brought regular radio programs, and Americans bought radio sets and phonographs. They bought household appliances, like electric refrigerators. Most visibly, they bought cars.[14]

The production, purchase, and financing of automobiles drove the perception and reality of American prosperity in the 1920s. The output of America's automobile factories more than doubled over the decade, so that by 1929 the 4.4 million cars they produced were the single most valuable chunk of U.S. manufacturing output. At decade's end about 447,000 people worked in the automotive industry—only slightly fewer than worked in iron and steel, the nation's biggest manufacturing industry. The more cars Americans made, the more they drove up demand for glass, rubber, steel, and petroleum. Car-buyers drove the growth of roads, suburban houses, shopping centers, and other roadside attractions.[15]

In 1920 American motor vehicle bureaus recorded only one car registered for every three households; by the end of the decade the country had a car for almost every household. In 1929 there were about 23 million cars for a nation of about 123 million people: at a cozy fit of six per car, the whole country could have gone on the road at once.[16]

Henry Ford's motor company provided some of the technical and business innovations that made these changes possible. By World War I, Ford had settled on the Model T as its all-purpose consumer model, developed the moving assembly line as a method of mass production, and began touting the high wages its workers earned, as a way of ensuring their loyalty and their ability to purchase the company's signature product, whose price fell and fell over the years, from around $950 in 1909 to a low of $290 in 1926.[17]

Were Ford's the whole story of the automobile industry and, by extension, American manufacturing in the 1920s, it would sound something like this: higher wages, lower prices, and the mass production of a standard item made what was once a luxury into a commonly available commodity. But this is not the whole story. Despite the Model T's falling sticker price, major durable goods generally cost more in relation to other products in the 1920s than they had before the war. Americans did not buy these products in such quantities because they were cheap: they bought despite the expense.[18]

Ford's inexpensive, standard Model T made it possible for more, different people to own cars. But at some point, everyone who could afford a car would have one, and then who would buy? General Motors (GM) decided to make sure that the same people would keep buying different cars: it introduced planned obsolescence by annually changing its models, and to allow for the extravagance of regular new cars, GM began extending credit through the General Motors Acceptance Corporation.[19]

Often the ready credit of the 1920s came dear, at an annual interest rate of around 30 percent on an installment plan for a new car.[20] Even though moralists—Henry Ford among them—fretted over the ever-expanding definition of what Americans needed to buy, consumers themselves hearkened to the doctrine *Advertising and Selling* promulgated in 1926: "every free-born American has a right to name his own necessities."[21] Through the decade the list of these new necessities grew.

Yet credit could not stretch cash infinitely. Installment plans sent bills with clockwork regularity. Americans' income did not arrive with equal reliability: cyclical unemployment always loomed, and social insurance against it scarcely existed. So buyers had to take considerable care before they plunged into long-running debt. Any added uncertainty in consumers' outlook might make them wait, just a while, to see what might happen to affect their paychecks. In a time of economic crisis, even a short pause in purchasing could slow or even stop the nation's assembly lines.

As Americans eagerly heeded the advertisers' blandishments, they ran closer to the limits on their good fortune. The countries borrowing from the United States found out beginning in 1928 what happened when American credit dried up, and soon after Americans found out what happened when their own credit-fueled spending slowed. Both looked for the source of their problems and for possible solutions at the headwaters of debt in Wall Street.

If the world economy of the 1920s consisted of concentric circles, the outside ring held peoples remote from the industrial center and little touched by its booms and busts. The next ring inward included the industrial nations tied by debts to the United States. Next from them dwelt most of the Americans themselves, divided further into finer rings: those still struggling to get by, then those better off if perhaps in hock to fund their routine purchases, and then the minority—maybe under 10 percent—of Americans who owned stocks.[22] And inward at last from them lived the near-aristocracy, the moneymen who made decisions that determined how easily everyone else could get their credit and who increasingly fidgeted as they watched the stock-tickers.

The best-connected and most diligent public servants of their day worked on Wall Street and around it in lower Manhattan. In the 1920s they included the once and future Supreme Court Justice Charles Evans Hughes; the once and future Secretary of War Henry Stimson; the future New York governor Herbert Lehman; and the future president and sometime foe of all that Wall Street stood for, Franklin Roosevelt.[23] They handled mergers, stock offerings, and all the great business of the nation's businesses.

They also, along with their less reputable neighbors, handled other transactions. For example, with a sufficient sum of capital a group of investors could establish a "pool" specifically for the purpose of manipulating a stock. Members of the pool would buy and sell to one another at times and in increments calculated to tell a particular story to an outsider watching the ticker tape. The numbers on the tape showing the bare facts of trading did not lie, but the pattern of numbers might deceive an imaginative observer eager to know what the insiders knew. The ebb and flow of sales conducted among the members of a pool would intimate to an obsessed investor that someone, somewhere, had inside information that a company's stock should rise. Investors would flock to the pool stock, driving its price up. Then, when it seemed they had driven it as far as it would go, the original members of the pool would cash in, sending the price back down to its former level. It happened all the time and was not illegal. Nor was it even secret: the *Wall Street Journal* reported on the doings of pool stocks, published information about who led which pools, and trafficked regularly in the opinions of analysts as to which stocks best attracted uninformed enthusiasm ("anything which has electricity or light or power in its title," one analyst reported).[24]

Americans sometimes distinguished between this sort of activity, which they called "speculation," and ordinary purchase of stock, which they called "investing." Investors bought stock based on the soundness of the underlying enterprise over the long term, choosing securities on the basis of whether they thought the company would do its business competently in the months and years to come. Speculators bought and sold stock based on their intuitions as to everyone else's impulses in the market that day. And as speculative activity overshadowed investment, more speculators came into the market, and more observers worried.

By 1928, Wall Street men knew, and the *Wall Street Journal* affirmed, that they were working in "the kind of market that makes for larger commissions than profits."[25] Even so, increasing numbers of Americans wanted to play this evidently rigged game. People flocked to the big money, hoping to buy into the inner circle. Even a loss could give them the thrill of having brushed up against the big men.

Watching the increase in trading on the exchanges and in the borrowing to trade on the exchanges, the Federal Reserve decided to make it more expensive to borrow money. In June of 1928 the *Federal Reserve Bulletin* noted "an unprecedented volume of transactions on the exchange and a continued rise in security prices" while "brokers' loans reached a record figure . . . and continued to increase." So the Federal Reserve began "withdrawing funds from the money market."[26]

Yet speculation flourished into the new year. Early in 1929, just before Herbert Hoover's inauguration as president, the Federal Reserve warned publicly that it did not wish banks to use its credit for "maintaining speculative security loans."[27] Although speculation continued at a high rate, U.S. overseas investment did not: capital leaving America averaged around $800 million annually from 1925 to 1928, rising to $1,250 million in 1928, but fell to $628 million in 1929 and averaged about $360 million annually from 1929 to 1932.[28] The Federal Reserve's tighter monetary policy helped slow American capital going to foreign countries. Nations like Germany, which had depended on American loans, began to struggle under this handicap.

In later years, pronouncements reflecting incautious optimism, an insistence that everyone should become rich, that everything was for the best—comments so comforting to contemporaries and so reckless in retrospect—became a staple of every story about the Great Crash. And such remarks showed up all over in the weeks before they altogether ceased. Newspapers regularly sought the cheery views of professional soothers, who obligingly declared that they saw smooth sailing ahead. But by the late 1920s, a growing number of bankers and policymakers had the impression that the world simply could not sustain the current state of its finances. Both around the globe and within the United States too many people had borrowed too much money for unproductive purposes. The financier Bernard Baruch wrote, "Whereas it is wise to buy things on the partial payment plan that will result in time in increased economies and better living, at the same time it can be overdone. I am afraid it has now been overdone."[29]

Too few reliable investments remained. And even though only a few Americans actually bought and sold stocks, the market had become a kind of entertainment, a set-piece of idle chat. In itself, this prevalence of market talk warned those in the know that it was time to get out before it was too late. The financier Joseph P. Kennedy, who by summer of 1929 had sold out of his major holdings and kept his money in cash, advised a friend that "Only a fool holds out for the top dollar."[30] Self-aware fools went into the market assuming that still greater fools had yet to buy in. It took a shrewd judge of national character to decide just when the United States would run through its supply of fools.

Generally, those with means to leave Manhattan in summer regarded as fools those who stayed. Yet in August of 1929, traditionally a time to flee the city's unreasonable heat, the moneymen stayed in town to see if they could beat the big bull market as it rose. Even through Labor Day, even through hot days of high humidity, to the September 3 peak of market prices, they stayed. Then a few days later the market dropped a bit. A couple of weeks later it dropped a bit more.[31] The heat broke too. Rumors spread that the pool operators had decided to see if they could work their wiles in reverse and drive prices down. In the next weeks the market slid, rallied, and slid again.

Through the morning of October 24, in the streets of New York, crowds walked quietly downtown to Wall Street where they gathered silently and stood looking at the New York Stock Exchange, as if suddenly its abstract activities could become manifest, giving evidence of the disaster now plainly happening to them all.[32] That was Black Thursday. The market rallied afterward but then fell again. The oil tycoon John D. Rockefeller announced that "there is nothing in the business situation to warrant the destruction of values that has taken place" and that he was busy buying.[33] Neither this gesture nor others like it shored up stock prices. By mid-November, more than a third of the stock market's value had vanished.[34]

This fall in value immediately afflicted only a few Americans. But so closely had the others watched the market and regarded it as an index of their fates that they suddenly stopped much of their economic activity. As the economist Joseph Schumpeter later wrote, "people felt that the ground under their feet was giving way."[35] Facing a dubious future, Americans made important decisions not to buy. Particularly, they stopped buying the expensive durable goods like cars that they had learned to buy on credit. Each signature on an installment-plan contract represented a consumer's prediction about his or her ability to pay in the future. Suddenly Americans no longer felt able to see far enough ahead to make sound forecasts. Within a few months of the crash new car registrations had fallen by almost a quarter of their September number.[36] In 1930 spending on consumer durables fell by 20 percent.[37] Factories closed and banks failed. Unemployment more than doubled its 1929 level.

In 1931 John Maynard Keynes visited the United States and in a lecture attributed the increasingly severe Depression to "extraordinary imbecility."[38] On this point observers generally do agree: someone had blundered and, given the structure of global finance after World War I, that someone must have had an address ending in "United States of America." The principal candidate, then and later, was Herbert Hoover, who in his memoirs defended himself by agreeing with the earlier Keynes: "the primary cause of the Great Depression" Hoover wrote, "was the war of 1914–1918."[39] But Hoover stood little chance of escaping blame. By 1930 Joseph Kennedy was already calling one of Hoover's backers to say, "jot down the name of the next president.... It's Franklin D. Roosevelt."[40]

Notes

1. John Maynard Keynes, *The Economic Consequences of the Peace* (London: 1919), 213.
2. On Keynes's critique of reparations, see Niall Ferguson, *The Pity of War: Explaining World War I* (New York: Basic Books, 1999), 395–432.
3. Keynes, *Economic Consequences*, 8.
4. Christopher Blattman, Michael A. Clemens, and Jeffrey G. Williamson, "Who Protected and Why? Tariffs the World Around, 1870–1938," in *Conference on the Political Economy of Globalization* (2002), 30.
5. Eric Rauchway, *Blessed among Nations: How the World Made America* (New York: Hill and Wang, 2006), 156.
6. Keynes, *Economic Consequences*, 7.
7. Ibid., 211.
8. Edward Hallett Carr, *The Twenty Years' Crisis, 1919–1939*, 2nd ed. (London: Macmillan, 1962), 234.
9. Immigration Act, chap. 25 of 9–10 George V, p. 7, sec. 13, consulted online 2/27/2007, www.canadiana.org/ECO/ItemRecord/9_08048.
10. Rauchway, *Blessed among Nations*, 157.
11. Barry Eichengreen, "The Origins and Nature of the Great Slump Revisited," *Economic History Review* 45, no. 2 (1992): 223.
12. George Soule, *Prosperity Decade: From War to Depression, 1917–1929* (New York: Rinehart, 1947), 220.

13. Martha L. Olney, *Buy Now, Pay Later: Advertising, Credit, and Consumer Durables in the 1920s* (Chapel Hill: University of North Carolina Press, 1991), 91.
14. Ibid., 40.
15. Peter Fearon, *War, Prosperity, and Depression: The U.S. Economy, 1917–1945* (Oxford: Philip Allan, 1987), 55–56.
16. Soule, *Prosperity Decade*, 164.
17. John Bell Rae, *American Automobile Manufacturers* (Philadelphia: Chilton Company, 1959), 107–9; John Bell Rae, *The American Automobile* (Chicago: The University of Chicago Press, 1965), 61, 88.
18. Olney, *Buy Now*, 182.
19. Roland Marchand, *Advertising the American Dream: Making Way for Modernity, 1920–1940* (Berkeley: University of California Press, 1985), 156; Olney, *Buy Now*, 127.
20. Olney, *Buy Now*, 115.
21. Marchand, *Advertising the American Dream*, 160.
22. Peter Fearon, *Origins and Nature of the Great Slump, 1929–1932* (Atlantic Highlands, NJ: Humanities Press, 1979), 34.
23. John Brooks, *Once in Golconda: A True Drama of Wall Street, 1920–1938* (New York: Wiley Investment Classics, 1999), 58–59.
24. "Market Comment," *Wall Street Journal*, 3/21/1928, 22.
25. "Broad Street Gossip," *Wall Street Journal*, 1/13/1928, 2.
26. *Federal Reserve Bulletin* 14:6 (June 1928), 373.
27. John Kenneth Galbraith, *The Great Crash, 1929* (Boston: Houghton Mifflin, 1972), 38.
28. United Nations, *International Capital Movements during the Inter-War Period* (New York: Arno, 1979), 10, table 1.
29. Bernard M. Baruch, *Baruch*, 2 vols. (New York: Holt, 1957–60), 2:218.
30. Richard J. Whalen, *The Founding Father: The Story of Joseph P. Kennedy* (New York: New American Library, 1964), 104.
31. Brooks, *Once in Golconda*, 110.
32. Ibid., 117.
33. "Rockefeller Buys, Allaying Anxiety," *New York Times*, 10/31/1929, 1.
34. Brooks, *Once in Golconda*, 119.
35. Joseph A. Schumpeter, *Business Cycles: A Theoretical, Historical, and Statistical Analysis of the Capitalist Process* (New York: McGraw-Hill, 1939), 2:911.

36. Christina D. Romer, "The Great Crash and the Onset of the Great Depression," *Quarterly Journal of Economics* 105, no. 3 (1990): 606.
37. Fearon, *Origins and Nature*, 34.
38. Robert Skidelsky, *John Maynard Keynes: The Economist as Saviour, 1920–1937*, vol. 2, *John Maynard Keynes* (London: 1992), 391.
39. Herbert Hoover, *Memoirs*, 3 vols. (New York: Macmillan, 1951), 3:2.
40. Whalen, *Founding Father*, 113.

Chapter 2
The Hoover Years

In the spring of 1931 Senator Robert Wagner (D-NY) claimed that President Herbert Hoover had, in the face of crisis, "but clung to the time-worn Republican policy: to do nothing and when the pressure becomes irresistible to do as little as possible."[1] Hoover did not "do nothing," but he did not do enough either. Instead he followed a general policy for crisis management he had already clearly established.

Indeed, when Hoover ran for president in 1928, Americans associated him with competence in a crisis. Some Republican leaders showed skepticism; Calvin Coolidge, whom Hoover served as secretary of commerce, complained, "That man has offered me unsolicited advice for six years, all of it bad."[2] But a new emergency had reminded Americans of Hoover's virtues.

Rains swelled the Mississippi River early in 1927, and in the middle of April the levees near Cairo, Illinois, collapsed. Hundreds of thousands of acres disappeared beneath the water, and more levees burst. Coolidge, who had to this point preferred hopeful inaction, now appointed Hoover to head an emergency committee. A successful mining engineer, Hoover had gone into public service after making his fortune. During World War I, Woodrow Wilson made Hoover head of the effort to provide food and other relief to the war's dispossessed, and Hoover earned a reputation as a logistical genius. "He is certainly a wonder and I wish we could make him President of the United States," Assistant Secretary of the Navy Franklin Roosevelt wrote in 1920.[3] Hoover owed his reputation partly to his talent of organizing and using bureaucracy, and partly to his talent at organizing and using the press. "[T]he world lives by phrases," he once said.[4]

As head of the 1927 flood-relief effort, Hoover showed both the extent and limits of these talents. He organized and managed evacuations, saving lives; he oversaw the establishment of camps to house refugees; he backed federal control of river management to forestall future disasters. Hoover also turned a blind eye as southern whites prevented black evacuees from leaving guarded camps lest the South lose its labor supply. And he used whites' fear to his advantage, threatening local businessmen by saying, "I'll send your niggers north starting tonight," if they did not contribute money to a reconstruction fund.[5]

Like the engineer he was, Hoover could build a machine to solve a problem, but he expected someone else to operate it. He accumulated $13 million in funds for reconstruction loans and made sure everyone knew it, but he did not ensure that the money would get lent to the stricken area, and the vast majority of it was not. Further, although he favored massive federal spending on engineering improvements in river management, he opposed increasing the government's humanitarian role, declaring, "No relief to flood sufferers by Congress is desirable."[6]

As a prospective presidential nominee, Hoover knew he had to promise loyalty and attention to the habitually Republican black voters, without alienating potential white voters. He let African American leaders know he favored a reconstruction plan to subdivide the large farms in the flooded region into small plots for black farmers. But he thereafter declined to support the plan—or the black evacuees—in any substantial way.[7] The flood gave Hoover the ability to claim that he could show grace under pressure. Doubters were few, though sometimes acute: the Baltimore journalist H. L. Mencken wrote that Hoover's "achievements all diminish rather than increase on analysis."[8]

For the 1928 election Hoover's record turned out not to matter much. Hoover won not because of what he had done but because of what his opponent, Al Smith, was: a Catholic. Smith was many other things—most notably, governor of New York, in whose assembly he had also served. New Yorkers knew him as a progressive who had helped reform the state constitution and investigate the infamous Triangle factory fire. Smith had backed bills for workplace health and safety and against child labor.[9] But his accomplishments and Hoover's alike vanished amid a war of symbols waged with Hoover's preferred weapons: phrases. While Hoover kept his distance from the worst slurs, his allies attacked Smith for representing the "sneering, ridiculing . . . foreign-populated city of New York," for opening the way to "card playing, cocktail drinking, poodle dogs, divorces, novels, stuffy rooms, dancing, evolution, Clarence Darrow, overeating, nude art, prize fighting, actors, greyhound racing, and modernism."[10]

What in hindsight looks like a critical election—the choice of a leader for a period of profound crisis—turned on these insubstantial issues of cultural conflict. The election mattered for two major reasons: it left the Republicans in control of government on the eve of the Depression, and it put Hoover, who opposed public relief even in crisis and who believed in the power of phrases to shape the world, in charge of the federal response to economic calamity.

On October 25, 1929, the day after Black Thursday, Hoover told reporters, "The fundamental business of the country, that is the production and distribution of commodities, is on a sound and prosperous basis."[11] Hoover's message was, in the *Wall Street Journal*'s words, "in harmony" with the leading bankers and leading industrialists, who emphasized that "the break... was a technical one within the market and not based on fundamentals."[12] A few weeks later, Hoover repeated his belief in the soundness of American enterprise, saying, "Any lack of confidence in the economic future or the basic strength of business in the United States is foolish. Our national capacity for hard work and intelligent cooperation is ample guaranty of the future."[13]

Hoover relied heavily on the idea of "intelligent cooperation." He saw himself as cheerleader to American enterprise, not as a referee, coach, or player in the economy: he would call for teamwork and hope to see it produced. He invited important figures in American industry to meet, asking them to reason together, planning how to keep the crash from turning into a depression. He urged employers not to cut wage rates, and they agreed to cooperate.[14] Hoover went further still in his requests, asking state and local politicians to hasten and augment their spending on roads and other public works, believing that in various government treasuries there lay "a substantial reserve for prompt expanded action."[15]

None of these strategies required much action from anyone in the federal government, beyond uttering the occasional encouraging phrase. None provided any immediate relief to Americans. None cost the federal government money. All depended on people outside Washington, DC, to stop the disaster. None worked. The businessmen's pledge to uphold wage rates said nothing about whether they would reduce hours or lay workers off, and they did both. As early as January 1930, *Business Week* reported that "Some automotive companies... discharged employees with what seemed precipitous haste."[16] Smaller employers, too numerous and minor to get an invitation to Washington, did not feel bound by the wage pledge. Accordingly, unemployment rose and overall wages dropped, even in cases where the nominal rate of pay stayed the same.

Nor were local and state governments able to respond effectively to Hoover's plea. They spent some money on construction projects, but as the crisis continued they had less to spend. Tax revenue fell and the bill for local poor relief rose. These two draining effects on local budgets forced local governments, by the hundreds, to delay, if not repudiate, their debt payments.[17] These government defaults put pressure on another weak pillar in the Hoover plan: his dependence on what he called, in November of 1929, "[t]he magnificent working of the Federal Reserve system and the inherently sound condition of the banks."[18] This assessment proved faulty.

Since beginning operations in 1914, the Federal Reserve System had functioned like a central bank for the United States, regulating the supply of credit in response to economic production. Central banks were supposed also, as the British journalist Walter Bagehot wrote in 1873, to "lend freely" in times of economic crisis, forestalling panic.

But the officers of the Federal Reserve System had not established their own clear set of rules for intervening in crises. Some believed the system must act swiftly to forestall disaster; others thought that the system should keep its credit in reserve unless the need grew truly dire. The balance of opinion within the Federal Reserve rested with the anti-interventionists, as did the balance of opinion within the economic profession during the 1920s. Mostly, economists thought that an economy in crisis should be left alone and that weaker banks and firms should go under. They thought that during a boom period, some businessmen made poor calculations under the influence of excess optimism: they borrowed too much, produced, and stocked too much in anticipation of demand that would never materialize. Economists thought that these poor calculations helped bring on a crisis in the first place, and that the proper role of a downturn was to correct these errors of judgment. As the most popular basic economics textbook of the era said, "The period of depression, then, is one in which . . . production is kept at a low level until surplus stocks are disposed of, and new commitments are not made until there is a reasonable assurance of profits. In other words, the period of depression, gloomy and unpleasing as it is, serves as a breathing spell for business[.]"[19]

Moreover, even had economists generally agreed on the need for intervention in time of crisis, the Federal Reserve's officers would have had difficulty knowing just when that crisis had deepened to a point requiring their action. The U.S. government kept no regular statistics on unemployment or on total economic output, nor did it have a system of accounting for national income.[20] Debate among Federal Reserve bankers often rested on anecdotal evidence or assumptions about what was happening in the economy.

In consequence, while in the immediate wake of the Crash the Federal Reserve System took some steps to make it easier for banks to lend and borrow money, after a few months it did little. Some of its members fretted over the relative inaction, noting that the depression seemed to be spreading around the world, particularly afflicting America's debtors. In the spring of 1930, George L. Harrison, governor of the Federal Reserve Bank of New York, visited Europe and observed "a shortage of working capital, and thus a restriction of purchasing power, in a number of countries . . . affected by the stringent credit conditions prevailing last year."[21] Harrison believed the Federal Reserve would need to lessen restraints on credit, but a majority of the System's governors disagreed.

The Federal Reserve's caution worked together with the Congress and the president to bring the international economy to a near halt. On June 17, 1930, Hoover signed the Smoot-Hawley Tariff into law, raising taxes on imports to America. The idea for a new tariff bill had arisen in 1928 as a method of protecting American farmers, who were suffering a long bad patch, from foreign competition. By the time it passed, many farmers opposed its provisions, as did newspaper editors, some manufacturing executives, and a number of foreign governments that believed it would cut the American market off from the rest of the world, with dire consequences. Members of the automobile industry, which accounted for 10 percent of American exports, were especially alarmed.[22] A GM executive warned that "a creditor nation . . . must, if it hopes to preserve its prosperity . . . buy foreign goods of every possible description."[23] Thomas Lamont, a partner in the J. P. Morgan and Company investment bank, claimed he "almost went down on my knees to beg Herbert Hoover to veto the asinine Hawley-Smoot tariff."[24]

But a higher tariff looked to other constituencies like a good idea. Republicans favored tariffs in response to economic complaint. They had used one in the postwar depression of 1921, and it seemed to work then. So they did it again, by partisan majorities—more than 90 percent of House Republicans voted for the bill, more than 90 percent of House Democrats voted against; in the Senate, 78 percent of Republicans were for, and 86 percent of Democrats were against.[25]

The aftermath seemed to prove the critics correct. In the years that followed, other countries retaliated by erecting their own tariff barriers, and world trade fell by one quarter of its volume. Blocking other countries from their American markets made it harder for foreign powers to repay their debts outstanding from World War I. As one writer explained in the *New York Times*, "there is not enough gold in the world to pay America; therefore America must be paid by loans from America and by goods sold in America."[26] With the restriction of credit in 1928, loans from America had begun to fall off, and with the restriction of trade in 1930, goods sold in America began to fall off. Payments to America would have also to fall off, as countries sought to protect their own citizens. Cutting down trade meant cutting down the international flow of borrowed money.

At the end of 1930, the difficulty of borrowing money finally took its toll. In the last two months of the year, bank failures imperiled enormous sums on deposit, more money than suspensions had put at risk in the preceding year.[27] Nor did the panicking end even then; the spasmodic collapse of the American banking system continued. During Hoover's presidency, more than 20 percent of American banks went under.[28]

The American banking system had, contrary to Hoover's assurances, some inherent weaknesses. The laws of many states prevented banks from establishing branch offices. Banks with many interconnected branches, lending money in different places and to different kinds of borrowers, depended less on the fortunes of any single locality and could weather a crisis more easily, while unbranched American banks, or unit banks, failed relatively easily. States that allowed branch banking had stronger, more competitive banks that drove out or absorbed weaker banks. These states entered the Depression with a stronger, more stable financial system. Likewise, the Canadian banking system, with extensive branch banking, survived the Depression largely intact.[29]

The Crash hit American banks hard. Some had made loans to fund speculation; others held foreign assets that went bust, as American loans overseas halted and other countries could no longer meet their obligations. But most important, banks suffered because their clients suffered and could no longer pay off loans or make new deposits in their savings accounts. Payment on loans and new deposits provided banks with their major source of income. As banks' income dried up, they could not pay their own creditors. Increasingly they had to close their doors.[30]

The Federal Reserve System, in keeping with the opinion of a majority of its members that the dying banks were a natural, if painful, part of the circle of life in modern business, did not prevent these failures or forestall further ones. Their inaction accorded with the prevailing orthodoxy of their day. But the prevailing orthodoxy of the 1920s defied the older, and tested, belief set forth by Bagehot in 1873 as well as the evidence before them. Banks continued to fail, in great sickening waves of calamity, each closure sending new ripples of fear far and wide. Americans began to mistrust their banks altogether, which in turn made it still more difficult for banks to get credit.

Much the same could be said of Hoover: while he hewed to the respectable opinion of his day, he defied both the evidence of his senses and a longer-established tradition that cried out for action. And in consequence he too found it harder and harder to get credit as he might have in normal times. Early in October of 1930, Hoover emphasized the psychological causes of Americans' troubles: "The income of a large part of our people is not reduced by the depression... but is affected by unnecessary fears and pessimism." As to whether the government should take any action, he allowed it might cut the tax on capital gains, which would permit investors to keep more of their profits from trading.[31] A few weeks later, on the anniversary of Black Thursday, Hoover quashed rumors that he would call Congress into special session to take action against unemployment. "No special session is necessary to deal with employment," he declared. "The sense of voluntary organization and community spirit in the American people have not vanished."[32] Hoover's belief in the power of encouraging phrases abided: Americans needed to believe, he thought, in the adequacy of voluntary, civic, nongovernmental action.

A few weeks later, an elite class of Americans lost their jobs all at once: congressional Republicans. In the House of Representatives, the Republicans lost fifty-two seats and yielded control to the Democrats.[33] In the Senate, the Republicans lost eight seats, leaving neither party with a clear majority.

On February 3, 1931, Hoover reiterated his opposition to federal unemployment relief, explaining that he would favor it only "if the time should ever come that the voluntary agencies of the country, together with the local and State Governments, are unable to find resources with which to prevent hunger and suffering."[34] Like the

Federal Reserve, which kept its gold in vaults while banks failed, Hoover would not open the federal treasury for relief until after private and local public institutions collapsed. He opposed federal relief on principle, believing that Americans risked being "plunged into socialism and collectivism" if the federal government provided aid directly to its citizens.[35]

He did not keep faith with cooperative and local efforts entirely in vain. Some businesses tried hard to keep employment stable. General Electric cut back on the number of styles in which it produced lightbulbs, and also committed to fifty weeks of work in 1931 for employees who had been with the firm for two years or more. Some unions worked with their industries to establish unemployment insurance funds. Some companies retrained their workers, in order to ease their movement within the firm. Still others established loans for the unemployed.[36] States did what they could. Governor Franklin D. Roosevelt of New York requested an emergency relief program of the state assembly in the summer of 1931, and Albany responded by devoting $20 million, which went to the relief of more than 300,000 families. Other states followed suit, spending tens of millions of dollars to aid their citizens.[37]

Yet these efforts did not suffice. Consumers spent cautiously when they had no confidence, and hardly at all when they had no jobs. Businesses that depended on consumers' continued confident borrowing suffered. As James Farrell, the president of United States Steel Company, told a congressional hearing late in 1931, "it is difficult to create business beyond the demands of buyers."[38] And as businesses laid off their workers, fewer and fewer consumers had money to spend.

Hoover did not refrain entirely from federal action. In February 1931, he signed legislation creating a Federal Employment Stabilization Board, tasked with timing and scaling federal spending on construction to respond to unemployment.[39] But he supported such laws reluctantly, telling an ally that he preferred "to cut expenses and to give to the country and the world an exhibit of a balanced budget," and he opposed other legislation to expand federal public works.[40] Hoover also ordered stricter enforcement of anti-immigration legislation, and in March of 1931, the *New York Times* reported the White House's claim that "President Hoover, in his efforts to relieve the unemployment situation... has kept out of the country nearly 100,000 aliens who would have ben [*sic*] admissible under normal business conditions."[41]

In June 1931, Hoover moved to halt the international propagation of credit collapses, declaring a one-year moratorium on intergovernmental debts. He had his eye particularly on Germany, whose fiscal affairs were sinking ominously. "It is not," the *Times* declared, "that war is threatened there," but rather that "[i]t is today as if there were but a single nervous system for the entire civilized world," and an injury to one extremity affected the whole body.[42]

The moratorium might have delayed a further international financial collapse, but it could provide no immediate relief for Americans. The unemployment rate continued to soar. Retrospective estimates suggest it rose from about 9 percent in 1930 to about 16 percent in 1931 and then to an appalling 23 percent in 1932. During the Depression, government statisticians sensitive to the deepening crisis and wishing to measure its proportions developed the concepts and methods of measuring and defining unemployment that underlie these modern calculations. But their early work produced gloomy numbers, contrary to what the Hoover administration wished to hear and say. The president subjected the chief of the Bureau of Labor Statistics to forcible retirement, as the *New York Times* reported: "'Retired!' he shouted. 'Please don't put it that way. It is not a proper word.'"[43]

In desperation, and in the beginning of his campaign for reelection, Hoover approved a last set of policies for lifting the

Depression. Alarmed by the impending collapse of the California-based Bank of America, Hoover called for emergency legislation to relieve the nation's banks.[44] In January of 1932, he signed into law the Reconstruction Finance Corporation (RFC), capitalized at $500 million and permitted to issue notes of up to $1.5 billion so it could lend money, principally to financial institutions, and thus act (as the Federal Reserve was not) as an energetic lender of last resort and rescue the nation's credit-providing institutions. RFC operated on the theory that if it could ease pressure on banks, eventually they would confer a similar comfort on their borrowers. Within two weeks of its creation, it was making a hundred loans a day.[45]

Hoover also signed a bill allocating $125 million to the Federal Land Bank system, a network of banks established in 1916 to provide farm mortgages. The extra money would prop up the banks in the face of defaulting borrowers and savers who demanded their deposits. Likewise, in the summer of 1932, Hoover signed into law a system of Home Loan Banks to shore up banks that had lent money for homeowners' mortgages. He signed a further bill easing the restrictions on banks within the Federal Reserve System and allowing the Federal Reserve Board greater latitude in manipulating interest rates.[46]

All these measures probably helped loosen restrictions on credit and got bankers and businessmen to lend and borrow more freely again, which might eventually have led to the substantial reemployment of the American people. But they did nothing immediate for non-banker Americans. Hoover's supporters unintentionally damned their own efforts, explaining correctly that they did nothing directly for ordinary citizens. As Secretary of the Treasury Ogden Mills explained, the president's policies "set free the recuperative and constructive forces within business itself... so that the nation's business might have an opportunity to do for itself what the Government cannot hope to do for it."[47]

Hoover stood by the principles of relief he had established in 1927—encouraging phrases, widely publicized, and aid to lenders, but no direct assistance to American workers. He disavowed any direct connection to citizens, explaining that he thought the presidency conferred "a power for leadership bringing coordination of the forces of business and cultural life."[48] He left himself entirely open to criticism from Governor Roosevelt, who declared in April of 1932 that "The present administration . . . has either forgotten or it does not want to remember the infantry of our economic army. These unhappy times call for . . . plans . . . that build from the bottom up and not from the top down, that put their faith once more in the forgotten man at the bottom of the pyramid."[49] Roosevelt's speech brought disapproval even from members of his own party, for stirring up the masses against the rich. But by summer he would be the Democratic nominee for president, and in November he would put Herbert Hoover out of work, winning the presidency by a landslide, on the hope that he, as Hoover on principle would not, might bring relief to ordinary Americans.

Notes

1. "Wagner Puts Party in Progressive Role," *New York Times*, 5/15/31, 2.
2. John M. Barry, *Rising Tide: The Great Mississippi Flood of 1927 and How It Changed America* (New York: Simon and Schuster, 1997), 270.
3. Timothy Walch and Dwight M. Miller, eds., *Herbert Hoover and Franklin D. Roosevelt: A Documentary History* (Westport, CT: Greenwood, 1998), 6.
4. Barry, *Rising Tide*, 266.
5. Ibid., 368.
6. Ibid., 401.
7. Ibid., 384–93.
8. H. L. Mencken, *On Politics: A Carnival of Buncombe*, ed. Malcolm Moos (Baltimore: Johns Hopkins University Press, 1956), 148.
9. Robert A. Slayton, *Empire Statesman: The Rise and Redemption of Al Smith* (New York: Free Press, 2001), 98.
10. Ibid., 314, 316.

11. "Hoover Asserts Business Sound," *Wall Street Journal*, 10/26/1929, 1.
12. "Leaders Call Break Technical," *Wall Street Journal*, 10/26/1929, 13.
13. "Text of Hoover's Announcement of Plan for National Conference on Business Aid," *New York Times*, 11/16/1929, 1.
14. Albert U. Romasco, *The Poverty of Abundance* (New York: Oxford University Press, 1965), 29.
15. "Text of Hoover's Announcement," *New York Times*, 11/16/1929, 1.
16. Romasco, *Poverty of Abundance*, 59.
17. Lester V. Chandler, *American Monetary Policy, 1928–41* (New York: Harper and Row, 1971).
18. "Text of Hoover's Announcement," *New York Times*, 11/16/1929, 1. (Capitalization of "system" as in original.)
19. Chandler, *American Monetary Policy*, 119.
20. Ibid., 116.
21. Ibid., 151.
22. Barry Eichengreen, "The Political Economy of the Smoot-Hawley Tariff," NBER Working Paper no. 2001 (1986), 17.
23. "Urge Tariff Cuts to Aid World Amity," *New York Times*, 6/10/1930, 2.
24. David M. Kennedy, *Freedom from Fear: The American People in Depression and War, 1929–1945* (New York: Oxford University Press, 1999), 50.
25. Douglas Irwin, "From Smoot-Hawley to Reciprocal Trade Agreements: Changing the Course of U.S. Trade Policy in the 1930s," in *The Defining Moment: The Great Depression and the American Economy in the Twentieth Century*, ed. Claudia Goldin, Eugene N. White, and Michael D. Bordo (Chicago: The University of Chicago Press, 1998), 334.
26. Edwin L. James, "Peril to War Debts Seen in our Tariff," *New York Times*, 6/18/1930, 1.
27. Ben S. Bernanke, "Nonmonetary Effects of the Financial Crisis in the Propagation of the Great Depression," *American Economic Review* 73, no. 3 (1983): 262.
28. Chandler, *American Monetary Policy*, 105.
29. Mark Carlson and Kris James Mitchener, "Branch Banking, Bank Competition, and Financial Stability," NBER Working Paper no. 11291 (2005); Richard S. Grossman, "The Shoe That Didn't Drop: Explaining Banking Stability During the Great Depression," *Journal of Economic History* 54, no. 3 (1994).

30. Chandler, *American Monetary Policy*, 105–6.
31. "Hoover Asks Bankers to Take Lead," *New York Times*, 10/3/1930, 1.
32. "Work for Jobless Put at $450,000,000," *New York Times*, 10/25/1930, p. 4.
33. Clerk of the House website, www.house.gov, consulted 2/27/2007. The Seventy-first Congress had 270 Republicans and the Seventy-second had 218.
34. "Text of President Hoover's Statement," *New York Times*, 2/4/1931, 2.
35. Joan Hoff Wilson, *Herbert Hoover, Forgotten Progressive* (Prospect Heights, IL: Waveland, 1992), 151.
36. Romasco, *Poverty of Abundance*, 135–38.
37. Ibid., 169–70.
38. Ibid., 139.
39. "Wagner Act Signed by the President," *New York Times*, 2/11/1931, 2.
40. Wilson, *Herbert Hoover, Forgotten Progressive*, 150.
41. "Alien Order Bars 96, 885 in 5 Months," *New York Times*, 3/27/1931, 22.
42. "No Splendid Isolation," *New York Times*, 6/20/1931, 11.
43. "Labor Commissioner Stewart Quits Post," *New York Times*, 7/3/1932, 3.
44. James S. Olson, *Herbert Hoover and the Reconstruction Finance Corporation, 1931-1933* (Ames: Iowa State University Press, 1977), 33–35.
45. Ibid., 42.
46. Romasco, *Poverty of Abundance*, 190–93.
47. Ibid., 197.
48. Ibid., 200.
49. James S. Olson, *Saving Capitalism: The Reconstruction Finance Corporation and the New Deal, 1933–1940* (Princeton: Princeton University Press, 1988), 55.

Chapter 3
Americans in the Depression

The United States endured depressions before the 1930s, but the Great Depression, in its breadth and duration, and in the immediacy of its chronicling, produced also a great compression. The newly interconnected country (Americans in their twenties could remember when there were still western territories, rather than fully fledged states) now had radio and newsreels throughout its towns to show itself how its people suffered. As the Depression lasted, it put the middle class more and more into the circumstances of the poor and encouraged empathy across class lines.

Americans in their forties could remember the last great depression, when the global upheaval of the middle 1890s led to frightening strikes and sent armies of the unemployed tramping the countryside, seeking work they could not find. In the midst of that depression, most voters cast their ballots against William Jennings Bryan, the Democrat who claimed to speak for the downtrodden. But Americans of this generation could remember also how the 1890s fell during an age of globalization, and remembered how so many of the country's workers then had been immigrants, literally of another people. By the Great Depression, this was no longer so true. World War I slowed immigration almost to a halt, and restrictionist legislation of the 1920s pulled America's golden door nearly shut. No longer did the factories seem to teem with newly arrived foreign workers. And so closed one of the gaps that had, a generation before, separated the middling sort from the working class.

The severity of the Depression's misfortune also diminished the distance between the comfortable and the hard-up. So many moved so quickly from one category to another that the employed increasingly identified with their fellow countrymen who were out of work. The gap between income brackets shrank. And where once, not long before, middle-class Americans might reflexively have considered lazy anyone who was unemployed, where once they might have considered radical anyone who claimed the government owed them some assistance, in the 1930s they increasingly saw the suffering millions among them as people much like themselves, who had worked to build the country that seemed now to be falling apart. This diminishing distance between classes helps to explain why Americans embraced E. Y. Harburg's song "Brother, Can You Spare a Dime?", repeatedly played throughout the Depression.

> They used to tell me I was building a dream
> And so I followed the mob.
> When there was earth to plow or guns to bear
> I was always there right on the job...
> Once I built a railroad, I made it run,
> Made it race against time.
> Once I built a railroad, now it's done
> Brother, can you spare a dime?

As Harburg explained, "This is the man who says: I built the railroads. I built that tower. I fought your wars.... I made an investment in this country. Where the hell are my dividends?"[1] Americans who were not themselves out of work—and they were the majority of the workforce—could have ignored this angry and anguished question, as they had at other times in the country's history. But as times got harder, Americans who had something, however little, to spare accepted the justice of the claim, "showering dimes and quarters upon outstretched hands," as the *New York Times* wrote early in 1933.[2] The country that so easily and so recently divided along racial and ethnic lines now drew, even if slightly, closer together.

So quickly after the crash did the crisis grow to such an appalling extent that its full dimensions resisted comprehension. When the unemployment rate ran to around a quarter of the workforce in 1932, about 11.5 million Americans had no work. To put this in some perspective, we might imagine that nearly the entire population of New York, then the most populous state, had no jobs: that from the easternmost tip of Long Island to the shores of Lake Erie, from the Canadian border to Pennsylvania, nobody had work.

But this perspective does not give quite the right picture. Some of the people of New York—children, dependent wives—would ordinarily have held no formal jobs. And the 11.5 million out of work represented only the *workers* who had no paycheck. Many of them had families who depended on them for a living. So the 11.5 million who had no jobs represented something like thirty million Americans who had lost their source of income.[3] Perhaps a quarter of the entire population, therefore, found itself without adequate means to buy shelter or food.[4]

Nor indeed do these numbers, as awful an impact as they make, tell us quite all we should know about the Depression's scope. In unemployment's shadow ran underemployment: those Americans lucky enough to keep their jobs often saw their hours and pay reduced. Employers wanted to keep their skilled workers if they could, so rather than lay people off, they urged their staff to share the burden. To many employees it seemed only fair. And so by the summer of 1932, more than half of American workers did their jobs part-time, keeping on average 59 percent of a full-time job and of full-time pay.[5]

1. These men stand in a New York City breadline in 1932.

Americans in need asked for help reluctantly, and when circumstances forced them to seek help, they went to those closest to them. But in the Depression, each of their customary sources of support failed them, one by one. As a New York City official explained in 1932, "when the breadwinner is out of a job he usually exhausts his savings if he has any. . . . He borrows from his friends and from relatives until they can stand the burden no longer. He gets credit from the corner grocery store and the butcher shop, and the landlord foregoes collecting the rent until interest and taxes have to be paid and something has to be done. All of these resources are finally exhausted over a period of time, and it becomes necessary for these people, who have never before been in want, to ask for assistance."[6]

When family and neighbors failed, workers could sometimes get help from locally organized mutual assistance funds such as rainy-day plans, or widows-and-orphans money set aside by a union or civic group. Often, Americans set up such plans within their religious or ethnic communities, on the principle of pride, to guard against one of their own having to go to charities or, what felt even more degrading, public relief. So Polish Americans, German Americans, church parishes and congregations, and various other communities kept up aid agencies that tried to provide for the unlucky among them and tide them over until work came. "Let's have pride enough *not* to sponge upon public support when Catholic charity is still able to care for its own interest," one priest declared.[7]

But these networks of support, sufficient to the occasional idle day in a single industry, collapsed under the weight of need that now pressed down on them. So increasingly people turned in shame to public sources of relief, even though it cost them dearly, and sometimes they clung to their self-respect long after they should have, to save their lives, sought help. A doctor working in a free clinic remembered, "The poor got some care, could go to free dispensaries. The rich got good care because they could afford it. There was this big middle class that was not getting any care. The middle class got very much in the position of the poor people.... People of that status would find it very difficult to accept charity.... Every day... someone would faint on a streetcar. They'd bring him in, and they wouldn't ask any questions... they knew what it was. Hunger. When he regained consciousness, they'd give him something to eat."[8]

Historically, American cities had through their own treasuries provided relief to their poor, but soon even cities could not help their citizens. In 1932, a Detroit official put it this way:

> Many essential public services have been reduced beyond the minimum point absolutely essential to the health and safety of the city.... The salaries of city employees have been twice reduced... and hundreds of faithful employees... have been furloughed. Thus has the city borrowed from its own future welfare

to keep its unemployed on the barest subsistence levels.... A wage work plan which had supported 11,000 families collapsed last month because the city was unable to find funds to pay these unemployed—men who wished to earn their own support. For the coming year, Detroit can see no possibility of preventing wide-spread hunger and slow starvation through its own unaided resources.[9]

Sometimes municipal funds might find their way to the needy through nontraditional routes: in New York, where the Health Department found that one in five of the city's schoolchildren suffered from malnutrition, public school teachers, threatened with pay cuts, paid into a fund from their own pockets for the relief of their pupils.[10] As civic organizations and governments crumbled under the weight, often so did families. "A man is not a man without work," one of the unemployed told an interviewer.[11] Those men who felt differently—who made for themselves a place in the world outside the workplace, who as husbands and fathers and friends and hobbyists knew what was worthwhile to strive for—shouldered the burden of crisis more easily. But they were in the minority. As one sociologist wrote, "The average American has the feeling that work... is the only dignified way of life.... While theoretically, economic activities are supposed to be the means to the good life, as a matter of fact it is not the end, but the means themselves, that have the greater prestige."[12]

More often than not, men took this sense of duty to heart. They knew how closely their children watched them, how much hung on their ability to get even a little work, how much joy it could bring to a house, or at least how much sorrow it could hold off. As one man who had been a boy during the Depression remembered,

A lot of fathers—mine, among them—had a habit of taking off. They'd go to... look for work.... This left the family at home, waiting and hoping that the old man would find something. And there was always the Saturday night ordeal as to whether or not the old man would get home with his paycheck. . . . Heaven would break out once in a while, and the old man would get a week's work . . . that smell of fresh sawdust on the carpenter's overalls, and the fact that Dad was home, and there was a week's wages. . . . That's the good you remember. And then there was always the bad part. That's when you'd see your father coming home with the toolbox on his shoulder. Or carrying it. That meant the job was over.[13]

Sometimes men who left to look for work never came back, finding homes in doorways or subways or the communities of shacks on the edges of cities or landfills that, soon enough, Americans learned to call "Hoovervilles." Children who were old enough and independent might themselves leave, foraging on the road instead of relying on overburdened parents. Usually such tramps were young men prepared to fend for themselves, racing to catch boxcars and steal rides. Sometimes the railroad detectives turned a blind eye to their unscheduled human cargo, sometimes not. Sometimes other travelers helped, sometimes they did not. In all, maybe two million Americans made their homes on the road in the years after the Crash.[14]

When employers advertised jobs, they had their pick of workers and could indulge their preferences, or prejudices. Increasingly, they hired or kept on white men with work experience, leaving the young and old, the women, and the African Americans disproportionately represented among the unemployed. Before the Crash, as women first entered the workforce in significant numbers, Americans already found it easy to believe that if a woman worked, she was doing it for frivolous spending money—that properly, women would rely on men who, as heads of households, would supply their wives and children with a living. In the labor glut of the Depression, employers—sometimes by policy, sometimes simply by habit—hired fewer married women and more readily dismissed those they already had on the rolls.[15] Yet women increasingly sought work, mainly to keep families afloat, though sometimes to maintain a middle-class life in the face of the

2. Squatters' shacks populate the banks of the Willamette River in this "Hooverville" settlement near Portland, Oregon.

Depression.[16] Women faced a harder market than their fathers, husbands, brothers, or sons. And if they had to leave their families, life on the road presented an even greater threat of physical exploitation than it posed to their male relations. Accounts of women out of work and without family tell of them establishing communities to protect themselves, sharing meager resources and small rooms, scheduling shifts for the use of beds and clothes. One politician remarked that the woman worker in America was "the first orphan in the storm."[17]

If so, the black worker followed close behind her into the rough weather. In the cities of the United States, African Americans lost their jobs much more quickly than their white counterparts. In part they suffered a misfortune of historical timing: black Americans, long a rural population, had on average moved to cities less recently and had less opportunity to develop careers as skilled laborers than white Americans. But a comparative lack of skills accounted only partially for the high levels of African American unemployment. Black workers noticed that they were "last hired, first fired," and that employers deliberately laid off black workers to replace them with white ones. "So general is this practice that one is warranted in suspecting that it has been adopted as a method of relieving unemployment of whites without regard to the consequences upon Negroes," a National Urban League study concluded in 1931.[18]

These inequities in the job market ensured the Depression-era working class actually in work, or nearest to it, looked much more white, much more male, and overall much more uniform than the working classes of earlier eras. The laborers who held jobs had much visibly in common with one another, and the issues of cultural conflict that so consumed Americans of earlier eras diminished. The object of Americans' solicitude became the imperiled white, male head-of-household, whose hardship they could understand as the nation's concern.[19]

These nationwide hardships crossed the lines between urban and rural populations to an unprecedented degree. Unemployment, as a cyclical problem, had plagued cities as long as there had been cities, and Americans had a folk tradition of returning to the countryside when the cities went into a slump. Farm jobs traditionally enjoyed a resistance to the problems that plagued cities, and in the Depression many Americans did seek out the security of a subsistence farm—in 1932 the farm population rose to the highest point it would reach between the two world wars.[20] But a series of unfortunate events made sure that the countryside suffered the Great Depression as the cities did.

Farm incomes reached their peak around World War I, when the dangers of shipping and general scarcity drove up the price of agricultural produce. High prices inspired farmers to put more land under the plow. Newly available tractors let them do it quickly. Then in the postwar depression, farm prices fell sharply; even after they rose again in the middle 1920s, the prices of the goods farmers had to buy rose higher still. The fresh prevalence of farm machines made it cheaper to produce more agricultural goods on a large scale, and as tractors appeared, mules and men went away. "Tractored out" hands left the countryside to seek opportunity elsewhere.[21] Even the new city prosperity hurt farmers: as urban Americans improved their circumstances, they chose their diets based on taste, rather than need. Once, a wider waistband had signaled health and success, but now thin was fashionable, and food producers' income declined. Further, farmers, like other Americans, took on considerable debt in their expansion and mechanization, rendering them vulnerable to shock.[22]

When the Crash shook this system, the fragile supports for farmers collapsed. Farm income tumbled downward. Creditors forced farmers to sell their property to cover delinquent debt payments.[23] Often, and increasingly, farmers and their neighbors tried to thwart attempts to dispossess them. They might band together and buy property at a delinquency auction, then return it for free to the owner, or they might threaten lawmen who sought forcibly to sell property.

The weather conspired with the man-made calamity. Beginning in 1931, rainfall on the Great Plains lessened until it dropped below the level necessary to sustain crops. Soon the earth would dry and crack so that it could no longer hold itself together, and great winds would simply blow it away.[24]

The South suffered from its continuing peculiarity. Since slavery, its people depended on poorly paid farm jobs to get by. Containing only about a quarter of the nation's population, the South accounted for more than 40 percent of America's farmworkers, and they were the worst-paid hands in the country.[25] Often they were tenant farmers who owed their landlords a share of the crop they produced and had little control over their livelihoods. "In 1929, me and my husband were sharecroppers," one woman recalled. "We made a crop that year, the owner takin' all the crop. This horrible way of livin' with almost nothin'."[26]

As both progress and disaster pushed people off the farms, they left, as able people throughout history have done, seeking better chances. As they did before the Depression, many migrants went West, to California, where the job market might be, and the weather generally was, better. Luckier ones came by car: in 1931, more than 800,000 automobiles entered the Golden State.[27] Less fortunate travelers came by train: in a single month of 1932, the Southern Pacific Railroad company, whose lines ran into and along the length of California, figured it had evicted 80,000 freight-hoppers from the cars it carried.[28] Many of both kinds of migrants wound up encamped throughout California's long valleys, living in tents or small cabins, picking crops for what passed for a living, surviving—or failing to—on beans and rice. Observers figured more than a quarter of the children in such camps suffered from malnutrition, and some of them died of it.[29]

The image of Americans living with almost nothing, driven by drought and storm from their homes, bent under hardship and persevering by will, soon seared itself into the minds of people all over the country. In later years, in reporters' stories and in tales survivors told, in enduring photographs by Walker Evans and Dorothea Lange, and accounts by James Agee and Lorena Hickok, these pictures of poverty in the land of dreamed plenty came to represent the Depression.

But it is worth remembering too that they did not alone represent the Depression, and in the dispassionate view of history, the sudden affliction of the ordinarily affluent may have mattered more. For example, not all the luckless migrants belonged to the chronically poor or even the working class. Many simply found themselves dispossessed as a region's economy succumbed, entire, to the collapse. "We were living in a very large house and making good money," the son of a successful tractor salesman recalled, until "POW—Dad didn't have a job anymore."[30]

As the whole country trembled, if it did not quite crumble, even generally well-off Americans who rarely thought much or concretely about the lot of the poor had suddenly an occasion to think hard on the matter, even though they might not themselves lack work, even though, perversely, the Depression allowed such Americans to live better at lower cost, because sellers in desperation had so lowered their prices. Yet nobody could live quite without worry. They mended their shoe leather with cardboard and stitched pieces of bedsheets together.[31] The recently introduced brand of adhesive cellophane, Scotch Tape, sold well to people trying to fix what they had, instead of buying new.[32]

The crisis developed further, seeming ever more systemic, ever more permanent, and Americans came increasingly to believe that the unfortunate could not, by themselves, bear responsibility for their plight, and that but for the grace of God almost any of the nation's citizens, however prudent and hard-working, might find themselves out of luck one day. And as their own local communities proved inadequate to the catastrophe, they listened increasingly for national voices, which came to them over the radio.

One such voice belonged to Father Charles Coughlin, whose weekly radio broadcasts reached Americans nationwide.[33] Coughlin began his radio career in a parish outside Detroit, taking to the airwaves in the middle 1920s to defy the local Ku Klux Klan. His talents and opinions on a widening variety of subjects won him an ever larger audience. People said you could walk for blocks in

America's cities when Coughlin was on the radio and never miss a word, as the priest's message drifted out his loyal listeners' windows into the street. Speaking over a nationwide network in the Depression, he spoke increasingly about political matters.[34]

Coughlin spoke to a mainly middle-class audience, to people who liked things as they were before the Crash yet who did not own so much that they could insulate themselves from the material or psychological effects of the Depression.[35] Coughlin attacked Communism but, as he told a congressional hearing, he thought the greatest force for Communism in the world was an intransigent capitalist like Henry Ford, who by denying his workers' lesser, reasonable claim for relief risked a revolutionary claim to everything.[36] By 1932, Coughlin and his listeners had reason firmly to put Herbert Hoover in the same intransigent category as Ford. In his last summer as president, Hoover set himself against a new claim for relief from a special category of Americans: war veterans.

In 1924 Congress had voted a special supplementary payment, or bonus, to veterans of World War I based on the length and location of service. The government issued certificates showing the amount owing to each veteran, who could collect either in 1945 or upon his death. As times grew leaner and veterans looked longingly at those sums due in the distant future, they thought perhaps the government might relent and pay them a little early. A bonus due them on their deaths would not do much good, so perhaps they could have it now. After all, Congress had just, at the president's urging, created the Reconstruction Finance Corporation, which would channel as much as $2 billion to banks and railroads to keep them afloat. "If the government can pay $2 billion to the bankers and the railroads," Coughlin wondered, "why cannot it pay the $2 billion to the soldiers?"[37]

Some former soldiers who thought likewise decided to go to Washington, DC, to stake their claim in person. The major, early organization came from Portland, Oregon, but before long news of the movement inspired other marchers, both singly and in groups. Washington police began to prepare for the arrival of twenty thousand men, who became known as the Bonus Army. The Secret Service infiltrated the march to look for threats and found "Generally speaking there were few Communists . . . and they had little effect on the men's thinking. The veterans were Americans, down on their luck, but by no means ready to overthrow their government."[38] On June 7, thousands of soldiers paraded through the city in front of a hundred thousand cheering onlookers.[39]

Others among the capital's defenders assessed the marchers differently. General Douglas MacArthur, then U.S. Army chief of staff, began gathering forces, including tanks, to defend the city against the vagabond threat that began to camp, with the help of city police, across the Anacostia River from the Capitol. Warned repeatedly that they might look like subversives, the marchers policed themselves vigorously, organizing courts and less formal groups to throw out Communists. But it did them no good. Congress adjourned without voting them relief, and the White House and the army grew increasingly concerned the longer they stayed. At the end of July, MacArthur resolved to, in his words, "break the back" of the bonus march with full military force. Soldiers marched out, fixed bayonets, and fired tear gas on the marchers and bystanders alike. Cavalry rode into the crowd; as Major George S. Patton recalled, "Bricks flew, sabers rose and fell with a comforting smack, and the mob ran."[40] Afterward MacArthur claimed he heard, as he generally did, cries of gratitude from the bystanders.[41]

MacArthur's fans, if extant, were surely a minority. Newsreel footage of the clash between the armed and unarmed armies showed tanks rolling through Washington's streets, the veterans' camp burning, and smoke drifting past the Capitol dome. MacArthur and Hoover said they did not believe the men were, in the main, really veterans at all. But the images of American soldiers chasing poverty-stricken Americans petitioning their congressmen elicited the sympathy of viewers. "I felt myself one of them," one woman said.[42]

In Albany, the governor of New York state and Democratic presidential nominee Franklin D. Roosevelt read about the Bonus March in the *New York Times*. Looking at the coverage, he told an aide that they scarcely needed to take Hoover seriously as an opponent after this disaster. Roosevelt said he might feel sorry for Hoover if he did not already feel sorry for the marchers. Indeed, Roosevelt himself did not think the government could afford to pay the men a bonus—indeed, he would veto a bonus bill as president—but, he thought, the men still deserved some sympathetic attention. He thought for a while, smoking. Still, he said, the men making their claim on the government, abused by the administration, "made a theme for the campaign."[43]

Notes

1. William L. Manchester, *The Glory and the Dream: A Narrative History of America, 1932–1972* (Boston: Little, Brown, 1974), 27; Studs Terkel, *Hard Times: An Oral History of the Great Depression* (New York: New Press, 2000), 20–21.
2. "The Lyrical Mr. Harburg," *New York Times*, 1/8/1933, X2.
3. Lester V. Chandler, *America's Greatest Depression, 1929–1941* (New York: Harper and Row, 1970), 34.
4. David E. Kyvig, *Daily Life in the United States, 1920–1940: How Americans Lived through the "Roaring Twenties" and the Great Depression* (Chicago: Ivan R. Dee, 2002), 208.
5. Chandler, *America's Greatest Depression*, 35.
6. Ibid., 41.
7. Lizabeth Cohen, *Making a New Deal: Industrial Workers in Chicago, 1919–1939* (Cambridge: Cambridge University Press, 1990), 218–21.
8. Terkel, *Hard Times*, 145.
9. Chandler, *America's Greatest Depression*, 44.
10. "20.5% of City Pupils Are Found Underfed," *New York Times*, 10/29/1932, 17.

11. Mirra Komarovsky, *The Unemployed Man and His Family* (New York: Arno Press, 1971), 133.
12. Ibid., 82.
13. Terkel, *Hard Times*, 107–8.
14. James R. McGovern, *And a Time for Hope: Americans in the Great Depression* (Westport, CT: Praeger, 2000), 10.
15. Claudia Dale Goldin, *Understanding the Gender Gap: An Economic History of American Women* (New York: Oxford University Press, 1990).
16. Winifred D. Wandersee Bolin, "The Economics of Middle-Income Family Life: Working Women During the Great Depression," *Journal of American History* 65, no. 1 (1978): 70–71.
17. William H. Chafe, *The Paradox of Change: American Women in the 20th Century* (New York: Oxford University Press, 1991), 71.
18. William A. Sundstrom, "Last Hired, First Fired? Unemployment and Urban Black Workers During the Great Depression," *Journal of Economic History* 52, no. 2 (1992): 421.
19. See also Gary Gerstle, *American Crucible: Race and Nation in the Twentieth Century* (Princeton: Princeton University Press, 2001), 177.
20. Susan B. Carter et al., eds., *Historical Statistics of the United States, Earliest Times to the Present, Millennial Edition* (New York: Cambridge University Press, 2006), series Da2; Peter Fearon, *War, Prosperity, and Depression: The U.S. Economy, 1917–1945* (Oxford: Philip Allan, 1987), 176.
21. Kevin Starr, *Endangered Dreams: The Great Depression in California* (New York: Oxford University Press, 1996), 224.
22. Chandler, *America's Greatest Depression*, 56.
23. Ibid., 63.
24. Donald Worster, *Dust Bowl: The Southern Plains in the 1930s* (New York: Oxford University Press, 1979), 11.
25. Kyvig, *Daily Life*, 211; Bruce J. Schulman, *From Cotton Belt to Sunbelt: Federal Policy, Economic Development, and the Transformation of the South, 1938–1980* (Durham, NC: Duke University Press, 1994), 3.
26. Terkel, *Hard Times*, 232.
27. Starr, *Endangered Dreams*, 23.
28. Ibid., 226.
29. Ibid., 229.
30. James N. Gregory, *American Exodus: The Dust Bowl Migration and Okie Culture in California* (New York: Oxford University Press, 1989), 16.

31. Manchester, *Glory and the Dream*, 35.
32. Kyvig, *Daily Life*, 227.
33. Alan Brinkley, *Voices of Protest: Huey Long, Father Coughlin, and the Great Depression* (New York: Vintage, 1983), 92.
34. Ibid., 94.
35. Ibid., 197–98.
36. Ibid., 102.
37. Paul Dickson and Thomas B. Allen, *The Bonus Army: An American Epic* (New York: Walker and Company, 2004), 51.
38. Ibid., 82.
39. "7,000 in Bonus Army Parade in Capital, Orderly but Grim," *New York Times*, June 8, 1932, 1.
40. Dickson and Allen, *Bonus Army*, 176.
41. Ibid., 174.
42. Ibid., 193.
43. Rexford Guy Tugwell, *The Brains Trust* (New York: Viking, 1968), 357–59.

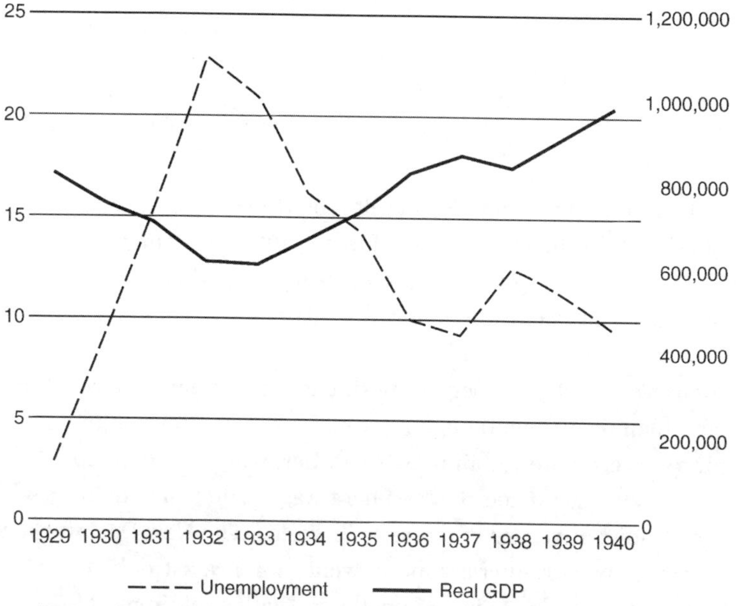

3. GDP and Unemployment. Unemployment as a measure of the civilian labor force, measured on the left vertical axis, and real GDP in millions of 1996 dollars, measured on the right vertical axis.

Chapter 4
Reflation and Relief

When Franklin Delano Roosevelt took the oath of office as president for the first time on March 4, 1933, every moving part in the machinery of the American economy had evidently broken. Banks, farms, factories, and trade had all failed.

Roosevelt right away began working to repair finance, agriculture, and manufacturing, though he would give less attention to overseas economic affairs. As Isaiah Berlin afterward noted, Roosevelt's "great social experiment was conducted with an isolationist disregard of the outside world." The New Deal worked to solve the current crisis and prevent future catastrophe in America alone, by American methods, "with a minimum of relationship with the outside world, which [Berlin continued] was indeed to some degree part of American political tradition."[1]

The Roosevelt agenda grew by experiment: the parts that worked, stuck, no matter their origin. Indeed, the program got its name by just that process: Roosevelt used the phrase "new deal" when accepting the Democratic nomination for president, and the press liked it.[2] The "New Deal" said that Roosevelt offered a fresh start, but it promised nothing specific: it worked, so it stuck.

The administration's policies to revive the money and credit of the country together with its policies to relieve the immediate misery of the American people ranked among the earliest and most enduring successes of the New Deal. From the time of their initial implementation in 1933 to the mobilization for war production in 1940, with the sole exception of the recession of 1937–38, the American economy grew at averaged rates of around 8 to 10 percent a year. Likewise, unemployment fell dramatically from its unconscionable 1932 peak. If merely curing the immediate Depression were the only New Deal goal, its policies of relief and reflation might, pursued vigorously and consistently, have proved sufficient to the task, and their evident success had much to do with the electorate's willingness to support Roosevelt.

Roosevelt began by rescuing the banks. Two days after taking office, he declared the nation's banks must stop transactions in gold, thus shutting them down, and he asked Congress to ratify his action. Congress complied with the Emergency Banking Act on March 9, which affirmed Roosevelt's action, and appointed a receiver with the power to reorganize banks if necessary. In addition, the law empowered RFC to buy bank stock and allowed the Federal Reserve System greater latitude in issuing currency, both measures meant to make money more readily available.[3] Three days later, Roosevelt spoke to the nation over the radio for the first of a series of "fireside chats," in which he explained how the banks worked, what he had done, and that "I hope you can see from this elemental recital of what your Government is doing that there is nothing complex, or radical, in the process."[4] The next day, March 13, banks began to open. Ultimately, the bill allowed about half the country's banks to reopen without qualification, a quarter to reopen with some limits on withdrawals, a fifth to undergo reorganization, and required the remainder—about 1,000 banks—to close up shop.[5]

The bank holiday set a recurring pattern for New Deal legislation. The president would take swift action of sometimes dubious constitutionality—in this case, Roosevelt rested his authority for bank closures on the not transparently applicable Trading with the

4. Franklin D. Roosevelt seated behind a microphone during a Fireside Chat in 1937.

Enemy Act, passed during World War I and giving the president powers during war.[6] Congress would quickly comply, often adding to the bill measures that went further even than Roosevelt originally anticipated—in this case, not only did Congress amend the Trading with the Enemy Act to include peacetime emergencies, it added banking law that drew on preceding state action and on measures legislators had contemplated during the Hoover administration. The president would sell the action, with the charming combination of his aristocratic accent and plain language, to the American public—in this case, saying simply, "We had a bad banking situation." Roosevelt would also go beyond simple folksiness into a teacherly explanation of the circumstances and his policy, trying truly to explain the technical details of the emergency and his response. However precipitous Roosevelt's action, he aimed at fundamentally conservative goals. As one of his advisors, Raymond Moley, later wrote, as a result of the bank holiday, "Capitalism was saved in eight days."[7] Or at least a part of capitalism, anyway. With achievements like this, the crisis in which the country found itself would incrementally improve, earning the administration a degree of credibility and perhaps the latitude for further and lasting reform of the American economic system.

The reform came three months later in the Banking Act of 1933, which owed almost nothing to Roosevelt. The law increased the power of the Federal Reserve Board to regulate banking, divided the banks that dealt with public depositors from those that invested on Wall Street, and—against Roosevelt's initial judgment—established a temporary Federal Deposit Insurance Corporation (FDIC) through which the federal government stood behind the ordinary American's savings. The president worried that the government would one day find itself forced to pay out too large a sum for failed banks, but he accepted the plan—wisely, as it turned out: under FDIC bank failures dropped by an order of magnitude.[8] In 1935 Congress gave FDIC a permanent charter.

In its conservative, capitalism-saving aspect, the story of banking reform adumbrates the later, larger story of the New Deal; throughout, Franklin Roosevelt emphasized his economic orthodoxy. In his radio address he explained that although the Federal Reserve Board could issue more currency now, this currency would rest on a sound basis. "This currency is not fiat currency," he declared. Yet even as he assured the voters, and perhaps himself, of his staid intentions with respect to the currency, he was moving in the opposite direction.

Ever since the 1890s, when the Democratic Party first began to shift from its historic support for limited government, and when, under the leadership of William Jennings Bryan, it began to stand for the ordinary man against the great manufacturing corporations, the Democrats also had a soft spot for soft money.

Bryan stood for the farmer and the worker against the gold standard, adherence to which was driving down the price of agricultural commodities. Instead, Bryan argued, the country should coin silver, inflating—or, properly, reflating—the currency and relieving the downward pressure on prices. Forty years on, the situation looked similar. Roosevelt not only depended on the farm vote, but like Bryan and many if not most Americans, he thought fondly of the nation's long-vanishing family farms, and he hoped to provide them the same relief that Bryan had proposed: more money in circulation, higher dollar prices for their produce, and an easier time repaying their debts. As he said in January 1933, "If the fall in the price of commodities cannot be checked, we may be forced to an inflation of our currency. This may take the form of using silver as a base, or decreasing the amount of gold in the dollar. I have not decided how this inflation can be best and most safely accomplished."[9]

To inflate the currency, Roosevelt would have to cut the dollar loose from gold, to which it, like the other major currencies of the world, had been anchored. Under the gold standard, countries, in theory, agreed to keep their currencies convertible to gold by maintaining only so much money in circulation as their gold reserves warranted. If their gold reserves fell—because, perhaps, their creditors demanded payment—they would have to use their central banks to reduce the money supply within their economies, lest their currencies drop in value. As early as 1929, after the drop-off in U.S. overseas lending and the rise in protective tariffs, the requirement of keeping their currencies in proportion to their gold supplies became too burdensome to a number of Latin American and European countries. The 1931 failure of Credit-Anstalt, a major Austrian bank, led to worldwide gold withdrawals, including from the financial capital of the world, London. By September, Britain had to withdraw itself from the gold standard. To bankers, politicians, and other people who regarded the British empire as solid and the gold standard as the foundation of its solidity, this abandonment looked dire indeed.

In the face of this crisis, the Federal Reserve System raised interest rates to discourage gold withdrawals from the United States. Investors would see the higher rates and know, first, that they could realize a higher return in America, and so keep their money there, and second, that by making money more expensive to borrow, the Federal Reserve meant to reduce the amount in circulation, thus defending the dollar's convertibility to gold.[10] Satisfactory though this strategy might prove to proponents of the gold standard, it made money more expensive at a time when many Americans desperately needed it cheaper. Easier money would have meant more borrowing, more investment, and more jobs. But the system's bankers chose the gold standard over relief of domestic troubles. Hoover made a joint announcement with the French prime minister, Pierre Laval, in support of the gold standard. American central bankers stood with their French counterparts, who "consider[ed] the convertibility into gold not as a servitude which has grown out of date, but as a necessary disciplinary requirement. We see in it the only efficient guarantee for security of contracts and for the morality of business transactions."[11]

The 1933 Emergency Banking Act only temporarily cut the dollar's tether to gold. But in April, Roosevelt issued an executive order preventing Americans from holding gold, except in small amounts, and required them to turn their gold in to Federal Reserve Banks in return for other currency. A few weeks later the president let it be known, the *New York Times* reported, that "He foresaw... a situation arising where the radical element in Congress... might... enact legislation of a revolutionary character"—perhaps to coin silver. To prevent this radical action, Roosevelt allowed that "some sort of inflation might be helpful," but perhaps better that he provide it himself rather than leave it to Congress.[12] It became clear that the temporary escape from gold might represent a new policy entirely. Under the Thomas Amendment to the Agricultural Adjustment Act of May 12, Congress allowed the president to fix the price of the dollar in gold.

The dollar price of gold rose from its previous rate of $20.67 per ounce to $30 per ounce. At the end of the summer, Roosevelt began using RFC to buy gold at steadily higher prices. In a fireside chat he announced, "My aim in taking this step is to establish and maintain continuous control. This is a policy, not an expedient! ... We are thus continuing to move toward a managed currency."[13] In January 1934, Congress passed the Gold Reserve Act, upon which Roosevelt fixed the price of gold at $35 per ounce and took title of all the monetary gold in the country.[14]

The New Deal Congresses reacted to the widespread belief that the bankers and brokers had caused the crash by giving Roosevelt and his appointees extraordinary discretion to manipulate money and banking, which if they had used recklessly might have damaged the financial industry and the American economy. In addition to the Emergency Banking Act and the Thomas Amendment, the Securities Exchange Act of 1934 created the Securities and Exchange Commission (SEC), broadly empowered to regulate Wall Street by preventing traders' misuse of insider information.[15] The Banking Act of 1935 put control of the Federal Reserve System in its board of presidentially appointed governors, rather than in the system's bankers.[16] Roosevelt managed to avoid some of the potential opprobrium from business by judicious use of power and by careful appointments, as when he reassured nervous bankers by appointing veteran trader Joseph Kennedy the first chairman of SEC. Within a few years businessmen gave only SEC among New Deal regulatory agencies a greater than 50 percent approval rating.[17]

Aside from his political judgment, luck also blessed Roosevelt in the use of his broad new powers. When the dollar fell in value, the price of farm commodities, particularly cotton and grain, rose, making it easier for indebted farmers to pay their creditors.[18] Perhaps more importantly, overseas investors began selling their gold for dollars. Gold began flowing into the United States. The

United States had always enjoyed a peculiar position among nations, securely connected to Europe through economic and cultural ties, yet geographically and politically distinct. And now this position began to benefit Americans as political upheaval in Europe, coupled with first the threat and then the actuality of war, increased the golden inflow through the 1930s. This gold put American banks in a much more stable position, increasing the money supply to the American economy. Banks began offering credit at lower interest rates, making it possible for businessmen to consider borrowing and investing in those aspects of their enterprises that would create more jobs, which helped account for the drop in unemployment during Roosevelt's term.[19]

The Roosevelt administration did more than its predecessor to revive American banking, and its efforts evidently succeeded. But the New Deal's financial policies—however plainly Roosevelt explained them over the radio—dealt with matters far removed from ordinary Americans' experience. Later laws did more to put the federal government into the business of backing citizens' investments—the federal government insured mortgages and through dedicated agricultural agencies worked to secure farmers' credit. But in 1933, Roosevelt's policymakers knew they must reach ordinary Americans more directly and quickly than they could by saving banks and stabilizing credit. During the Roosevelt administration, the federal government of the United States began for the first time to offer substantial direct aid to the nation's unemployed. These relief measures emerged piecemeal from political compromises, rather than from blueprints, and changed considerably over the years. The last year of Hoover's administration brought the beginnings of a federal relief program, but it came grudgingly and too slow: the Emergency Relief and Construction Act of 1932 allowed RFC to loan up to $300 million to states for relief. But the program, offering as it did loans rather than grants, and going through existing state bureaucracies, accomplished little and certainly came too late to lift Hoover in public opinion.[20]

Early in the New Deal, congressmen found it easy to identify young unemployed men as especially worth their attention. Young workers, with fewer skills and experience, found themselves out of work more often than workers at the peak of their powers. Yet by virtue of their youth they represented great promise. Young men, by the standards of the era, stood to become future heads-of-household and family providers. Contrariwise, if nobody did anything to help them soon, young men were most likely to leave their communities, becoming tramps or hoboes, posing a threat to social order.

Thus on March 31, 1933, within the first month of the Roosevelt administration, Congress created the Civilian Conservation Corps (CCC), which it chartered initially to provide work for men between the ages of 18 and 35 (inclusive). If single, healthy, unemployed, an American citizen, and a member of a family on relief, a young man could join the CCC, sign over a significant chunk of his wages to his family, and head out for a camp, organized and run by the War Department, somewhere in the American countryside. The Agriculture and Interior Departments had a list of jobs to preserve the nation's crops and forests. Floods and forest fires needed preventing and fighting; pests required eradication; roads and bridges, fences and firebreaks all wanted building. A few hundred thousand of the country's young men, culled from the unemployment rolls and kept to around two and a half thousand camps, supervised by soldiers, seemed just the solution for these problems.[21]

Americans might have worried about CCC's quasi-military qualities and the potential for indoctrination of the nation's youth in government-run camps. But the boys generally served short stints—initial enrollment lasted six months, and legislation later limited enrollment to two years. And as a small, closely focused program justified by generally agreed-upon beliefs identifying young men as especially worthy of the government's resources, CCC enjoyed a comparative freedom from criticism not extended to other New Deal relief programs.[22]

In May, Congress passed the Federal Emergency Relief Act, which created the Federal Emergency Relief Administration (FERA), devoting another $500 million of RFC's money to grants, rather than loans, to the states to support relief. Half the money would go to states based on how much money they themselves spent; the other half relied on the discretion of FERA's administrator. Roosevelt appointed Harry Hopkins, a rail-thin, chain-smoking social worker who ran New York State's relief efforts when Roosevelt was governor, to head the agency. Hopkins set up a desk in a corridor of RFC' s offices and began handing out money to the states.[23]

In June, Congress appropriated $3.3 billion, which became the purse of the Public Works Administration (PWA). As the nation's gross domestic product for 1933 amounted only to $56.4 billion, this sum amounted to an extraordinary 5.9 percent of the American economy's overall size that year.[24] Roosevelt appointed his secretary of the interior, Harold Ickes, to run PWA. Originally a Republican from Chicago, Ickes used his vast resources carefully, treating PWA often only as a financing agency for local governments, which had to design, authorize, and appropriate most of the funds to back a major project if they wished to qualify for Ickes's largesse.

In consequence of Ickes's care and Hopkins's comparatively small budget, the early relief effort, even though it earned headlines, made scarcely a dent in the problem of unemployment. Watching as the nation headed into another Depression winter, Hopkins urged on Roosevelt the creation of a new agency, one that would allow him to bypass state officials and employ people directly. Roosevelt obliged by creating the Civil Works Administration (CWA) and charging Hopkins with hiring four million Americans, which he did, by January 1934. Mindful of Americans' attitudes toward public assistance, Hopkins meant CWA to dignify relief by providing work to employees, rather than handouts to clients. Soon CWA workers were fixing up city halls, docks, and public roads, all on the federal government's payroll.

If to Americans of later generations PWA, FERA, CCC, CWA, and RFC, along with their many sibling New Deal agencies, made up a bewildering alphabet soup of bureaucracies, Americans in the 1930s had reason to know which was which. They knew RFC was Hoover's bank-saving agency (now become the pot from which many New Deal agencies scooped a portion), that CCC enrolled their sons and brothers to protect the American land, that PWA would soon build a school, hospital, bridge, port, causeway, or airport (although it had not begun yet), and that CWA got them through the bitter, record-setting cold of winter in 1933/34.[25]

Likewise, the money Congress appropriated for various New Deal programs often later seemed like so many variously sized drops in an ocean of fiscal red ink. In 1932, the federal government spent only about half what the state and local governments spent. By the eve of World War II, the New Deal had more than doubled federal spending. All the while lawmakers, and especially the president, fretted over the millions and billions they added to the federal budget.[26]

Partly for this reason, CWA did not last. Its expense, and even the gratitude with which Americans greeted it, made Roosevelt nervous. He did not like spending more money than the government took in, nor did he like letting Americans rely directly on the federal government for relief programs. In his skittishness Roosevelt conceded the necessity of a national work relief program, but he did not want it to "become a habit with the country." And before spring he had ordered Hopkins to fire his four million workers, in the vain hope that the brief program had provided enough of a push.[27] Despite the phased demobilization of CWA, staggered to prevent too many people from going on the market at once, it left people writing Hopkins plaintively for "some kind of aid a job any where any kind of work" and administrators complaining that a public work half done was worse than one never begun.[28]

Despite Roosevelt's nerves, he liked the idea of work relief better than handing out money. So when by the end of 1934 the Depression still had not lifted, his administration began designing a new program of work relief. Americans of the 1930s knew that work relief cost more than direct relief. Simply paying money to the poor was cheaper than setting up a bureaucracy to plan projects to employ the poor. But pride and their morality led them to prefer the costlier course, which allowed desperate Americans the dignity of meaningful work.

The spring of 1935 brought a new Emergency Relief Appropriation Act, giving the president nearly $5 billion for relief projects including highways, conservation, irrigation, electrification, housing, sanitation, reforestation, flood control, and indeed almost any conceivable public good.[29] Roosevelt used the act to set up the Works Progress Administration (WPA), which took over from FERA and became Hopkins's new brief. With WPA, the New Deal government frankly and fully entered the business of hiring the American people to end the Great Depression. Whereas PWA and FERA mostly respected the existing federal structure of the United States, by spending money from the national treasury through state and local governments, WPA repeated and magnified the brief CWA experience, making it an ongoing and central feature of New Deal government.

With WPA, Hopkins once more hired millions, and put them to work building hospitals, schools, playgrounds, and airports. This agency employed artists and writers and actors to ply their trade. It built roads and public housing. but it also drew immediate criticism for spending public money to pay idle hands to do useless work poorly. The purpose and structure of the agency not only guaranteed it would get these complaints, it further guaranteed that such critiques would have some truth in them. Roosevelt meant WPA to hire as many people as quickly as possible to reduce unemployment as much as possible. To really reduce unemployment, its projects could not do what private enterprise was doing, or what local governments were doing; otherwise, the federal government would simply be substituting WPA jobs for already existing jobs and would thus not reduce unemployment. As a result, WPA jobs might well look like the sort of project that would not ordinarily get done—make-work, or boondoggles, or (less ungenerously) the comforts of civilization.

Moreover, WPA offered a temptation for at least mild political corruption. Hopkins had money to give out to local officials, mayors who normally had to beg indifferent or hostile state legislators for support. Now someone in Washington, someone with funds, wanted their friendship. Big-city mayors who governed large voting populations had an especially good claim on WPA's attention.

Congress responded to concerns about WPA's possible political uses by drawing ever-narrower boundaries around the agency, boundaries that by themselves indicate what worried or offended people about the agency. From 1936, illegal immigrants could not work for WPA. From 1937, WPA workers had to accept private-sector offers or be released from the agency. From 1938, WPA employees had to supply a quarterly statement of outside earnings, if any; veterans had first right to a WPA job, then American citizens, then immigrants who had declared an intent to become citizens. Other immigrants could not apply. From 1939, workers could stay on the rolls for only eighteen months unless recertified as needy, and WPA workers had to be American citizens.[30]

While Congress tried to prevent the political use of WPA, criticism of its projects backfired. Public works that might look extravagant at first glance (a $25,000 dog pound for Memphis, Tennessee, for example) turned out to serve a useful purpose, reducing the number of dog bites and treatments for rabies in the city.[31] Each project proved popular in its own community. And WPA built a great many projects.

On the whole, WPA embodied new assumptions about earnings. It defined a "security wage," which though minimally adequate was often higher than private bosses wanted to pay, and its paychecks came with a regularity previously unknown to workers accustomed to seasonal or cyclical unemployment. It contributed legitimacy to the once unorthodox idea that Americans deserved a certain degree of job security and a minimum standard of living as an essential part of their dignity. Americans, WPA's "security wage" suggested, ought to earn a wage sufficient to provide them more than subsistence, enough to allow them pride and independence from their employers.[32]

A 1939 Institute of Public Opinion poll found that, when asked to name "the worst thing the Roosevelt Administration has done," 23 percent of Americans picked "Relief and the WPA," making it the most unpopular New Deal measure. Given the American prejudice against federal relief and the potential for political abuse, it was scarcely surprising. The same poll found that, when asked to name "the greatest accomplishment of the Roosevelt administration," 28 percent of Americans picked "Relief and the WPA," making it the most popular New Deal measure. Given the variety and local popularity of relief projects, this was unsurprising too. That 5 percent margin on an issue central to the New Deal made more than enough political difference to the Democrats.[33]

Between the immediate effects of relief, which gave Americans not just something to spend, but the ability to regard themselves again as decent and productive citizens, and the longer-term effects of reflation, which quietly began rebuilding the private-sector economy, the Roosevelt administration might have had an adequate strategy for fighting the Depression, although for the government really to pull the country out of its economic slough would require a more vigorous pursuit of both policies. But its policymakers wanted to accomplish something further and different than the mere conclusion of a crisis: they wanted to make sure the Depression could not happen again. To do so, they expected to change the American political economy forever.

Notes

1. Isaiah Berlin, "President Franklin Delano Roosevelt," in *The Proper Study of Mankind: An Anthology of Essays*, ed. Henry Hardy and Roger Hausheer (London: Chatto and Windus, 1997), 629.
2. William E. Leuchtenburg, *Franklin D. Roosevelt and the New Deal, 1932–1940* (New York: Harper Torchbooks, 1963), 8.
3. James Stuart Olson, *Saving Capitalism: The Reconstruction Finance Corporation and the New Deal, 1933–1940* (Princeton: Princeton University Press, 1988), 30.
4. First Fireside Chat (Banking), May 12, 1933, consulted online 2/27/2007, www.presidency.ucsb.edu/ws/index.php?pid=14540.
5. Peter Fearon, *War, Prosperity, and Depression: The U.S. Economy, 1917–1945* (Lawrence: University Press of Kansas, 1987), 219.
6. Samuel Anatole Lourie, "The Trading with the Enemy Act," *Michigan Law Review* 42, no. 2 (1943).
7. Raymond Moley, *After Seven Years* (New York: Harper and Brothers, 1939), 155.
8. Milton Friedman and Anna Jacobson Schwartz, *A Monetary History of the United States, 1867–1900* (Princeton: Princeton University Press, 1963), 437.
9. Barrie A. Wigmore, "Was the Bank Holiday of 1933 Caused by a Run on the Dollar?," *Journal of Economic History* 47, no. 3 (1987): 743.
10. Lester V. Chandler, *American Monetary Policy, 1928–41* (New York: Harper and Row, 1971), 177.
11. Ibid., 168.
12. "President's Action Forced by Events," *New York Times*, 4/20/1933, 1.
13. Chandler, *American Monetary Policy*, 276.
14. "President's Statement of Action under the New Law," *New York Times*, 2/1/1934, 12; Gold Reserve Act is 48 Stat. 337; Friedman and Schwartz, *Monetary History*, 465.
15. 48 Stat. 881.
16. Richard H. Timberlake, *Monetary Policy in the United States: An Intellectual and Institutional History* (Chicago: University of Chicago Press, 1993), 283.

17. Ralph F. de Bedts, "The First Chairmen of the Securities and Exchange Commission: Successful Ambassadors of the New Deal to Wall Street," *American Journal of Economics and Sociology* 23, no. 2 (1964): 176.
18. Christina D. Romer, "Why Did Prices Rise in the 1930s?," *Journal of Economic History* 59, no. 1 (1999): 174.
19. Romer, "What Ended the Great Depression?," *Journal of Economic History* 52, no. 4 (1992): 757.
20. Lewis Meriam, *Relief and Social Security* (Washington, DC: Brookings Institution, 1946), 346.
21. Ibid., 434–42. Also Neil M. Maher, *Nature's New Deal: The Civilian Conservation Corps and the Roots of the American Environmental Movement* (New York: Oxford University Press, 2007).
22. Meriam, *Relief and Social Security*, 441–42.
23. Leuchtenburg, *Franklin D. Roosevelt*, 120–21.
24. *Historical Statistics of the United States*, Millennial Edition Online, series Ca74.
25. Leuchtenburg, *Franklin D. Roosevelt and the New Deal*, 122.
26. *Historical Statistics of the United States*, Millennial Edition Online, series Ea18.
27. Leuchtenburg, *Franklin D. Roosevelt and the New Deal*, 122.
28. Bonnie Fox Schwartz, *The Civil Works Administration, 1933–1934: The Business of Emergency Employment in the New Deal* (Princeton: Princeton University Press, 1984), 234.
29. Meriam, *Relief and Social Security*, 354–56.
30. Ibid., 380–82.
31. Jason Scott Smith, *Building New Deal Liberalism: The Political Economy of Public Works, 1933–1956* (Cambridge: Cambridge University Press, 2006), 149.
32. Meriam, *Relief and Social Security*, 385.
33. "Relief Top Issue, Survey Indicates," *New York Times*, 6/4/1939, 27.

Chapter 5
Managing Farm and Factory

The New Deal's earliest efforts to rewrite the rules of the United States' political economy included two major agencies to centralize the planning of American production. Both efforts had more to do with ambitions dating back to World War I than with responses to the current crisis. And major components of both efforts failed politically, but in their failure they pointed the way to a different policy for preserving American capitalism.

If American money and banking policy put the United States on the road to recovery within the first year of the Roosevelt administration, it did little to help stabilize the world economy. Indeed, as American monetary policy brought gold into the United States, other countries felt pressure as their money supplies dwindled. Roosevelt made it amply clear in his first year that he could spare no thought for other countries as long as the American situation remained so dire. In the summer of 1933 he scuttled the international London Economic Conference by sending the message, "The sound internal economic system of a Nation is a greater factor in its well being" than anything the conference could decide.[1] The peoples of the rest of the world would have each to find their own route out of the crisis.

Some countries left the gold standard and began groping their own way back to prosperity, in some cases by establishing exclusive trade relations within their old colonial empires. Everywhere, falling commodity prices hit farmers cruelly hard, and many colonized countries had few major occupations besides farming. Colonies, as ever, found themselves at the mercy of their imperial masters. Latin American countries sought bilateral trade arrangements to ensure purchases, Brazil offering coffee for German machinery and Argentina selling beef to Britain.

As the crisis continued, political parties gained support by proposing radically new systems of social organization. Fascist and Communist movements gathered strength by promising various forms of state socialism that would control national economies and restore stability. Anti-imperialist movements arose to promise independence to beleaguered farmers in the colonized world.[2] Everywhere, people hurt by the Depression sought some new form of society immune to the ailments they faced. Or almost everywhere: while the United States experienced some of the same pressures, and sometimes its sufferers saw themselves in similar terms to their peers in other countries, its radical movements looked more traditional than novel. For example, one American farm advocate declared that "American agriculture stands in just the same subservient position to American industrialism that the colonies occupied toward England a century and a quarter earlier."[3] But unlike their similarly economically subservient colonial cousins, American farmers had representation in their legislature—indeed, more representation than their numbers alone would merit. In consequence, although the New Deal included American experiments with economic planning, the tactics adopted had less to do with radical responses to the immediate crisis and more to do with the long history of farm grievances in America.

By the time the United States sank into the Great Depression, the country had already seen seventy years of nearly constant agitation for federal action in favor of farmers. The legislation of the Civil War era—principally the Homestead Act, the Pacific Railroad Act, the Morrill Land Grant Act—encouraged Americans to go West in the belief they would there find land on which they could settle into single-family farming. The Reconstruction of the South after the war had, albeit briefly, encouraged similar hopes of establishing more single-family farms there. But small-time farmers in America came soon to grief, suffering various combinations of aridity, debt, infestation, and the consolidation of farmland in fewer, larger holdings.

As one economic history of the United States has it, "Farmers are always unhappy."[4] "Always" may slightly overstate the case, but even so, a variety of factors conspired to keep farmers on edge for almost the entirety of the early twentieth century. Expensive and innovative technologies made farming less a family pursuit and more an industrial concern, with sound credit and efficiency surpassing diligence and hardihood as the cardinal agrarian virtues. The extension of transportation networks throughout the world put farmers ever more obviously into competition with an international market. Even as farmers faced more overseas competition, they saw American tariff policy protect their fellow citizens in manufacturing from the same pressures: for much of this period, Congress favored using import taxes to prevent foreign factories from selling their goods in the American market. Behind the shield of the tariff, farmers saw, American manufacturers could reduce production and raise prices without fear of international competitors undercutting them. Meanwhile, the American people moved in droves to cities, putting urban life and concerns at the center of national debate and relegating agriculture to the margins.

While farming dwindled in economic and cultural importance, farmers retained an outsized influence on national politics. Because the United States Senate allocates legislators to states, not to people, it overrepresents the less populated, more heavily agrarian states of the nation. In consequence, farmers retained great, though waning, influence in national politics even as they became fewer in number. Further, Congress's failure to adopt a redistricting scheme after the 1920 Census—the first count that showed more Americans living in cities than on farms—guaranteed that rural Americans enjoyed better representation in the House of Representatives than their numbers warranted.[5]

Into the 1920s, the effects of World War I rendered more acute the chronic unhappiness of American farmers. During the war, the United States shipped meat and grain to its allies, rationing them at home on wheatless and meatless days. Thus deprived of their traditional diet, Americans learned to eat more of the more perishable fruits and vegetables, which also—Americans found—kept them healthier. Also, the passage of laws prohibiting manufacture and sale of alcoholic drinks reduced consumption of grain. Thus demand for the staples of the American farm fell.[6]

At the same time, farmers increased their harvests. While the European powers waged war, American farmers rushed to feed them, turning fields over to grain that might otherwise have lain fallow or served as pasture. When the war ended, this extraordinary demand ceased, but American farmers generally kept up their new levels of productivity in the hope that prosperity might return.[7] With decreased demand and increased supply, farm prices fell. They might have risen again if enough people left farming for other pursuits and turned their land over to other uses. But many American farmers wanted to remain farmers; they just wanted to become better paid ones. So they banded together to lobby for legislation restoring them to parity with their fellow countrymen in the cities. They wanted to stay on the farm but live as comfortably as people who worked in offices and factories. And increasingly, they pointed to the era just before World War I as their golden mean, when farm goods fetched what they saw as a fair price.

To return to that period of parity, farmers believed, they would have to arrange their economic activity much as manufacturers did, which meant controlling prices by curbing production. As

Henry A. Wallace, who would serve as secretary of agriculture under Franklin Roosevelt, said in 1922, "It is no more wrong for farmers to reduce production when prices are below cost of production than it is for the United States Steel Corporation."[8] To Wallace and his allies, U.S. Steel symbolized all industrial corporations that enjoyed advantages farmers did not: the tariff protected manufacturers from foreign competition, and the scale and scope of their operations let a central office reach decisions that swayed the entire domestic market. Providing similar benefits to agriculture meant first of all, as one advocate put it, "getting the tariff to the farmer."[9] But just blocking imports with a tariff would have done no good, as American farmers were already producing far more than the domestic market could consume. So farmers needed further methods of gaining benefits similar to those enjoyed by industry. In addition, farmers could only pine for the centralized efficiency of major corporate offices: farm producers were too many and too scattered to decide on concerted activity.

In the early 1920s, farm advocates sketched a plan to skirt these obstacles. George Peek, president of the Moline Plow Company in Illinois, along with his business partner, Hugh S. Johnson, realizing "you can't sell a plow to a busted farmer," developed an idea that the farm bloc in Congress supported. Peek and Johnson had both worked with the War Industries Board (WIB), the agency that regulated American production during World War I, and they believed their experience of managing an economy almost totally sealed off from the world market would suit the country now. A tariff, they thought, should block imports of farm goods, and a government corporation should buy up any crop surplus and seek to export it overseas. Farmers' marketing associations would work to coordinate domestic production. Peek's plan became the basis for the McNary-Haugen bills passed by Congress in the late 1920s and vetoed by President Calvin Coolidge on the grounds that they would interfere too much with the free market and raise prices for urban consumers. During his presidency, Herbert Hoover sought a halfway position; even before the Crash he backed Congress's 1929 creation of a Federal Farm Board empowered to loan money to farmers and to store excess crops, while encouraging cooperative action in American agriculture. Like other Hoover policies, it proved unequal to the Depression.[10]

Other farm advocates pushed the McNary-Haugen idea further, believing that tariff-like protections would not work well enough; farmers had also to reduce their production. W. J. Spillman, an economist working for the Department of Agriculture, developed a plan of "domestic allotment." Examining the domestic consumption of (for example) wheat, the government would determine the size of the domestic market for a commodity and allot to each state and farm an appropriate share of this market. Farmers producing their allotted share would receive market value plus a bonus for their crop, and would have to take only market value for any further production.[11] Milburn L. Wilson, a professor of agricultural economics at Montana State College, promoted domestic allotment aggressively, adding to the original idea and urging it on farm association and broader business interests alike. In its mature phases, the plan included self-financing provisions, taxing the processors of a commodity (e.g., millers of grain into flour) to pay for the allotments. Wilson promoted this plan to Roosevelt's campaign in 1932, and Roosevelt spoke favorably of an interventionist farm policy in (as his advisor Raymond Moley said) "generalities too vague to require examination."[12]

The New Deal's first major farm legislation, the Agricultural Adjustment Act of 1933, reflected this long, if mixed, lineage. Although it began by citing "the present acute emergency," it focused on farmers' longer-standing complaints. It charged the government with erasing the "severe and increasing disparity between the prices of agricultural and other commodities, which disparity has largely destroyed the purchasing power of farmers," and it specifically pointed to the years just before the deranging effects of World War I as the ideal of parity to which the country should return. And in keeping with the New Deal preference for vague generalities, it left the exact mechanism of the plan up to the president but provided him the powers to reduce acreage under production, to pay benefits for desirable harvests, and to tax processors, all of which the domestic allotment idea required.[13] In addition, the law exempted farm associations from antitrust prosecution (making it possible for farmers to centralize their decision-making) and made participation in its programs voluntary.

Roosevelt's appointments also reflected the heritage of his farm policy: he named Wallace as secretary of agriculture and Peek as head of the new Agricultural Adjustment Administration (AAA), which would administer the production-control policy. Wilson became head of AAA's wheat section.[14] Differences of opinion split these three longtime lobbyists for federal farm policy; Peek preferred the use of marketing associations to reducing production, Wilson wanted the domestic allotment plan as a step to permanent acreage reduction, and Wallace told Wilson the programs might work "if we are really going the route of state socialism. And I am very much inclined to think that we really are going that route."[15] Coupled with the vagueness of the law and of Roosevelt's wishes, these divisions made an already difficult job harder.

By the time AAA got under way in the spring of 1933, cotton growers had already planted their crop. Seeing an abundance of cotton already on hand, AAA asked growers to plow up their plants in exchange for a fee, lest already low cotton prices fall further. AAA agents spread out over hundreds of counties to persuade farmers to dig up what they had just sown. They met problems typical to any bureaucracy—they never had enough blank contract forms where they needed them, and farmers complained about the fairness of yield estimates, and an estimator's freedom to indulge his friends: "Our estamater sure did not give us a fair deal.... He has pets."[16] Checks for the plow-up often came late.

Beyond these ordinary administrative difficulties, AAA met problems specific to its agrarian mission. Mules long-trained to avoid plowing up cotton plants balked when set to the task. Poor weather prevented plow-ups in some places, and fair weather discouraged farmers from plowing up a good crop in others. Sometimes a sheriff had to send a tractor to enforce a plow-up contract and charge the cost to the reneging farmer.[17] When plow-up checks did come, landlords sometimes kept the payments from tenants.

If the spectacle of a government destroying cotton when millions of its people went without adequate clothing rankled, the spectacle of that government destroying food in the midst of hunger positively hurt. But to keep hog farming incomes up to parity, AAA officials decided they had to slaughter millions of piglets, lest they in future years fuel a glut. "That we should have . . . idle and hungry and ill-clad millions on the one hand, and so much food and wool and cotton upon the other that we don't know what to do with it, this is an utterly idiotic situation, and one which makes a laughing stock of our genius as a people," a Missouri farm leader claimed.[18]

5. These men, members of the Civilian Conservation Corps, worked on a poultry-raising farm in Jonesville, Virginia.

None of the farm policy's architects really meant it to address the nation's ancient problems of rural poverty or the new problems of the Great Depression. The law specifically aimed to erase the inequality in purchasing power between countryside and city by moving back to an imagined golden age, not forward to a brave new world. Far from stimulating recovery by aiding the majority of the nation's buyers, its regressive processing taxes, passed on to consumers, penalized urban buyers to benefit rural sellers.

Farmers mainly supported such policies: cotton growers lobbied to have acreage reduction made compulsory once they realized that nonparticipating farmers would derive the benefits of raised prices without having to sacrifice a portion of their crop. In response Congress passed the Bankhead Cotton Control Act of 1934, taxing farmers on everything they sent for ginning over their quota. This law required a referendum after its first year of operation, and in the vote almost 90 percent of cotton-growers nationwide favored its retention.[19]

As John D. Black, an economist sympathetic to the domestic allotment plan, noted in 1936, AAA took for its goal a relative rise in farm incomes, not a rapid recovery from the Depression. For a speedy recovery, a policy of raising farm incomes was generally thought inferior to a policy of raising business profits, because business profits meant more investment and higher wages for more consumers. The best case one could make for AAA, Black wrote, was "that it has given us a *better* recovery than would a business-profits recovery, because . . . it has given us a *better distributed* recovery"—which was to say, a recovery better distributed geographically, from city to farm, not a recovery better distributed across classes. And even that case did not hold up especially well, Black noted: while farm prices had risen, perhaps two-thirds of their rise owed to drought and to the devaluation of the dollar rather than to AAA action.[20] Moreover, as much as farmers liked the rise in their prices, they lamented a simultaneous rise in the prices of the goods they bought—a rise they attributed to the New Deal's other major economic management law, passed a month after the agriculture act.

Industrial policy, like farm policy, drew on an established tradition of centralizing authority to control prices, harking back to a perceived golden era—this time during World War I, when the government worked with business leaders on WIB to encourage cooperation and command of production. While WIB veteran George Peek went to head AAA, his old colleague from WIB days, Hugh Johnson, helped create and run its industrial counterpart, the National Recovery Administration (NRA).

At least since the great merger movements of the late nineteenth century, major American businessmen regarded with suspicion the principle of unfettered competition, which lowered the prices they could get for their goods and services, sometimes below the cost of production. Increasingly, they professed to believe in an " 'economic right price,' the 'universal use' of which, through federal regulation, 'would wholly and permanently eliminate unfair price-cutting.' "[21] Businessmen thus faced similar problems to American farmers, while enjoying certain natural advantages. Manufacturing lent itself to centralized control more easily than farming. Innovation in technology and techniques permitted ever greater substitutions of machine and management efficiency for employment of skilled labor, and thus put control of the factory floor more securely into the hands of businessmen. Indeed, perhaps the only obstacle (however low) to the utter concentration of manufacturing was the federal antimonopoly code.

WIB taught businessmen that with government cooperation, instead of antagonism, they could control production to fix prices, prevent strikes, and make a decent profit—all while appearing patriotic. The Depression afforded them an opportunity to lobby once more for such an emergency arrangement so they could determine the right, higher price for their products.

The first business-government collaboration of the Depression had been the Hoover-era "Buy Now" campaign. Journalists, politicians, and other boosters implored the consumers who had driven the boom of the 1920s to purchase their way back to prosperity. This rhetorical campaign failed. In 1931 *Business Week* reported, "The 'Buy Now' idea seems to have faded out.... There appears to be increasing doubt as to what buyers should use for money."[22] By the Roosevelt administration, it had become clear it would require more than cheerleading to increase purchasing power. Roosevelt asked his secretary of labor, Frances Perkins, if she could come up with a way to provide labor unions a place in the industrial policy for reducing competition. Perkins, America's first female cabinet member, had served in Roosevelt's New York administration, where she advocated minimum wage and maximum hours legislation. Now she proposed the creation of industrial boards, on which representatives of management, labor, and the government might sit together. To participate in the policy, unions would also need a right to organize, which Supreme Court cases had questioned even after the 1914 Clayton Act exempted unions from the antitrust laws. The American Federation of Labor (AFL) defended the right to organize as a way to increase "buying power."[23]

An economist with the brand-new AAA argued that the industrial legislation had to perform a similar purpose to the farm law—to promote not a speedier, but a better distributed, recovery: "I think the act has got to do something about improving wages, about improving labor conditions, about protecting collective bargaining so that it will be in better balance, and so we will have a stimulation of consumer interest and consumer buying."[24]

Like the Agricultural Adjustment Act, the industrial legislation reflected its mixed origins. The National Industrial Recovery Act of 1933 included a variety of measures, including provision for public works that allowed Roosevelt to create his work-relief agencies. But its major provision allowed the creation of a more managed industrial policy through boards like the ones Perkins had envisioned, with management, labor, government, and consumer representatives negotiating regulatory codes. Congress suspended the antitrust laws to permit price-fixing among businesses for a two-year period. It authorized the president to set, or to delegate authority to set, codes of operation for industry that would determine the basis for fair competition. In section 7a of Title 1, the law required such codes to guarantee that

> employees shall have the right to organize and bargain collectively through representatives of their own choosing, and shall be free from the interference, restraint, or coercion of employers of labor, or their agents, in the designation of such representatives or in self-organization or in other concerted activities for the purpose of collective bargaining or other mutual aid or protection.[25]

Unions, business groups, and consumer advocates waited to see what the President would do with his new powers.

Roosevelt launched NRA with warlike rhetoric, invoking "the great cooperation of 1917 and 1918" as precedent, and named Hugh Johnson, the former general, to run it, thus satisfying the businessmen who looked fondly to WIB for inspiration. Johnson created a martial symbol for NRA, a blue eagle clutching a gear and a clawful of thunderbolts. He tried to mobilize consumers by extending the wartime metaphor. "It is women in homes and not soldiers in uniform who will this time save our country. . . . It is zero hour for housewives."[26]

The price-raisers had the upper hand because executives of large corporations had more control over their enterprises, greater familiarity with the scale and scope of their operations, and a good friend in Hugh Johnson. By the end of summer 1933, most major industries had developed codes, while less than 10 percent of the industries with NRA code-making authorities had a labor member and even fewer had a consumer representative. Thus, many of the codes resulted from negotiations between businessmen and government officials, many of whom had recently been businessmen themselves. As one observer complained, NRA codes looked like "a bargain between business leaders on the one hand and businessmen in the guise of government officials on the other."[27] Labor leaders discovered that management could circumvent section 7a by creating company-run unions. Workers began to complain that prices were going up, but not wages. NRA, which looked every day more like what critics called an "Old Deal" organization, repeated the Hoover-era "Buy Now" campaign, to the same response: "What with?" as one farmer asked.[28]

NRA also deeply vexed some owners of smaller businesses. Many found themselves ill-equipped to deal with the bureaucratic requirements of code compliance and unlikely to make themselves heard against larger competitors in the code-making authorities. The principal price-fixing measures of the codes catered to larger businesses trying to prevent niche competitors from undercutting them. And especially in the Depression, standing up for the little guy offered an irresistible political opportunity, as Frances Perkins observed: "You can always get sympathy by using the word small. . . . With little industries you feel as you do about a little puppy."[29] In response NRA established a board to investigate such complaints. Headed by the celebrity lawyer Clarence Darrow, the study discovered "monopolistic practices" in seven of the eight NRA industries it studied, and found that small businesses were "cruelly oppressed."[30]

By 1934, NRA had stalled amid criticism. Johnson resigned, replaced by a committee. Early in 1935, an examination of NRA found only two instances in which codes had been enforced against business. With the two-year exemption from antitrust prosecution nearly expired, the Senate defied Roosevelt, voting only a limited extension of NRA.[31] Before the House could decide whether it agreed, the Supreme Court declared NRA unconstitutional—but it was already clear that in Roosevelt's subsequent, privately expressed opinion, NRA gave him "an awful headache" and some of its policies had been "pretty wrong."[32]

Before long the Supreme Court would also strike down AAA. For the Court, the two agencies similarly violated the Constitution: they exerted an unprecedented and unauthorized coercive executive power within states. As Henry Wallace had said, such agencies edged toward "state socialism," which it is fair to suppose most Americans, even in that desperate crisis, regarded with suspicion.

Shorn of their more statist, managerial elements, key parts of the AAA and NRA survived as Congress reenacted them in law. Inasmuch as neither program aimed at a swift recovery, but tried instead to provide a different balance in the distribution of American wealth and power—from city to countryside and from management to labor and consumers—the policies enjoyed considerable popularity among important Roosevelt constituencies, representing aspects of the New Deal approach to political economy that would last well beyond the Depression.

Notes

1. Lester V. Chandler, *American Monetary Policy, 1928–41* (New York: Harper and Row, 1971), 281.
2. Dietmar Rothermund, *The Global Impact of the Great Depression* (London: Routledge, 1996), 107, 29.
3. Judith Goldstein, "The Impact of Ideas on Trade Policy: The Origins of U.S. Agricultural and Manufacturing Policies," *International Organization* 43, no. 1 (1989): 35.
4. Susan Previant Lee and Peter Passell, *A New Economic View of American History* (New York: W. W. Norton and Company, 1979), 301.
5. Zechariah Chafee Jr., "Congressional Reapportionment," *Harvard Law Review* 42, no. 8 (1929); Orville J. Sweeting, "John Q. Tilson and the Reapportionment Act of 1929," *Western Political Quarterly* 9, no. 2 (1956).

6. Theodore Saloutos, *The American Farmer and the New Deal* (Ames: Iowa State University Press, 1982), 9.
7. Ibid., 5.
8. Ibid., 32.
9. Goldstein, "Impact of Ideas," 43.
10. Keith J. Volanto, *Texas, Cotton, and the New Deal* (College Station: Texas A&M University Press, 2005), 15 ff.
11. Ibid., 20.
12. William D. Rowley, *M. L. Wilson and the Campaign for the Domestic Allotment* (Lincoln: University of Nebraska Press, 1970), 15; Saloutos, *The American Farmer and the New Deal*, 41; Volanto, *Texas, Cotton*, 22.
13. 48 Stat. 31, 34–5.
14. Rowley, *M. L. Wilson*, 195.
15. Ibid., 138.
16. Volanto, *Texas, Cotton*, 45.
17. Ibid., 49.
18. Anthony J. Badger, *The New Deal: The Depression Years, 1933–40* (London: Macmillan, 1989), 163.
19. Volanto, *Texas, Cotton*, 83.
20. John D. Black, "The Agricultural Adjustment Act and National Recovery: Discussion," *Journal of Farm Economics* 18, no. 2 (1936): 243.
21. Ellis W. Hawley, *The New Deal and the Problem of Monopoly: A Study in Economic Ambivalence* (Princeton: Princeton University Press, 1966), 40.
22. Meg Jacobs, *Pocketbook Politics: Economic Citizenship in Twentieth Century America* (Princeton: Princeton University Press, 2005), 96.
23. Hawley, *New Deal and the Problem of Monopoly*, 28.
24. Jacobs, *Pocketbook Politics*, 208.
25. 48 Stat. 195, 198.
26. Jacobs, *Pocketbook Politics*, 109.
27. Hawley, *New Deal and the Problem of Monopoly*, 57–62.
28. Ibid., 58, 93.
29. Ibid., 82.
30. Ibid., 96.
31. "Extension of NRA for Only 10 Months Voted By Senate," *New York Times* 5/15/1935, 1.
32. Frances Perkins, *The Roosevelt I Knew* (New York: Viking Press, 1946), 251.

Chapter 6
Countervailing Power

From the first, and increasingly through the 1930s, New Dealers asked the federal government to exercise new powers not mainly for centralized planning or social welfare, but rather, as the economist John Kenneth Galbraith would later say, "to give a group a market power it did not have before." Looking back from 1952, Galbraith noted that "the most important legislative acts of the New Deal," as well as those that "fueled the sharpest domestic controversies," were laws that enlisted the federal government in "the support of countervailing power."[1]

The idea of using the state to support private interests in the name of countervailing power attracted New Dealers for two reasons. First, it kept them on the side of American capitalism by stopping short of state ownership or even regulation of business. Second, in their understanding of history they were not the first American lawmakers to use the federal government to support private interests, they were simply the first to propose using the government mainly to benefit groups other than the owners of major corporations. As Senator Lewis Schwellenbach (D-WA) said of the nation's mythically government-free pioneer past, "Don't let anyone tell you that government bounties were not being given in those days. . . . The railroads got their sections of land in each township. . . . Vast tracts of timber lands were available for . . . the timber operators. . . . A protective tariff system was maintained by which hidden taxes were removed from the pockets of everyone who labored in industry and agriculture.... There were [government] bounties galore. But the people who worked, and who bought and consumed our products never got in on them."[2]

If those policies of the nineteenth-century Republican Party succeeded in strengthening the original power within the American industrial economy—the great banks and manufacturing corporations of the Northeast—they left the rest of the country relatively underdeveloped. Not coincidentally, strong support for the New Deal came from the poorer South and West, whose voters believed they benefited little from these policies.

This historical legacy of lopsided regional riches made it happily unnecessary for the Roosevelt administration to distinguish between good politics and good policy: if they wanted to spend money to even out economic development in the country and create countervailing powers, they would spend it in the South and the West, and on the industrial workers of the country. Contrariwise, if they wanted to spend money to benefit the most loyal and critical voters in the New Deal coalition, they would spend federal money in the South and the West, and on the industrial workers of the country. Politics and economics worked together in the New Deal construction of countervailing power.

Franklin Roosevelt prided himself on inventing one way in which the government could create countervailing power, which he called the "yardstick" concept. During World War I, Roosevelt argued while assistant secretary of the navy that the U.S. government ought not to armor-plate all its own ships but rather should build a small armor-plating plant and thus learn how much the process should cost. The costs of the government-run plant would serve as a measure of fair profit for private contractors, providing a counterweight to the businessmen's information on the cost of production. The navy would then know what it ought to pay to give contractors a fair, but not excessive, profit. Roosevelt remembered this idea later.[3]

At around the time Roosevelt was urging the government to enter the armor-plating business, Washington was entering the electricity business at Muscle Shoals in Alabama. There the Tennessee River drops by 134 feet through thirty-seven miles of rapids. And there the U.S. government built Wilson Dam, providing hydroelectric power to factories producing nitrates for fertilizer or explosives.[4] Before construction on the dam had quite finished, the Harding administration proposed turning it over to private management, and the Coolidge administration in its turn supported this idea. Senator George Norris, a progressive Republican of Nebraska and chairman of the Agriculture Committee (which had charge of bills relating to fertilizer), blocked the privatization plan and instead proposed expanding public ownership of electrical production.

In the 1932 campaign Roosevelt stepped into this impasse between privatization and public ownership, saying that a few government power plants were "forever a yardstick to prevent extortion" by private monopolies. After his inauguration he worked with Norris to create the Tennessee Valley Authority (TVA), which would take over Muscle Shoals and build other dams along the river, extending government-provided power through much of the South.[5]

The law creating TVA listed among its several goals "the agricultural and industrial development of said valley."[6] Whereas a generation before, the federal government under Republican control lent itself to the development of the West by interstate private railroad corporations, under Democratic control it now pushed for the development of the South by interstate public power corporations. But interstate and public did not here mean distant or unresponsive: headquartered in Knoxville, Tennessee, TVA devoted itself to working through local institutions and

6. Civilian Conservation Corps boys weeding a Tennessee Valley Authority nursery near Wilson Dam in Alabama.

drumming up support for what its director, David Lilienthal, called "grass roots administration of federal functions." If Americans were going to adopt public ownership of electricity, Lilienthal figured, they would have to do it locally—they would never support and indeed, in the interest of democracy should never support, national socialism, contrary to the ambitions of some planners and the fears of their opponents.[7]

Democratic politicians had long yearned to raise up the South from its legacy of poverty and join it to the West as a balance to the financial and industrial (and generally Republican) centers of the Northeast and Midwest. But they had to circumvent white southerners' animosity to the federal government, whose Justice Department and civil rights policies the white South had long loathed. TVA's campaign for locally controlled federal power helped Democrats design a federal development policy white southerners could stand. Repeatedly, southern cities held referenda in which citizens voted against the private monopolies and for public power, with Lilienthal's enthusiastic support. Energetic and well-funded resistance to these votes came from private power corporations owned by the holding company of Commonwealth and Southern, which Wendell Willkie, a Democrat who supported Roosevelt in 1932, headed. TVA dampened Willkie's affection for the administration. While Willkie himself negotiated with TVA, members of Commonwealth and Southern's constituent companies fought its expansion. Southern cities and TVA responded by working to get PWA to build—or even merely to plan to build—lines and plants to compete with, and render redundant, the private power companies. Often PWA's plans alone provided enough federal leverage so the private power companies sold their infrastructure and yielded to local, public control.[8]

For much of the 1930s, Willkie's companies kept TVA from providing power to southern cities by suing and getting injunctions from courts. Although higher courts eventually ruled in TVA's favor, the long judicial process forced Lilienthal to spend months on the stump, contrasting TVA's commitment to democracy and local control to the private companies' opposition to both. Under such circumstances Lilienthal could credibly insist that though TVA's opponents might call it "soviet," it was the power companies, and not TVA, that favored the centralized, outside control of the Tennessee River Valley.

TVA illustrated typical vices and virtues of the New Deal's plans to use federal leverage to empower existing groups. It brought electrical power cheaply—at perhaps half the price Americans paid to private companies—to people who never before had it, and its success inspired private companies to try lower rates and larger markets as well. TVA also inspired Roosevelt to try rural electrification on a national scale, creating the Rural Electrification Administration in 1935 with money from the relief act of that year, to support the creation of rural power cooperatives. Like TVA, REA not only opened service to new areas, it pressed private companies to see profit potential in markets they had hitherto slighted.[9]

In these respects the effort at generating electrical power for countervailing constituencies worked, laying the foundations for further economic development in regions sorely wanting it. Inasmuch as it brought southern politicians and voters around to the New Deal, it succeeded too. At the same time, TVA's commitment to respecting local institutions limited its support for democracy: working through established southern structures meant leaving the racial hierarchy of the South intact. TVA fertilizer programs did not involve the historically black agricultural colleges of the South, nor did its segregated workforce look out of place in the land of Jim Crow.[10]

The New Deal worked to develop the West, too. Critics of the administration's motives pointed out that the swing states of the West, much more politically changeable than the Northeast or South, received a disproportionate share of the New Deal's dollars. Although PWA officials responded that more than a fair share of their budget went to the much longer settled and more developed states east of the Mississippi, it remained the case that on a per capita basis PWA money went much farther in the sparsely populated West. Likewise, if the New Deal were in the business of buying votes, western states had more electoral votes per capita to offer.

Suspicions that the Roosevelt administration was buying the West's allegiance proved weakly founded. These states had a lot of land and needed many miles of roads: if the federal government were going to spend solely on the basis of need, it would spend more money per capita on roads out West. Further, the West had plenty of projects, particularly for hydroelectric power, already planned and ready for funding. With so much land capable of sustaining so many more people, paying for these projects in the West looked like a good investment. Finally, the federal government owned disproportionate shares of land in western states—more than 80 percent of Nevada, for example—which made it cheaper and easier to build projects there.[11]

Just as spending money to develop the South made economic sense because it meant tapping the potential that slavery and its legacy had corked, spending money on the West made economic sense too: it meant making way for the denser settlement of a potentially much richer region. If New Deal development led also to environmental spoliation, if it extended the American industrial system indiscriminately, if it failed to disturb racial impediments to democracy (WPA helped intern Japanese-Americans in the West during World War II), or if it appeared suspiciously political, it also looked like a sound investment. The construction of public works under a policy of development raised up these historically underdeveloped regions as countervailing powers to the older, richer, and historically Republican Northeast. These policies also represented the most redistributive policies of the New Deal: although the Roosevelt administration may have worked to redistribute money and power geographically, it did not as directly use the state to redistribute money and power across classes.

At least since Adam Smith made *ability to pay* his first maxim of taxation, countries more comfortable with state action than the United States of the 1930s provided market power to groups that otherwise did not enjoy it by taxing people who had more wealth and using the proceeds to provide goods to people who had less. Despite the directness of this method, the New Deal did not use it. Indeed, the Roosevelt administration retained the opposite tax policy as established under Hoover in 1932, adding AAA processing taxes to regressive federal excise taxes on liquor and other goods deemed luxuries or vices. These taxes put a disproportionate burden on those Americans least able to pay. Even the Revenue Act of 1935, which resulted from Roosevelt's request for a "sound public policy of encouraging a wider distribution of wealth," touched so few people it looked like "a hell raiser, not a revenue raiser," as a member of the House Ways and Means committee claimed.[12] Believing that prospects for recovery depended on businessmen's investment, the Democrats stuck with the less-visible excise taxes—polls showed that Americans rarely considered these levies to qualify as taxes—instead of raising income taxes on more Americans.

But the Roosevelt administration did work to redistribute wealth, just not through tax policy. Instead it wanted the market to work more equitably, to allot to workers and consumers higher wages without government's direct intervention. To achieve this end the New Deal fostered the growth of worker and consumer organizations empowered to bargain collectively, and therefore more effectively, for a better deal in the marketplace. A simple theory supported this policy: if business had grown ever more organized and therefore efficient at cutting its cost, so should the buyers of products and the sellers of labor also organize and learn efficiency. In an instance of this theory's implementation, NRA promoted the organization of consumers and laborers.

Mild as toleration of a labor union's right to exist may seem, management fought it. In 1934, the country's factories exploded in strikes as corporations refused to recognize unions. Strikes shut down entire cities. Roosevelt established the National Labor Relations Board (NLRB) to settle disputes. Investigations showed the managers of American industries had determined to abort unions' birth, using infiltration, threats, speedups, and, bluntest instrument of all, the desperate job market: "Look out the window," employers said, in numerous variations in numerous workplaces, "and see the men waiting in line for your job."[13]

John L. Lewis of the United Mine Workers famously told his men, "The President wants you to join a Union."[14] Lewis exaggerated: Roosevelt disliked promoting confrontation with businessmen who would lead the country's economic recovery and viewed unions with mistrust. But as on other issues, congressmen of

Roosevelt's party pushed the president. Senator Robert Wagner drafted a bill to create a permanent NLRB and specifically to prevent the formation of company unions or the intimidation of union organizers. The law not only required companies to bargain with union representatives elected by workers but also instituted a majority rule providing that if a majority of workers in a shop voted for a union, that union would have the power to represent the whole shop.

Wagner saw the law as a way to keep from investing the state with too much power. "The National Labor Relations Board is the only key to the problem of economic stability if we intend to rely upon democratic self-help by industry and labor instead of courting the pitfalls of an arbitrary or totalitarian state."[15] Stronger unions, though a bitter pill, might go down more easily with middle-class voters than indefinitely increased federal authority and spending. And as passed by Congress in July 1935, shortly after the Supreme Court struck down the National Industrial Recovery Act, the Wagner Act replaced NRA's statist code-making authorities with the philosophy of countervailing power, attributing the economic crisis to the earlier absence of an effective counterweight to business management:

> The inequality of bargaining power between employees who do not possess full freedom of association . . . and employers who are organized in the corporate or other forms of ownership association . . . tends to aggravate recurring business depressions by depressing wage rates and reducing the purchasing power of wage earners. . . . It is hereby declared to be the policy of the United States to . . . eliminate these obstructions . . . by encouraging the practice and procedure of collective bargaining.[16]

Now the president really did want American workers to join a union—the law required it of him. And despite an unfriendly labor market (the ready availability of unemployed workers impeded unionization) Americans did join: In 1930, under a tenth of workers in manufacturing belonged to unions, while by 1940, more than a third did; in mining, the rate of unionization over the same period went from slightly over a fifth to just under three-quarters. Similar increases characterized other sectors.[17] Given the rate of unemployment, the rise in unionization as a countervailing force to managerial power owes considerably to the shift toward legal protection for unions, finally and extensively justified by the time of the Wagner Act as a way to achieve a more equitable distribution of wealth without increasing the power of the state.

Federal policy encouraged Americans to organize themselves not only as producers but also as consumers. Upon signing the National Industrial Recovery Act, Roosevelt declared, "A Consumers Advisory Board will be responsible that the interests of the consuming public will be represented" in NRA's code-making process.[18] The head of the Consumers' Advisory Board , Mary Harriman Rumsey, advertised her willingness to listen to the ordinary American consumer.[19] Complaints poured in, along with labels and other evidence of rising prices on milk, bread, and similar staples.

Similarly, AAA invited the consumers into the producers' sanctum. Frederic Howe, a municipal reformer and New York Commissioner of Immigration in the 1910s, became consumers' counsel to AAA in the summer of 1933. Howe had the job of preventing prices from rising much higher than the level necessary for producers to recover the AAA processing tax.[20] His office began producing *Consumers' Guide*, which listed prices for staple products in various American cities, showing how much over cost the prices had risen. Like Rumsey, Howe invited consumers to report price rises and especially sought discrepancies between listed and actual prices.[21]

Before long these in-house consumer voices began seeking outside help. Rumsey appointed economists and activists for the project of "building a Consumers' movement." They hoped to establish consumer councils around the country. Although the president's purported wish that Americans join labor unions did much more to organize the workforce than the consumer movement did, the New Deal's call for Americans to join consumer unions also produced a counterweight to managerial decisions and indeed to the administration's own policies. Ultimately, the consumer movement the New Deal helped build and tie to its policies lobbied to change those policies. In response to such complaints, NRA hosted a "Field Day of Criticism" that revealed widespread consumer dissatisfaction with its work. One of NRA's in-house consumer advocates, Leon Henderson, worked with economist Gardiner Means to report on the rigidity of high prices under NRA's policies, influencing Congress's reluctance to renew NRA's charter. Rising meat prices led to consumers' strikes against butchers around the country. Consumers pledged not to buy until the New Deal shifted its support from producers and processors toward buyers. One of AAA's consumer advocates, Donald Montgomery, began campaigning against rising bread prices. Having raised up the countervailing power of consumer consciousness, the New Deal responded by shifting away from its initial commitment to an alliance between government and industry, and toward a more impartial role.[22]

For these countervailing forces to have real effect they needed independence. The South and West needed development so they could generate their own wealth and capital, enabling them to represent their own regional interests against the Northeast. Workers and consumers needed organization and legitimacy so they could represent their interests independently of business management. In seeking to afford individual American workers and consumers a greater degree of independence, the Roosevelt administration determined to insure them against loss of income, either temporarily, through cyclical unemployment, or permanently, through disability or old age. To this end Roosevelt appointed a Committee on Economic Security (CES) to draft plans for social insurance.

7. Government posters such as this promoted Social Security. Other posters promised support for widows and children of qualified workers.

The report CES sent to Roosevelt called for universal coverage of the American elderly by pensions paid for partly by their own contributions and increasingly, over time, out of the general revenues of the U.S. Treasury. Roosevelt rejected this plan, declaring it was "the same old dole under another name"—he wanted a self-financing plan under which old-age pensions worked on the model of insurance premiums. Workers and their employers would pay into a fund a percentage of their paychecks. In the event of retirement in old age, workers would draw a pension funded by their savings. The program would thus constitute "a wholly contributory scheme with the government not participating," as Roosevelt asked.[23]

Critics immediately pointed out the drawbacks of this plan. No other country financed social insurance this way, and for good reason. Contributions calculated as a percent of payroll put a relatively heavier tax burden on poorer earners. Within the administration, Harry Hopkins pointed out the regressivity of the payroll taxes and recommended a tax on wealthier Americans' incomes instead. In the press, opinion-makers fretted that "the law is almost a model of what legislation ought not to be," as the *New Republic* wrote.[24]

The administration's concern with fiscal soundness also prevented the Social Security system from reaching all Americans. Because the United States came late to the business of old-age insurance, it had the advantage of other countries' experience to examine. As Abraham Epstein, an advocate of old-age insurance, noted in 1922, "It is evident that it can only be made to apply to persons who are in regular employment. It is next to impossible to collect contributions from persons who are irregularly employed, from agricultural laborers, from those who are not their own employers, from women who work at home not for wages, from small merchants, and so forth."[25] The Roosevelt administration therefore sought to follow other countries that had excluded farm workers and domestic servants from their old-age pension policies at the start, and Congress complied.

The limits on Social Security would not last, nor did administration officials think they would. Privately, the experts knew that the contributory scheme would soon need supplementing from the general treasury. Publicly, they avowed their intention to expand the program to cover more workers when they could. As amended in 1939 and 1950, the system fulfilled these expectations. But for the moment of its creation, Social Security stuck to the limits Roosevelt set on it.

If the decisions to limit Social Security derived from a concern for fiscal soundness, they had further effects peculiar to the American workforce. The exclusion of farm workers and domestic servants disproportionately affected African Americans. At a stroke, Congress cut half the black workers in the country, and around 60 percent of those in the South, out of the Social Security system. If this racial discrimination followed from innocent concerns for fiscal stability, a further provision in the law could not so easily escape criticism.

Social Security also included a program of direct assistance to the elderly already beyond working age, who could not now contribute to funding their own pensions, setting aside federal funds to match whatever states spent to provide cash relief. It included similar plans for aid to the blind or to needy dependent children (chiefly the children of widowed mothers), on the principle that they, like the elderly, constituted a class of deserving unemployed people. The question of how much they deserved remained open.[26]

When determining how to allocate federal matching funds to the states for assistance to the elderly poor (a program distinct from the contributory insurance scheme), the Social Security proposal initially imposed on the states a uniform standard of "decency and health." Representatives of southern states protested that to meet this standard as acknowledged elsewhere in the country would require them to quadruple their aid to the poor as, indeed, the average income in the South amounted to as little as one quarter of what Americans in richer states earned. This discrepancy derived largely, as one southern senator admitted, from the different labor market imposed on the "great many colored people" in the South. Despite the obvious racist tinge to southern protestation, their provision passed with the administration's approval (and that of the sole African American in Congress, Arthur Mitchell, Democrat of Illinois, who argued it was unrealistic to expect a fourfold increase in a state's relief bill).[27]

Social Security's unemployment provisions resembled other parts of the plan: as with old-age insurance, the federal component of unemployment insurance would come from payroll taxes; as with aid to the deserving and unemployable, states would be able to determine the generosity of unemployment benefits. But unemployment compensation went further to prevent too much power from lodging in Washington. Once states established their own unemployment compensation schemes, employers could deduct what they paid their state governments from what they owed the federal government. The law thus encouraged states to establish unemployment insurance programs, rather than creating a national plan.

If, as many later commenters would claim, Social Security became the basis for the American welfare state, it did so despite its framers' apparent intentions. Its principal provisions do not qualify as welfare at all, nor as relief, owing to Roosevelt's insistence that they draw on beneficiaries' contributions rather than the general revenue. Americans did not enjoy these benefits as a matter of right, only by virtue of their having bought into the plans, as they might have with a private insurance program. Roosevelt wanted to limit federal contributions to the barest minimum in the interest of fiscal soundness—hence the contributory plan, hence the state unemployment plans, hence the matching basis for old-age assistance. "Not one nickel more.... Not one solitary nickel. Once you get off the... matching basis the sky's the limit, and before you know it, we'll be paying the whole bill."[28]

Nor did Social Security push the United States onto a course like that followed by other modern nations, as American lawmakers chose instead a contributory system of regressive taxation. Adopting a progressive income tax for national benefits would not only have mimicked other countries' social spending and arguably have served social justice, but it might also have done a better job of fighting the Depression. But the New Dealers did not shape Social Security as a Depression-fighting policy. Rather, it constituted a guarantee of Americans' future independence from their employers and thus as an underpinning of the strategy for fostering countervailing power around the country. Moreover, it represented a modest step in that direction: reformers on the Committee on Economic Security believed that to make employees properly independent, the United States needed a system of national health insurance—but so vigorously did opponents, particularly the American Medical Association, resist even efforts to research the subject that the committee dropped it.[29] Rather than increase the power of the state, New Dealers preferred to increase the power of individual citizens and groups of citizens, and did so within what they regarded as realistic political limits.

As Franklin Roosevelt headed to reelection in 1936, he could claim to have worked both for the recovery of the American economy and for its reform, in both the interest of a fairer marketplace and the interest of the Democratic Party, which happened, owing to geographic and historical peculiarities of the American experience, to overlap. The South and the West needed economic development; the industrial Northeast needed relief from the severity of unemployment. All the great dams and roads and bridges the Roosevelt administration built, the infrastructure that brought the promise of modernity to the South and West, amounted to a minority of the New Deal's total spending, 60 percent of which went instead to relief that funneled chiefly to the more urban states of the Northeast.[30]

In responding to these needs Roosevelt was responding also to the constituents he most needed: the consumers and the workers of the industrial state and the voting citizens of the South and West, all of whom drew strength and independence from his policies. As they grew in power, they pushed the president to do more for them. In the New Deal's success lay the possibility of its demise: the louder these voices grew, the more clearly they clamored for differing goals. Roosevelt could keep them together only by extraordinary efforts and the accidents of history.

Notes

1. John Kenneth Galbraith, *American Capitalism: The Concept of Countervailing Power* (New York: Transaction Publishers, 2004), 137.
2. Jason Scott Smith, *Building New Deal Liberalism: The Political Economy of Public Works, 1933–1956* (Cambridge: Cambridge University Press, 2006), 120–21.
3. Thomas K. McCraw, *TVA and the Power Fight, 1933–1939* (Philadelphia: J. B. Lippincott Company, 1971), 30.
4. Ibid., 1.
5. Ibid., 33.
6. 48 Stat. 58.
7. David Lilienthal, *The TVA: An Experiment in The "Grass Roots" Administration of Federal Functions* (Knoxville, TN: 1939).
8. McCraw, *TVA*, 138.
9. Theodore Saloutos, *The American Farmer and the New Deal* (Ames: Iowa State University Press, 1982), 219.
10. McCraw, *TVA*, 142.
11. John Joseph Wallis, "The Political Economy of New Deal Spending Revisited, Again: With and Without Nevada," *Explorations in Economic History* 35, no. 2 (1998).
12. Mark H. Leff, *The Limits of Symbolic Reform: The New Deal and Taxation, 1933–1939* (Cambridge: Cambridge University Press, 1984), 137, 56.
13. Meg Jacobs, *Pocketbook Politics: Economic Citizenship in Twentieth Century America* (Princeton: Princeton University Press, 2005), 139.
14. Ibid., 137.
15. Ibid., 145.
16. 49 Stat. 449.
17. Irving L. Bernstein, *Turbulent Years: A History of the American Worker* (Boston: Houghton Mifflin, 1971), 769–70.
18. "President's Statement on Recovery Act Policies," *New York Times*, 6/17/1933, 2.
19. "A Champion of the Consumer Speaks Out," *New York Times*, 8/6/1933, SM5.
20. "Consumer Bureau to Check Prices," *New York Times*, 6/24/1933, 22.
21. Jacobs, *Pocketbook Politics*, 119.
22. Ibid., 131–32.

23. Mark H. Leff, "Taxing the 'Forgotten Man': The Politics of Social Security and the New Deal," *Journal of American History* 70, no. 2 (1983): 366–68.
24. Ibid.: 373.
25. Gareth Davies and Martha Derthick, "Race and Social Welfare Policy: The Social Security Act of 1935," *Political Science Quarterly* 112, no. 2 (1997): 222.
26. James T. Patterson, *America's Struggle against Poverty, 1900–1985* (Cambridge, MA: Harvard University Press, 1986), 67–75.
27. Davies and Derthick, "Race and Social Welfare Policy," 227.
28. James T. Patterson, *The New Deal and the States: Federalism in Transition* (Princeton: Princeton University Press, 1969), 93.
29. Daniel S. Hirshfield, *The Lost Reform: The Campaign for Compulsory Health Insurance in the United States from 1932 to 1943* (Cambridge, MA: Harvard University Press, 1970), 42–70.
30. Wallis, "Political Economy," 167.

Chapter 7
The End of the Beginning

Franklin Delano Roosevelt spoke with an apparently easy confidence and in the accent of an upper class indigenous to the country but normally concealed from most Americans behind the stone walls and tree-lined roads of the Hudson River Valley and Long Island. His ancestors had come to New Amsterdam in the seventeenth century, and his family never strayed far, though governments fell and rose, some abetted by Roosevelts. His mother's family, the Delanos, were merchants. He attended Groton and Harvard, schools chiefly for rich, white, Protestant boys. When he married his distant cousin Eleanor Roosevelt (making her Eleanor Roosevelt Roosevelt) he acquired as uncle-by-marriage President Theodore Roosevelt, in whose footsteps he followed as a state legislator, assistant secretary of the navy, and governor of New York. Were it not for his bout with adult polio, which left him unable to stand without much pain, effort, and assistance, he would have endured no evident hardship and, indeed, all the privilege a democratic country could offer.

Nothing in his background made him look anything like a tribune of the people; neither did he run as one in 1932, when he criticized Hoover for running deficits, nor preside as one afterward. In the United States as throughout the industrial world, the circumstances favored the growth of social spending policies, yet

Roosevelt himself, as leader of the party more favorable to such programs, resisted them. Sometimes his fiscal conservatism availed nothing, as when he opposed deposit insurance or exhibited indifference to the National Labor Relations Act until it had all but passed Congress anyway. Sometimes his conservatism permanently shaped American social policy, as when he determined the contributory and federal structure of the Social Security system. And despite his willingness to experiment, these fiscally conservative impulses never left him, which made the Roosevelt who emerged in 1936 as the champion of labor and the loudest philosopher of countervailing power all the more peculiar. When nominated for president by his party that summer, he declared war on "the privileged princes of these new economic dynasties. . . . These economic royalists complain that we seek to overthrow the institutions of America. What they really complain of is that we seek to take away their power. Our allegiance to American institutions requires the overthrow of this kind of power."[1] Roosevelt went on to "heartily subscribe" to "the brave and clear platform of this Convention," which listed "malefactors of great wealth" near "kidnappers and bandits" in the lineup of the nation's enemies.[2]

Roosevelt's opponents would sometimes call him a traitor to his class, but as the historian Richard Hofstadter observed in 1948, "if by his class one means the whole policy-making, power-wielding stratum, it would be just as true to say that his class betrayed him."[3] Despite Roosevelt's care in constructing the New Deal, despite the restraint and caution and respect for American federalism of the New Deal's every measure, despite the overriding evidence in both word and deed that the Roosevelt administration came time after time to rescue American capitalism and had no intention of replacing it, Roosevelt met at best foot-dragging, often disingenuous cooperation; as the New Deal succeeded and the Depression lessened, outright hostility from members of his class who (it turned out) regarded even slight shifts in the social order as portents of anarchy.

As much as the Democratic Party depended on the votes of segregationist whites, and as much as the Roosevelt administration built New Deal programs to respect the institutions of federalism and states' rights precisely to avoid disturbing the racial politics of the South, the New Deal nevertheless did more to assist African Americans than the Hoover administration had and more than the old Democratic Party had. The ideal of assisting the "forgotten man" compelled New Dealers with a sense of shame and history to remember that black Americans more routinely fell into that category than any other class. As First Lady, Eleanor Roosevelt ranked high among such New Dealers. She had in youth worked in a settlement house that helped the immigrant poor of New York City; she showed such sensitivity to the issues of class and race that she became the channel through which civil rights leaders like Walter White of the National Association for the Advancement of Colored People (NAACP) could make themselves heard in the

8. Ben Shahn photographed this "White Trade Only" sign—one of many around the country—in Lancaster, Ohio, for the Farm Security Administration in 1938.

White House. In particular, she pushed Hopkins at WPA to ensure that relief went to black, as well as white, workers.[4] Such efforts produced only partial success—CCC, for example, noticeably resisted racial integration—but the New Deal made inroads into black joblessness as no program, federal or state, Democratic or Republican, previously had.[5]

These changes undermined southern whites' sense of privilege, and some took this threat so seriously they decided to seek redress. One, a retired executive of the du Pont corporation, wrote another du Pont executive early in 1934 to complain, "Five negroes on my place in South Carolina refused work this spring . . . saying they had easy jobs with the government," and received the reply that perhaps some organization should appear, "for educating the people to the value of encouraging people to work; encouraging people to get rich[.]"[6] From this spark emerged the American Liberty League, which one Roosevelt aide derided as like cellophane—"first, it's a du Pont product and second, you can see right through it"—which is to say its members, despite their expressed nonpartisan concern for the U.S. Constitution, had clearly no higher goal in mind than defeating Roosevelt in 1936.[7]

A year later, the Liberty League got a valuable ally in its opposition to the New Deal: the Supreme Court of the United States. On May 27, 1935, Chief Justice Charles Evans Hughes read the majority opinion in the case of *Schechter v. United States*. The Schechter slaughterhouse owners had been convicted in federal court for selling an "unfit chicken" and other violations of the National Recovery Administration (NRA) code for the poultry industry. Hughes argued, contrary to the preamble of more than one New Deal law, "Extraordinary conditions do not create or enlarge constitutional power." The Court believed that NRA represented an unlawful delegation of power from Congress to the president and thence to the code-making authorities, and particularly that it too broadly interpreted Congress's constitutional ability to regulate interstate commerce.[8]

On May 31, Roosevelt held a press conference—"the first of its kind in White House history where a president, speaking informally . . . outlined without reference to a manuscript an issue which appeared to him as second in importance only to war," as a *New York Times* reporter wrote.[9] The president read from telegrams pleading with him to restore NRA regulations, one of which suggested stripping the Supreme Court of its jurisdiction over the industrial codes. But, Roosevelt said, "these telegrams are futile." The Court's decision in *Schechter* was, he said, "more important than any decision probably since the Dred Scott case" (the case insisting the federal government had no power to prohibit slavery in the U.S. territories, which precipitated the Civil War) because the Court relied on a strict definition of the Constitution's commerce clause. Roosevelt read the decision as preventing the federal government from regulating manufacturing, mining, agriculture, and construction, even if the raw materials or finished products of those activities crossed state lines. And in a country dependent on interstate commerce, a country transformed by modern transportation and communication into a single nation, this reading of the law rendered the federal government impotent. "We have forty-eight Nations from now on. . . . It is a perfectly ridiculous and impossible situation," Roosevelt declared. The strict interpretation of the commerce clause might have worked when little trade crossed state lines and the nation's people moved by "horse-and-buggy." But now that "We are interdependent—we are tied together," Roosevelt said, the United States needed a national government. "Now, as to the way out . . ." Roosevelt began, then stopped himself. "I suppose you will want to know something about what I am going to do. I am going to tell you very, very little on that," he said.[10]

Nor did he, for more than a year, say anything substantial in public about the Supreme Court and the New Deal, not even when the Court invalidated the Agricultural Adjustment Administration the following January and a set of other New Deal measures afterward. His opponents spoke volumes. Liberty Leaguers began lionizing the justices as defenders of the American Way. And Roosevelt's opponents began declaring that the issue of the upcoming election would be the Court. Conservative Democrat Eugene Talmadge of Georgia asked whether America's voters wanted "a bunch of Communists . . . to appoint the successors" to the aging justices. Republicans said Roosevelt had gone beyond the conventions of American civility with his "horse-and-buggy" comments, and their nominee, Governor Alf Landon of Kansas, said that Roosevelt had "cracked up."[11] Senator Arthur Vandenberg (R-MI), disingenuously ruminated, "I don't think the President has any thought of emulating Mussolini, Hitler or Stalin, but his utterance as I have heard it is exactly what these men would say."[12]

Although Roosevelt said little, his administration and Congress kept active, passing the Wagner Act to re-create and strengthen labor's right to organize as recognized in the National Industrial Recovery Act, and passing the Guffey Coal Act to create a miniature NRA specifically for the bituminous coal industry, on the grounds that this industry operated on a truly interstate scope.[13]

The Court kept pace with the New Dealers, invalidating the Coal Act in May 1936, as one of a string of decisions that over the course of a year pitted its majorities against the New Deal in opinions that struck Felix Frankfurter, then a law professor at Harvard, as "written for morons" and left him fuming, "Apparently history and precedents mean nothing."[14] Nor were Harvard faculty the only Americans appalled. The president reliably received letters from constituents complaining, as one Texas man did, that "I told you the Rich Men always Run to the Supreme Court to Beat Our Laws."[15]

Ultimately the Court outstripped the federal legislators and ran ahead to put a roadblock in front of the states. In *Morehead v. New York ex. rel. Tipaldo*, the Court ruled that states could not set minimum wages for women workers. Roosevelt mildly commented, "It seems to be fairly clear ... that the 'no-man's-land' where no Government—State or Federal—can function is being more clearly defined. A State cannot do it and the Federal Government cannot do it."[16] Some Republicans recognized that with this decision, defending the Supreme Court no longer looked like such a fine election strategy. Congressman Hamilton Fish (R-NY) said, "I say to my Republican friends if you lend or express any sympathy for this decision ... it will mean a million votes for the Democratic party." Herbert Hoover remarked, "something should be done to give back to the states the powers they thought they already had."[17]

But by now the Republicans had so thoroughly committed themselves to a policy of standing with the Court against Roosevelt they could not easily reverse course. At the Republican National Convention, Hoover insisted, "The American should thank Almighty God for the Constitution and the Supreme Court," and got two minutes' applause.[18] In the *New York Times*, Arthur Krock wrote, "the court knows itself to be on trial."[19] If so, the Court had put itself in the dock, and the Republicans had climbed in with it—Roosevelt, in his near-total silence on judicial issues, had little to do with it. The election amounted to a referendum on the Court only inasmuch as it ranked much more importantly as a referendum on the New Deal, and not the New Deal as a particular program or even a success but as a willingness to use the power of the U.S. government on behalf of working and suffering Americans. While his opponents stood by the Supreme Court and against the New Deal, Roosevelt stood by the New Deal and against the Depression. In Madison Square Garden on October 31, he said, "Tonight I call the roll—the roll of honor of those who stood with us in 1932 and still stand with us today. Written on it are the names of millions who never had a chance—men at starvation wages, women in sweatshops, children at looms." And arrayed against them

> the old enemies of peace—business and financial monopoly, speculation, reckless banking, class antagonism, sectionalism, war

> profiteering. They had begun to consider the Government of the United States as a mere appendage to their own affairs. . . . They are unanimous in their hate for me—and I welcome their hatred. I should like to have it said of my first Administration that in it the forces of selfishness and of lust for power met their match. I should like to have it said of my second Administration that in it these forces met their master.[20]

The electorate assented. All the states but Maine and Vermont went for Roosevelt. No president had enjoyed such a majority in the electoral college since James Monroe ran virtually unopposed in 1820, and Roosevelt won a larger share of the popular vote (more than 60 percent) than any other candidate since careful record-keeping began in 1824.[21] Roosevelt won unprecedented majorities of African American and Jewish voters. But most importantly he drew working people to the polls in record numbers to vote for the president they knew stood by them. Pollsters found that middle-class people were more likely to vote for the president than the rich, and the working class were more likely to vote for the president than the middle class. Even within the working class, this gradation showed itself: going down the scale of skills, the less-skilled workers were more likely to support the president than the more-skilled ones. The American people had a good idea where their president stood. As one wrote him, "you are the one & only President that ever helped a Working Class of People."[22] At the same time, the voices in the land that had sought to challenge Roosevelt for leadership of the middle and working classes had fallen silent. Huey Long had been murdered the year before. Father Charles Coughlin, the radio priest, led an unsuccessful third party effort, earned rebuke from the Catholic Church for his politics, and lost listeners as he became increasingly anti-Semitic. Even the Communist Party in the United States avoided criticizing Roosevelt.[23]

The astounding national majority that Roosevelt had built would last for about thirty years, but even at the moment of its triumph the fissures that would crack it apart had already opened. A coalition whose political program as a matter of principle used the federal government to aid working-class, ethnic, and African Americans was a coalition that appealed almost entirely to urban Americans. This coalition might well succeed in electing a president, as populous cities could carry populous states with many electoral votes. But the structure of Congress and especially of the Senate resisted this politics of class and city, largely because the eighteenth-century framers meant the Congress to do just that. Rural areas, areas with smaller towns, and the white South with its persistent racist politics looked with increasing hostility on the Roosevelt administration as the president—with increasing frankness—declared himself the champion of the country's downtrodden. Roosevelt won reelection on a newly clear New Deal, but he also laid bare the difference between the New Deal and the Democratic Party.[24]

Roosevelt spent the first year of his second term clarifying this difference in a manner he would not have chosen, with his first major political loss. Despite the president's own silence about the Supreme Court in 1936, advocates of judicial reform spoke often about changing the Court's composition, recalling the Reconstruction era when a Republican Congress had stripped the Court of jurisdiction in some cases and shifted its numbers. One of the president's advisors discovered that the New Deal's great foe on the Court, Justice James McReynolds, when serving as Woodrow Wilson's attorney general in 1913, had proposed to reform the federal judiciary by requiring the appointment of a new judge for each judge who did not retire on his seventieth birthday. The Supreme Court's four most anti-New Deal justices were all over seventy, and none of the justices was under sixty. Roosevelt settled on McReynolds's plan for increasing the Court's numbers—or as supporters privately and opponents publicly said, "packing" the Court.[25]

Well before the president committed himself to the plan, the Court apparently reacted. In December, after the election but before the inauguration, Justice Owen Roberts, who had previously voted with four other anti-New Deal justices to make a majority on the Court, switched his vote to a new, pro-New Deal majority in a case that looked to almost all observers like a frank reversal. The Court would not read its opinion in *West Coast Hotel v. Parrish* until March, but in it the justices said the opposite of what they had said in *Tipaldo*—that the states could indeed legislate minimum wages.[26] And soon they would uphold the Wagner Act and the Social Security Act, and afterward seemed much friendlier to the New Deal in all its respects.

Yet Roosevelt went ahead with his plan to shift the Court. Supporters could claim the idea had obvious merits: the Republicans packed the Court during Reconstruction; Theodore Roosevelt advocated similar measures during and after his presidency; when Franklin Roosevelt entered office fewer than 30 percent of federal judges were Democrats and through his entire first term he had not been able to appoint a Supreme Court justice; *Tipaldo* in particular struck almost everyone as obviously at odds with the times and tradition.[27] But the Court-packing plan presented an excellent opportunity to level at Roosevelt the charge of dictatorial ambition which, in an unsettled age of actual dictators in developed countries, carried special weight. The Senate Judiciary Committee issued a report repudiating the president's plan as a "needless, futile, and utterly dangerous abandonment of constitutional principle" that reminded them of the misfortunes other countries' political systems had recently suffered. Seven of the ten signers were Democrats. As one journalist wrote, the report looked like conservative Democrats' "document of secession."[28]

As the summer went on, and the Court looked ever more conciliatory, Roosevelt's Court-packing plan looked increasingly unnecessary. It finally went down to defeat amid death—Senator Joseph T. Robinson (D-AR), Roosevelt's floor leader, died while pressing the bill—and death threats from vigilante opponents of the president, and the administration's congressional support faded away.[29]

The protracted Court fight and the split within the Democratic Party worked with a larger hardship to undermine the New Deal. For the first time since Roosevelt's election and with sickening speed, the country plunged into economic recession, imperiling the New Deal's claims to success. It did not look like an ordinary reversal of the business cycle, as the economy had clearly not completely recovered from the fall of 1929. Administration critics blamed the recession on Roosevelt. They said he had scared businessmen into holding onto their capital, thus preventing them from making productive investments, and they also blamed the Social Security taxes, which had gone into effect in 1937, for removing money from the economy. Within the administration, New Dealers blamed businessmen for deliberately refusing to invest—for starting what they called a "capital strike," to discredit the New Deal—and they too blamed Roosevelt: in a resurgence of his fiscal conservatism, Roosevelt had ordered cuts in public works spending with the goal of balancing the budget.[30] As New Deal spending fell, unemployment rose.[31]

In a private letter to the president dated February 1, 1938, John Maynard Keynes argued that Roosevelt ought to act as if all critics were right. Cutting relief spending was, Keynes said, "an error of optimism," and renewed spending on public works would help reverse the downturn. At the same time, Keynes noted, the United States needed private enterprise to help solve its problems: "You could do anything you liked with them, if you would treat them (even the big ones), not as wolves and tigers, but as domestic animals by nature, even though they have been badly brought up and not trained as you would wish.... If you work them into the surly, obstinate, terrified mood, of which domestic animals, wrongly handled, are so capable, the nation's burdens will not get carried to market." So Roosevelt needed to reenlist businessmen in the recovery effort. Keynes's recommendations carried extra weight now, as he had in 1936 published *The General Theory of Employment, Money, and Interest*, which together with the recession encouraged American economists to believe that a government's deficit spending could bring about a recovery from recession by getting consumers to buy more.[32]

Roosevelt acted as if he believed at least half of Keynes's argument. In the spring of 1938, Roosevelt asked for a resumption of public works spending, admitting that it "began to taper off too quickly" in 1937.[33] In June, Congress obliged, making about $3 billion available for renewed relief spending and dramatically raising federal contributions to the economy.[34] But by this time the Court fight and the recession had weakened Roosevelt. Apart from the increase of relief spending, he got from Congress the Fair Labor Standards Act, which banned child labor and set a federal minimum wage.[35] But Roosevelt won that law only with considerable help from a long campaign waged by the National Consumers' League and some major labor unions.[36] Afterward the New Dealers could no longer produce significant new law.

The president now attacked two major sources of opposition. Against organized business, Roosevelt arrayed the Temporary National Economic Committee (TNEC), which aimed to expose the bad practices of monopolists. And against conservative southern Democrats he launched a personal campaign. Both efforts failed. TNEC conducted hearings into various industries and considered a variety of methods to end, or at least to regulate, monopolies. While it discovered and duly reported reams of data on American industry, it came up with no clear proposal for action against the trusts and holding companies that controlled American businesses. But it did emphasize that government must play the role Keynes prescribed, of promoting prosperity by spending gauged to encourage consumer purchasing.[37]

Roosevelt himself took a more traditionally partisan approach to the economy, identifying the South as "the Nation's No. 1 economic problem," and targeting it as the Democratic Party's number one political problem: "I think the South is going to remain Democratic, but I think it is going to be a more intelligent form of democracy than has kept the South for other reasons, in the Democratic column for all these years. . . . it is going to be a liberal democracy."[38] Roosevelt campaigned without success against sitting southern Democrats through the summer of 1938, and they reacted by invoking the specter that had stirred white southern hearts since the Civil War: outside interference by Yankee agitators. In the November congressional elections, the American electorate registered general disillusionment with the president, returning a House of Representatives in which the Democratic delegation lost seventy-two seats and a Senate in which the Democratic delegation lost seven seats.[39] Roosevelt's prediction proved incorrect. The South would not turn liberal, nor even remain Democratic if the Democrats insisted on trying to change its race relations: in ten years' time, his successor, Harry S Truman, would narrowly avoid defeat when the South bolted the Democratic Party because it adopted the cause of civil rights for African Americans.

From the high of 1936 to the low of 1938, Roosevelt demonstrated what the New Deal could and could not do to American politics. On a national level at the polls in a presidential election, the president could successfully present himself as the champion of the people and their New Deal against an old guard of the rich and hidebound. He could ride the rhetoric and the reality of class politics to reelection. But American laws and customs do not provide for the national organization of politics. And against a Congress elected from localities, against a Senate elected from states, Roosevelt's cross-sectional politics foundered. In 1938 the president's mailbag clearly showed the divisions between sections of the country. While some wrote with praise and to ask, as one woman did, "How can anybody be against you?! You have kept so many parents and children together through W.P.A.," others clearly were against him. One woman said, "It makes me sick at heart, to think you have nothing on your program only the same old thing you have had for 5 yrs. just giving to those who will take it," and one man asked, "Did it ever enter your head that the country ran before your time and will after your gone?"[40]

It is also fair to say that apart from health insurance, Roosevelt and Congress between them set in place American versions of the major components of social security as it existed in other industrial countries, including provision for the elderly, the unemployed, the disabled, and the otherwise dependent. They shored up the banks and the currency and, by their lights, saved American capitalism. They launched the development of underdeveloped regions in the South and the West. True, some goals failed, like the extension of the TVA model to other regions.[41] And already the Democrats had discovered the political peril that awaited them when they edged even a little bit toward the specifically American necessity of civil rights for black citizens.

Late in the 1930s, policymakers who had come to Washington to change the way the nation worked found themselves increasingly asked to find ways to make the existing structure of the American economy work a bit better. Agencies like the National Resources Planning Board discounted the idea of structural changes in favor of using government to improve existing institutions.[42] Congress patched up programs, re-creating AAA to keep parity policies in place without offending the Supreme Court and amending Social Security. New Dealers increasingly accepted the policy generally described as Keynesianism—that through the federal budget they could promote Americans' spending and thus overall economic growth without meddling in the basic workings or balance of the economy.

But though at the legislative level the creative phase of the New Deal was ending, as an idea distilled from those legislative conflicts and compromises it had only just begun its life. The idea was a simple one, as a WPA relief worker said in 1938:

> The way I look at it is this. This is a rich country. I figger it ain't going to hurt the government to feed and clothe them that needs it. Half of 'em can't get work, or just ain't fixed to handle work if they get it.... We've got the money. Plenty of it. No sense in the big fellows kicking about a little handout to the poor. Matter's not if some ain't deserving.... Lot of 'em that comes here, why I'd sooner give them a kick in the pants than shove 'em out supplies. But you got to take the good with the bad. Or bad with the good, whichever way you've a mind to put it.[43]

The idea in this speech, the idea that it did a rich country no harm to help even the unworthy poor came out of the New Deal; and so indeed did the speech itself and so also did the idea that a rich country ought to record and keep it, plain utterance of an ordinary person though it was.

The speech remains because WPA preserved it, along with the musings of many other Americans. The Federal Writers' Project of WPA, together with a number of other similar projects, sent writers around the country to record Americans—not just their opinions of the New Deal, or the Depression, or the president, but anything and everything, their lives and hopes and ambitions and idle irritations, not to ennoble the New Deal or the nation but simply to give the culture a record of itself and its people. The writers worked as carefully as they could, following instructions to "take down the exact words of the informant."[44] They recorded how Americans spoke, sang, worked, and played. Their colleagues with cameras recorded how the people and the country looked. They interviewed current sharecroppers and former slaves: "I lays in the bunk two days, getting over that whipping, gitting over it in the body but not the heart. No sir, I has that in the heart to this day."[45] They found onetime pioneer settlers, and Indians who remembered when the pioneer settlers came. They wrote down tall tales, ghost stories, and folk songs, the stuff of the country's rural past now vanishing in the newly national, urban nation. And they published it, in *The Jewish Landsmanschaften of New York*

(1938), *U.S. One: Maine to Florida* (1938), *The Negro in Virginia* (1940), *The Havasupai and the Hualapai* (1940), among dozens of other books on every state and people and feature of the landscape.

With the Federal Art Project and the Federal Theatre Project, WPA also made new culture for the country. The art project made murals and posters with a distinctive visual style. And the theater project ensured that Americans could see plays like *Macbeth* or *Dr. Faustus*, *The Mikado* or an adaptation of Sinclair Lewis's novel warning about the potential for fascism in America, *It Can't Happen Here*, not only in New York but in cities around the country.

These cultural ambitions of the New Deal came to grief on the same opposition as its political ambitions. Conservative, particularly southern, Democrats like Congressman Martin Dies of Texas, began fretting publicly about Communist influence on the New Deal. Dies's Un-American Activities Committee began hearings in 1938 to investigate the influence of Communism on unions and the New Deal broadly, including the Federal Theatre Project. In December, Hallie Flanagan, the Project's director, went before the committee. When she mentioned Christopher Marlowe, who wrote *Dr. Faustus*, Congressman Joseph Starnes asked her, "You are quoting from this Marlowe. Is he a Communist?" Flanagan replied, "Put in the record . . . that he was the greatest dramatist in the period of Shakespeare, immediately preceding Shakespeare."[46] The exchange illustrated the breadth of the gap between the culture the New Dealers were promulgating and the culture in some regions of the country asked to appreciate it. By 1939 the Dies Committee had helped end funding for the Federal Theatre Project, and the conservatives in Congress turned their attention to other New Deal agencies. In the summer of 1939 they began looking into NLRB, and conservative Democrats and Republicans voted together to defeat spending bills Roosevelt had proposed.[47]

9. Poster for the Federal Theatre Project staging of Sinclair Lewis's *It Can't Happen Here.*

As conservative opposition stymied him, Roosevelt began thinking past the New Deal. One of his advisors said that in 1940 the president told him, "he has probably gone as far as he can on domestic questions." The war in Europe began to claim his attention. And though he would tell the remaining New Dealers "we must start winning the war," he did not quite abandon the New Deal, even as the nation began to fight.[48]

10. This WPA Federal Art Project mural in San Francisco's George Washington High School depicts a scene from the American Revolution.

Notes

1. Franklin D. Roosevelt, "Acceptance Speech for the Renomination for the Presidency," June 27, 1936, Philadelphia, PA. Checked online, 2/27/2007, at www.presidency.ucsb.edu/shownomination.php?convid=37.
2. James MacGregor Burns, *Roosevelt: The Lion and the Fox* (New York: Harcourt, Brace and Company, 1956), 272.
3. Richard Hofstadter, *The American Political Tradition and the Men Who Made It* (New York: Vintage, 1989), 435.
4. Harvard Sitkoff, *A New Deal for Blacks* (New York: Oxford University Press, 1978), 60.
5. Bruce J. Schulman, *From Cotton Belt to Sunbelt: Federal Policy, Economic Development, and the Transformation of the South, 1938–1980* (Durham, NC: Duke University Press, 1994), 34.
6. Frederick Rudolph, "The American Liberty League, 1934–1940," *The American Historical Review* 56, no. 1 (1950): 19.
7. William E. Leuchtenburg, *The FDR Years: On Roosevelt and His Legacy* (New York: Columbia University Press, 1995), 124.

8. 295 U.S. 495, 528.
9. Charles W. Hurd, "President Says End of NRA Puts Control Up to People," *New York Times* 6/1/1935, 1.
10. Franklin D. Roosevelt, press conference, May 31, 1935. Checked online, 3/1/2007, www.presidency.ucsb.edu/ws/print.php?pid=15065.
11. William E. Leuchtenburg, "When the People Spoke, What Did They Say?: The Election of 1936 and the Ackerman Thesis," *Yale Law Journal* 108, no. 8 (1999): 2088, 2080.
12. Leuchtenburg, "The Origins of Franklin D. Roosevelt's 'Court-Packing' Plan," *Supreme Court Review* 1966 (1966): 358.
13. 49 Stat. 991; "The Bituminous Coal Conservation Act of 1935," *Yale Law Journal* 45, no. 2 (1935).
14. Leuchtenburg, "When the People Spoke," 2106; Leuchtenburg, "Comment on Laura Kalman's Article, 'The Constitution, the Supreme Court, and the New Deal'," *American Historical Review* 110, no. 4 (2005).
15. Leuchtenburg, "The Origins of Franklin D. Roosevelt's 'Court-Packing' Plan," 355.
16. Leuchtenberg, "When the People Spoke," 2084.
17. Ibid., 2090.
18. Ibid.
19. Arthur Krock, "In Washington," *New York Times* 5/27/1936, 22.
20. Franklin D. Roosevelt, "Address at Madison Square Garden, New York City," 10/31/1936. Checked online 3/7/2007 at www.presidency.ucsb.edu/ws/print.php?pid=15219.
21. Leuchtenburg, *FDR Years*, 145–46.
22. Ibid., 153.
23. Alan Brinkley, *The End of Reform: New Deal Liberalism in Recession and War* (New York: Vintage, 1995), 257–62, Leuchtenburg, *FDR Years*, 137.
24. James T. Patterson, *Congressional Conservatism and the New Deal: The Growth of the Conservative Coalition in Congress, 1933–1939* (Westport, CT: Greenwood Press, 1981).
25. Leuchtenburg, "The Origins of Franklin D. Roosevelt's 'Court-Packing' Plan," 390–99.
26. Leuchtenburg , "Comment on Laura Kalman's Article."
27. Leuchtenburg, "The Origins of Franklin D. Roosevelt's 'Court-Packing' Plan," 349, n. 8.
28. Leuchtenburg, "FDR's Court-Packing Plan: A Second Life, a Second Death," *Duke Law Journal* 1985, no. 3/4 (1985): 675–77.

29. Ibid.: 685–87.
30. "President Plans 600,000 WPA Cut," *New York Times*, 1/26/1937, 2.
31. Patrick Renshaw, "Was There a Keynesian Economy in the USA between 1933 and 1945?," *Journal of Contemporary History* 34, no. 3 (1999): 343–44.
32. William J. Barber, *Designs within Disorder: Franklin D. Roosevelt, the Economists, and the Shaping of American Economic Policy, 1933–1945* (Cambridge: Cambridge University Press, 1996), 108–12; Brinkley, *End of Reform*, 82–85, 94–97.
33. Lester V. Chandler, *American Monetary Policy, 1928–41* (New York: Harper and Row, 1971), 325–26.
34. 52 Stat. 809 and E. Cary Brown, "Fiscal Policy in the 'Thirties: A Reappraisal," *American Economic Review* 46, no. 5 (1956); Chandler, *American Monetary Policy*, 254.
35. 52 Stat. 1060.
36. Landon R. Y. Storrs, *Civilizing Capitalism: The National Consumers' League, Women's Activism, and Labor Standards in the New Deal Era* (Chapel Hill: University of North Carolina Press, 2000), 177–205.
37. Brinkley, *End of Reform*, 122–31.
38. Schulman, *From Cotton Belt*, 49–50.
39. Checked on the Clerk of the House website, 3/8/2007, http://clerk.house.gov/art_history/house_history/partyDiv.html, and the Senate Historian website, 3/8/2007, www.senate.gov/pagelayout/history/one_item_and_teasers/partydiv.htm.
40. Lawrence W. Levine and Cornelia R. Levine, eds., *The People and the President: America's Conversation with FDR* (Boston: Beacon Press, 2002), 234–35, 241.
41. Leuchtenburg, "Roosevelt, Norris and the 'Seven Little TVAs,' " *Journal of Politics* 14, no. 3 (1952).
42. Patrick D. Reagan, *Designing a New America: The Origins of New Deal Planning, 1890–1943* (Amherst: University of Massachusetts Press, 1999); Brinkley, *End of Reform*, 245–61.
43. [Federal Writers' Project], *These Are Our Lives* (New York: W. W. Norton, 1975), 366.
44. Joint Committee on Folk Arts, WPA folksong questionnaire, 1939. Library of Congress Digital ID AFCTS wpa001, viewed online 3/8/07.
45. Jerre Mangione, *The Dream and the Deal: The Federal Writers' Project, 1935–1943* (New York: Avon, 1972), 264.

46. Roy Rosenzweig and Barbara Melosh, "Government and the Arts: Voices from the New Deal Era," *Journal of American History* 77, no. 2 (1990): 596.
47. Patterson, *Congressional Conservatism*, 321–22.
48. Brinkley, *End of Reform*, 144.

Conclusion
The New American Way at Home and Around the World

In November 1938, just months after the Fair Labor Standards Act passed, Roosevelt privately told his secretary of the treasury, Henry Morgenthau, that the world's slide into war might well benefit Americans generally and the Democrats politically. "These foreign orders" for armaments, Roosevelt said, "mean prosperity in this country and we can't elect a Democratic Party unless we get prosperity." At the same time Roosevelt began thinking about building up American military power as a deterrent, to avoid having to negotiate with Hitler.[1] Despite losses in the 1938 congressional elections, the Democratic Party remained in power, as did Roosevelt for an unprecedented third term in 1940. And in a few years he told reporters he "no longer like[d] the term 'New Deal'," that "Dr. New Deal" had come to save the country from one set of ills, but now that it faced new perils, "his partner . . . Dr. Win-the-War," would take over.[2]

Roosevelt's substitution of "win-the-war" for "New Deal" mirrored shifts in the federal budget. Congress ended the New Deal, even as war allowed the government to spend the public's money with a zeal and abandon that mere global economic crisis could not support. By the end of 1943, Congress had abolished CCC, WPA, and other New Deal agencies.[3] At the same time, federal spending grew from 8 percent of US GDP in 1938 to 40 percent in 1943.[4] The war let federal officials hire Americans directly without a second thought as to whether they were instituting anything so un-American as national work-relief. War spending and employment dwarfed Depression spending and employment, and in 1943, at long last, unemployment (measured as a percentage of the civilian labor force) dropped below its 1929 level.[5] As the economist E. Cary Brown noted in 1956, the New Deal never seriously tested Keynes's recommendations: "[f]iscal policy, then, seems to have been an unsuccessful recovery device in the 'thirties—not because it did not work, but because it was not tried."[6] Only the war brought that trial, and then not as an experiment in recovery, but as an incident of military necessity.

Yet the war did not wholly displace the idea of the New Deal, and when Roosevelt began to consider what lay beyond the fighting, he resorted to the ideals of the 1930s. In January 1944, Roosevelt delivered his State of the Union address, declaring, "It is our duty now to begin to lay the plans and determine the strategy for the winning of a lasting peace.... We have come to a clear realization of the fact that true individual freedom cannot exist without economic security and independence." He then went on to list, "a second Bill of Rights under which a new basis of security and prosperity can be established for all regardless of station, race, or creed." The new rights included

> The right to a useful and remunerative job in the industries or shops or farms or mines of the Nation;
>
> The right to earn enough to provide adequate food and clothing and recreation;
>
> The right of every farmer to raise and sell his products at a return which will give him and his family a decent living;
>
> The right of every businessman, large and small, to trade in an atmosphere of freedom from unfair competition and domination by monopolies at home or abroad;
>
> The right of every family to a decent home;

> The right to adequate medical care and the opportunity to achieve and enjoy good health;
>
> The right to adequate protection from the economic fears of old age, sickness, accident, and unemployment;
>
> The right to a good education.

Roosevelt concluded, "All of these rights spell security. And after this war is won we must be prepared to move forward, in the implementation of these rights, to new goals of human happiness and well-being."[7]

Time magazine remarked that "Dr. Win-the-War has apparently called into consultation Dr. Win-New-Rights."[8] But many of the rights—to security from economic hardship, to employment, to good farm prices, to vigorous business commerce, to a living wage and a home—already had New Deal programs designed to ensure their implementation. And others—to medical care and to education—developed easily from New Deal principles. They found fuller expression in Roosevelt's plans for the peace, not only for America, but for the world.[9]

As the New Deal wound down its ambitious domestic program, the Roosevelt administration began looking outward again. Secretary of State Cordell Hull, like Keynes, had for decades believed that an open world economy would tend toward peace and prosperity. "[U]nhampered trade," Hull said, "dovetailed with peace."[10] To this end he worked to secure trade agreements including the Anglo-American Trade Agreement of 1938, which contributed to the idea that international cooperation might restore the global economy of the era before World War I.

Near the end of World War II, ideas like Hull's approached fruition. In June 1944, John Maynard Keynes went to the United States to represent Britain at the Bretton Woods conference. On paper Keynes rated as only one of 730 delegates from forty-four countries convening to establish rules for the postwar economy. But in person Keynes played the role of protagonist at the conference. In 1941, before the United States had entered the war, he had drafted a plan to supply part of what the Versailles Treaty left out—a system to ensure the smooth operation of the world's finance and commerce, to "prevent the piling up of credit and debit balances without limit"—after all, the cardinal rule for the postwar economy would be to avoid reproducing the prewar economy.[11] Keynes's plan for an International Clearing Union would allot governments credit based on their share of world trade and allow them to draw that credit, denominated in a notional banking currency, the Bancor, as needed to keep their economies stable.

Morally alongside Keynes stood his antagonist, the American representative Harry Dexter White. White had his own plan to solve the same problem by slightly different solutions: governments would still borrow, but from a contributory fund rather than from a pool of Bancors.[12] White's plan stood in much the same relation to Keynes's idea as the New Deal stood in relation to European welfare states. Under British programs to address poverty and disability, as drawn up in the Beveridge plan of 1942, citizens received benefits from the state as a matter of right. Nobody got pensions as a matter of right under Social Security—retirees drew benefits because they had contributed.

The American delegation rejected Keynes's plan and insisted on White's for much the same reason the Roosevelt administration had insisted on a contributory basis for Social Security: a contributory scheme would limit claims and satisfy Congress. Thus White's plan became the major basis for the International Monetary Fund (IMF) as agreed at Bretton Woods, and Congress placed further restrictions on IMF to prevent unconditional withdrawals from the fund.[13]

IMF had a twin, the International Bank for Reconstruction and Development, better known as the World Bank. Where IMF was supposed to allow countries to weather the vicissitudes of free economies, the World Bank was supposed to lend money for the repair of war damage and for long-poor countries to enter the club of modern nations. It stood in relation to the world's less-developed regions rather as PWA, TVA, and WPA stood to the American South and West. Also rather like those New Deal relief agencies, the World Bank labored under the limits of prevailing economic opinion, which limited also the bank's capital: its first loan to France committed a full third of its available resources.[14]

Even more like the New Deal's domestic programs, the limited resources of IMF and the World Bank provided the basis for experimentation, for discarding failure and building upon success, surviving even Roosevelt's death in April 1945. Just as with the early New Deal, constraints on the early Bretton Woods system failed to produce global economic recovery: the World Bank could not supply enough money for reconstruction, and IMF refused to lend money unless assured it would be used only to correct short-term imbalances, not for reconstruction at all.[15] And just as in the New Deal, innovative U.S. policymakers established a new program to meet the need: in 1947 a State Department official wrote, "Communist movements are threatening established governments in every part of the globe. These movements feed on economic and political weakness. The countries under Communist pressure require economic assistance on a large scale if they are to maintain their territorial integrity and political independence. At one time it had been expected that the International Bank [for Reconstruction and Development, i.e., the World Bank] could satisfy the needs for such assistance. But it is now clear that the Bank cannot do this job.... The only way to meet this challenge is by a vast new programme of assistance given directly by the United States itself."[16]

This conviction became the basis for the European Recovery Program, better known as the Marshall Plan, after Secretary of State

George Marshall, who declared, "The United States should do whatever it is able to do to assist in . . . the revival of a working economy in the world so as to permit the emergence of political and social conditions in which free institutions can exist." Shortly afterward, IMF liberalized its lending policy, and the U.S. dollar, still tied to gold at $35 per ounce, became the base currency of a revamped Bretton Woods system that lasted for about twenty-five years.[17]

By 1947, thirty years after it entered World War I, the U.S. government had come around to something approaching Keynes's view after Versailles—that as the world's richest country it had an obligation to restore the world's economy to health. The American leadership reached this conclusion hesitantly and only when prodded by crisis: they preferred much more modest experimentation than the brilliant Keynes prescribed. The halting, piecemeal efforts of the New Deal and then of the Bretton Woods system solved problems slowly and partially, and thus let the United States and the world drift rather closer to disaster than a simple Keynesian move might have done. But the programs met with ultimate success: Bretton Woods fostered greater economic stability and more rapid economic growth than eras before or since.[18]

The openly experimental, obviously fallible, always compromised quality of the New Deal programs and their progeny reflected the imperfect democracy that gave them birth. Considering the costs of this painful process, we might prefer a program of comprehensive change to Roosevelt's caution. But weighing also the performance of his administration's jerry-built machinery both at home and abroad against the record of more sweeping, ideologically and theoretically coherent programs (including those that attacked the New Deal), we might better appreciate the merits of the Roosevelt era's limits. The New Deal's evident imperfection invited criticism and further tinkering, making way for improvements to the American democracy in the years afterward and yet to come.

Notes

1. Michael S. Sherry, *The Rise of American Air Power: The Creation of Armageddon* (New Haven: Yale University Press, 1987), 81.
2. "The Nine Hundred and Twenty-Ninth Press Conference," *The Public Papers and Addresses of Franklin D. Roosevelt*, ed. Samuel I. Rosenman, 1943, vol., 571.
3. Alan Brinkley, *The End of Reform: New Deal Liberalism in Recession and War* (New York: Vintage, 1995), 141.
4. Susan B. Carter et al., eds., *Historical Statistics of the United States, Earliest Times to the Present, Millennial Edition* (New York: Cambridge University Press, 2006), series Ea636 and Ca10.
5. Ibid., series Ba475. Unemployment was 2.89 percent in 1929 and 1.77 percent in 1943.
6. E. Cary Brown, "Fiscal Policy in the 'Thirties: A Reappraisal," *The American Economic Review* 46, no. 5 (1956): 863–66.
7. "President Roosevelt's Message to Congress," *New York Times* 1/12/1944, 12.
8. Cited in Cass R. Sunstein, *The Second Bill of Rights: FDR's Unfinished Revolution and Why We Need It More Than Ever* (New York: Basic Books, 2004), 15.
9. On the question of Roosevelt's sincerity in this speech, see James T. Kloppenberg, "Franklin Delano Roosevelt, Visionary," *Reviews in American History* 34, no. 4 (2006).
10. Quoted in Arthur W. Schatz, "The Anglo-American Trade Agreement and Cordell Hull's Search for Peace 1936–1938," *Journal of American History* 57, no. 1 (1970).
11. Cited in Elizabeth Borgwardt, *A New Deal for the World: America's Vision for Human Rights* (Cambridge, MA: Belknap Press of Harvard University Press, 2005), 108.
12. See Ibid., 109.
13. Richard N. Gardner, *Sterling-Dollar Diplomacy in Current Perspective: The Origins and Prospects of Our International Economic Order*, New, exp. ed. (New York: Columbia University Press, 1980), 134–36.
14. Edward S. Mason and Robert E. Asher, *The World Bank since Bretton Woods* (Washington, DC: The Brookings Institution, 1973), 105.
15. Gardner, *Sterling-Dollar*, 297.
16. Ibid., 300.

17. Gardner, *Sterling-Dollar*, 302.
18. Barry Eichengreen, "Epilogue: Three Perspectives on the Bretton Woods System," in *A Retrospective on the Bretton Woods System: Lessons for International Monetary Reform*, ed. Michael D. Bordo and Barry Eichengreen (Chicago: University of Chicago Press, 1993), 626.

Further Reading

Badger, Anthony J. *The New Deal: The Depression Years, 1933–40.* London: Macmillan, 1989.

Berlin, Isaiah. "President Franklin Delano Roosevelt." In *The Proper Study of Mankind: An Anthology of Essays*, edited by Henry Hardy and Roger Hausheer, 628–37. London: Chatto and Windus, 1997.

Bordo, Michael D., Claudia Dale Goldin, and Eugene N. White, eds. *The Defining Moment: The Great Depression and the American Economy in the Twentieth Century.* Chicago: University of Chicago Press, 1998.

Borgwardt, Elizabeth. *A New Deal for the World: America's Vision for Human Rights.* Cambridge, MA: Belknap Press of Harvard University Press, 2005.

Brinkley, Alan. *The End of Reform: New Deal Liberalism in Recession and War.* New York: Vintage, 1995.

———. *Voices of Protest: Huey Long, Father Coughlin, and the Great Depression.* New York: Vintage, 1983.

Carter, Susan B., Scott Sigmund Gartner, Michael R. Haines, Alan L. Olmstead, Richard Sutch, and Gavin Wright, eds. *Historical Statistics of the United States, Earliest Times to the Present, Millennial Edition.* New York: Cambridge University Press, 2006.

Chandler, Lester V. *America's Greatest Depression, 1929–1941.* New York: Harper and Row, 1970.

———. *American Monetary Policy, 1928–41.* New York: Harper and Row, 1971.

Cohen, Andrew Wender. *The Racketeer's Progress: Chicago and the Struggle for the Modern American Economy, 1900–1940.* Cambridge: Cambridge University Press, 2004.

Cohen, Lizabeth. *Making a New Deal: Industrial Workers in Chicago, 1919–1939*. Cambridge: Cambridge University Press, 1990.

Eichengreen, Barry. *Golden Fetters: The Gold Standard and the Great Depression, 1919–1939*. New York: Oxford University Press, 1992.

——. "The Origins and Nature of the Great Slump Revisited." *Economic History Review* 45, no. 2 (1992): 213–39.

Fearon, Peter. *Origins and Nature of the Great Slump, 1929–1932*. Atlantic Highlands, NJ: Humanities Press, 1979.

——. *War, Prosperity, and Depression: The U.S. Economy, 1917–1945*. Oxford: Philip Allan, 1987.

Feinstein, Charles H., Peter Temin, and Gianni Toniolo. *The European Economy between the Wars*. New York: Oxford University Press, 1997.

Fraser, Steve, and Gary Gerstle, eds. *The Rise and Fall of the New Deal Order, 1930–1980*. Princeton: Princeton University Press, 1989.

Hawley, Ellis W. *The New Deal and the Problem of Monopoly: A Study in Economic Ambivalence*. Princeton: Princeton University Press, 1966.

Jacobs, Meg. *Pocketbook Politics: Economic Citizenship in Twentieth Century America*. Princeton: Princeton University Press, 2005.

Kennedy, David M. *Freedom from Fear: The American People in Depression and War, 1929–1945*. New York: Oxford University Press, 1999.

Kindleberger, Charles Poor. *The World in Depression 1929–1939*. London: Allen Lane, 1973.

Leuchtenburg, William E. *Franklin D. Roosevelt and the New Deal, 1932–1940*. New York: Harper Torchbooks, 1963.

——. *The FDR Years: On Roosevelt and His Legacy*. New York: Columbia University Press, 1995.

——. *The Perils of Prosperity, 1914–1932*. Chicago: University of Chicago Press, 1993.

——. *The Supreme Court Reborn: The Constitutional Revolution in the Age of Roosevelt*. New York: Oxford University Press, 1995.

——. "When the People Spoke, What Did They Say?: The Election of 1936 and the Ackerman Thesis." *Yale Law Journal* 108, no. 8 (1999): 2077–114.

Maher, Neil M. *Nature's New Deal: The Civilian Conservation Corps and the Roots of the American Environmental Movement*. New York: Oxford University Press, 2007.

Olson, James S. *Saving Capitalism: The Reconstruction Finance Corporation and the New Deal, 1933–1940*. Princeton: Princeton University Press, 1988.

Patterson, James T. *America's Struggle against Poverty, 1900–1985*. Cambridge, MA: Harvard University Press, 1986.

——. *Congressional Conservatism and the New Deal: The Growth of the Conservative Coalition in Congress, 1933–1939*. Westport, CT: Greenwood Press, 1981.

——. *The New Deal and the States: Federalism in Transition*. Princeton: Princeton University Press, 1969.

Phillips, Sarah T. *This Land, This Nation: Conservation, Rural America, and the New Deal*. New York: Cambridge University Press, 2007.

Romer, Christina D. "The Great Crash and the Onset of the Great Depression." *Quarterly Journal of Economics* 105, no. 3 (1990): 597–62.

——. "What Ended the Great Depression?" *Journal of Economic History* 52, no. 4 (1992): 757–84.

Rothermund, Dietmar. *The Global Impact of the Great Depression*. London: Routledge, 1996.

Rowley, William D. *M. L. Wilson and the Campaign for the Domestic Allotment*. Lincoln: University of Nebraska Press, 1970.

Saloutos, Theodore. "New Deal Agricultural Policy: An Evaluation." *Journal of American History* 61, no. 2 (1974): 394–416.

Schulman, Bruce J. *From Cotton Belt to Sunbelt: Federal Policy, Economic Development, and the Transformation of the South, 1938–1980*. Durham, NC: Duke University Press, 1994.

Skidelsky, Robert. *John Maynard Keynes: A Biography*. 3 vols. London: Macmillan, 1983–2000.

Smith, Jason Scott. *Building New Deal Liberalism: The Political Economy of Public Works, 1933–1956*. Cambridge: Cambridge University Press, 2006.

Volanto, Keith J. *Texas, Cotton, and the New Deal*. College Station: Texas A&M University Press, 2005.

Weir, David R. "A Century of U.S. Unemployment, 1890–1990: Revised Estimates and Evidence for Stabilization." *Research in Economic History* 14 (1992): 301–46.

Table 1. Major federal acts of the Great Depression and New Deal

Name of action	Citation	Date	Description
Reconstruction Finance Corporation Act	47 Stat. 5	1/23/32	Created Reconstruction Finance Corporation (RFC), capitalized at $500m and permitted to issue obligations worth up to three times as much, to aid banks and other industries.
Glass-Steagall Act	47 Stat. 56	2/27/32	Permitted Federal Reserve System to issue notes backed by government securities.
Federal Home Loan Bank Act	47 Stat. 725	7/22/32	Created Home Loan Bank System, patterned on Federal Reserve System, to permit rediscounting of mortgage loans.
Emergency Banking Relief Act	48 Stat. 1	3/9/33	Title I recognized a banking emergency, empowered the president to halt bank transactions and the secretary of the treasury to impound gold. Title II empowered the comptroller of the currency to appoint conservators for banks, investigate their books, and determine their soundness. Title III authorized the RFC to buy and sell bank stock. Title IV liberalized the Federal Reserve System's authority to issue advances to member banks.
Civilian Conservation Corp Reforestation Relief Act	48 Stat. 22	3/31/33	Authorized the president to create a "conservation corps among the unemployed," which became the Civilian Conservation Corps (CCC), chiefly for the maintenance of public lands.
Agricultural Adjustment Act	48 Stat. 31	5/12/33	Title I recognized a state of agricultural emergency and disparity between rural and urban incomes which it would be

(*Continued*)

Table 1 (*Continued*)

Name of action	Citation	Date	Description
			policy to redress; directed the secretary of agriculture to create Agricultural Adjustment Administration (AAA) to regulate production of commodities and administer processing tax. Title II, or the Emergency Farm Mortgage Act, expanded federal power to back farm mortgages. Title III, or the Thomas Amendment, authorized the president to issue paper money and determine the gold or silver weight of the dollar.
Federal Emergency Relief Act	48 Stat. 55	5/12/33	Declared an economic emergency of unemployment and failure of local relief funds, allotted $500m of RFC money for a Federal Emergency Relief Administration (FERA) to grant as relief to the states.
Tennessee Valley Authority Act	48 Stat. 58	5/18/33	Created the Tennessee Valley Authority (TVA) to maintain and operate Wilson Dam and Muscle Shoals and to improve navigation and control floods in the region, extending to transmission of electrical power and manufacture of fertilizer and explosives.
Securities Act of 1933	48 Stat. 74	5/27/33	Required corporations to register securities with the Federal Trade Commission to prevent fraudulent issues.
Home Owners' Loan Act	48 Stat. 128	6/13/33	Created the Home Owners' Loan Corporation (HOLC) to refinance mortgages on residences and prevent foreclosures.
Banking Act of 1933 (Glass-Steagall	48 Stat. 162	6/16/33	Increased power of the Federal Reserve Board to oversee transactions of Federal Reserve System, created the temporary

Banking Act)			Federal Deposit Insurance Corporation (FDIC), limited commercial banks' ability to trade in securities.
National Industrial Recovery Act	48 Stat. 195	6/16/33	Title I recognized a state of industrial emergency, suspended anti-trust law, and authorized the president to create an agency to address the emergency by the composition of industrial codes; Roosevelt created the National Recovery Administration (NRA). Title II authorized the president to create a Federal Emergency Administration of Public Works, which became the Public Works Administration (PWA), to lend and grant $3.3bn appropriated for this purpose.
Civil Works Administration	Executive Order no. 6420B	11/9/33	Roosevelt created the Civil Works Administration (CWA), funded with $400m from the National Industrial Recovery Act, "for the purpose of increasing employment quickly."
Gold Reserve Act	48 Stat. 337	1/30/34	Placed control of monetary gold in the federal government and authorized the president to establish the gold value of the dollar for a two-year period at not more than 60 percent of its current value; established a stabilization fund in the Treasury.
Securities Exchange Act	48 Stat. 881	6/6/34	Created Securities and Exchange Commission (SEC) and empowered it to regulate trading of securities on the stock exchange.
National Housing Act	48 Stat. 1246	6/27/34	Created the Federal Housing Administration (FHA), funded out of the RFC, to insure mortgages.

(*Continued*)

Table 1 *(Continued)*

Name of action	Citation	Date	Description
Joint Resolution for Enforcement of National Industrial Recovery Act	48 Stat. 1183	6/19/34	Authorized the president to create a board to enforce section 7a (collective bargaining) of the National Industrial Recovery Act. Roosevelt created the National Labor Relations Board (NLRB).
Emergency Relief Appropriation Act of 1935	49 Stat. 115	4/8/35	Appropriated $4.9bn for emergency relief use.
Resettlement Administration	Executive Order no. 7027	4/30/35	Under the Emergency Relief Appropriation Act of 1935, Roosevelt created the Resettlement Administration (RA) to aid the migration of poor farm familes. In 1937 RA became the Farm Security Administration (FSA) within the Department of Agriculture.
Works Progress Administration	Executive Order no. 7034	5/6/35	Under the Emergency Relief Appropriation Act of 1935, Roosevelt created a system for evaluating proposed projects including the Works Progress Administration (WPA), "to move from the relief rolls to work ... the maximum number of people in the shortest time possible."
Rural Electrification Administration	Executive Order no. 7037	5/11/35	Roosevelt created Rural Electrification Administration (REA) to support the extension of electrical power using funds from the Emergency Relief Appropriation Act of 1935.

National Labor Relations Act (Wagner Act)	49 Stat. 449	7/5/35	Created new NLRB to replace the board created by executive order in 1934, to assure specified rights of employees to organize and bargain collectively and prevent defined unfair labor practices.
Social Security Act	49 Stat. 620	8/14/35	Title I provided for grants to states for old-age assistance. Title II provided for federal old-age benefits. Title III provided for grants to states to administer unemployment compensation plans. Title IV provided grants to states for aid to dependent children. Title V provided grants to states for maternal and child welfare. Title VI allotted money to states for maintaining public health services. Title VII established a Social Security Board to study and recommend "the most effective methods of providing economic security through social insurance." Titles VIII and IX levied taxes on employers and employees to support the program. Title X provided grants to states for aid to the blind.
Banking Act of 1935	49 Stat. 684	8/23/35	Title I made the FDIC permanent. Title II amended the Federal Reserve Act to establish the Board of Governors of the Federal Reserve System, appointed by the president, and lodged powers to regulate the supply of money, establish credit policy, and supervise banks with them.
Public Utilities Holding Company Act	49 Stat. 803	8/26/35	Defined a public interest in public utilites, enumerated abuses of that public interest, and made it policy to eliminate such abuses and also to eliminate holding companies.

(*Continued*)

Table 1 *(Continued)*

Name of action	Citation	Date	Description
Soil Conservation and Domestic Allotment Act	49 Stat. 1148	2/20/36	Aimed at achieving agricultural parity through conservation measures.
National Housing Act Amendments of 1938	52 Stat. 8	2/3/38	Amended National Housing Act to make it easier to resell mortgages. RFC created National Mortgage Association of Washington, later renamed the Federal National Mortgage Association (Fannie Mae), to resell mortgages.
Agricultural Adjustment Act of 1938	52 Stat. 31	2/16/38	Established the yardstick of normal wheat yields and paid farmers to meet this target.
Fair Labor Standards Act	52 Stat. 1060	6/25/38	Established national minimum wage and maximum hours, banned child labor.

“牛津通识读本”已出书目

古典哲学的趣味
人生的意义
文学理论入门
大众经济学
历史之源
设计，无处不在
生活中的心理学
政治的历史与边界
哲学的思与惑
资本主义
美国总统制
海德格尔
我们时代的伦理学
卡夫卡是谁
考古学的过去与未来
天文学简史
社会学的意识
康德
尼采
亚里士多德的世界
西方艺术新论
全球化面面观
简明逻辑学
法哲学：价值与事实
政治哲学与幸福根基
选择理论
后殖民主义与世界格局

福柯
缤纷的语言学
达达和超现实主义
佛学概论
维特根斯坦与哲学
科学哲学
印度哲学祛魅
克尔凯郭尔
科学革命
广告
数学
叔本华
笛卡尔
基督教神学
犹太人与犹太教
现代日本
罗兰·巴特
马基雅维里
全球经济史
进化
性存在
量子理论
牛顿新传
国际移民
哈贝马斯
医学伦理
黑格尔

地球
记忆
法律
中国文学
托克维尔
休谟
分子
法国大革命
民族主义
科幻作品
罗素
美国政党与选举
美国最高法院
纪录片
大萧条与罗斯福新政
领导力
无神论
罗马共和国
美国国会
民主
英格兰文学
现代主义
网络
自闭症
德里达
浪漫主义
批判理论

德国文学
戏剧
腐败
医事法
癌症
植物
法语文学
微观经济学
湖泊
拜占庭
司法心理学
发展
农业
特洛伊战争
巴比伦尼亚
河流
战争与技术
品牌学
数学简史
物理学
行为经济学
计算机科学
儒家思想
未来
基因
恒星
儿童心理学
时装
现代拉丁美洲文学
卢梭
隐私
电影音乐
抑郁症
传染病
希腊化时代
知识
环境伦理学
美国革命
元素周期表
人口学
社会心理学
动物
项目管理
美学
管理学
卫星
国际法
计算机
亚当·斯密
代数
天体生物学
电影
俄罗斯文学
古典文学
大数据
洛克
幸福
免疫系统
银行学
景观设计学
神圣罗马帝国
大流行病
亚历山大大帝
气候
第二次世界大战
中世纪
工业革命
传记
公共管理
社会语言学
物质
学习
化学
天体物理学
意大利文学
海洋生物学